底線之上

ABOVE THE BOTTOM LINE

做人有角，處事有道的圓融活法

既能堅守原則，又能八面玲瓏！
從剛柔並濟到進退自如的社交方圓術

吳勵名，王金峰 編著

既要堅守原則（方），又要靈活應對變化（圓）

在堅持自我信念的同時，也能巧妙處理人際關係
一本書讓你快速達成平衡且卓越的人生

目 錄

前言

第一章　無底線者，如同未完的劇本殺

010　無底線的世界便是末世
013　做人不要丟了良心
021　原則中藏著通往成功的捷徑
024　一切都可以放下，唯有骨氣不可棄
030　信念如同無敵的大寶劍
033　有趣的人生需要鮮明的個性
037　是什麼讓我們如此卓越
041　躺平之人無需尊嚴

第二章　會「裝」，更容易邁向成功

050　不懂圓滑難以生存
056　內柔外剛的處世之道
061　王者也需要好隊友
067　見人說人話，見鬼說鬼話
069　包容他人是成功的關鍵
075　洞察人心才能贏得人心

- 080　以平等之姿與人交流
- 083　犯錯就要及時認錯
- 087　從不同視角體驗人生
- 096　完美之人不追求完美

第三章　能屈能伸，是成功者的必備素養

- 102　能屈能伸才能處處游刃有餘
- 109　我的命運我掌握
- 113　進退有度，方能有所取捨
- 117　該出手時就果斷行動
- 122　讓人三分並非懦弱
- 124　彎曲不是倒下，也不是毀滅
- 128　挫折，也是一種幸運
- 132　以忍為攻，後發制人

第四章　剛柔並濟，掌控自己的人生

- 140　剛柔兼備，達至大道
- 151　剛柔並用，和諧管理
- 157　審時度勢，巧用剛柔
- 163　剛柔之間，恰到好處
- 167　在磨練中學會堅韌
- 171　以柔克剛，巧妙取勝
- 178　扮弱有時更能激起保護欲
- 182　太剛則折，太柔則廢

第五章　進退有度，開闢屬於我們的天地

188　懂得退讓，獲取更多
190　「退」不是認輸，是為了進
193　不可盲目遷就和善良
197　抓住機遇即是成功的一半
201　善用語言化解危機
205　每個角度都能看到花開
207　善於妥協，進退自如
210　以退為進，巧妙說服

第六章　方圓之道，通向成功之路

220　世界讚譽的「方圓」智慧
227　中庸之道與和而不同
234　巧用方圓，無往不利
238　用方圓之術攻心
240　轉個彎解決問題
245　欲擒故縱的技巧
248　別總說那些「悄悄話」
251　想要，就要全力去爭取
258　在每次危難中看到機會
262　輕鬆過好每一天

目錄

前言

　　方與圓的處世之道，就是讓您學會為人左右逢源和游刃有餘，讓您處事既不失去自我又獲益頗豐，讓您在社會生活中擁有圓滑老練和應付得當的老狐狸手段。

　　還有，在您生活和工作中，是不是經常會遇到這樣兩種人：一種是充滿正義感的人。他們嫉惡如仇，看見不平之事就會毫不留情地指責，從不怕得罪人；還有一種人是八面玲瓏，四處討好，總想占人家便宜，吃點小虧就要千方百計找回來。

　　第一種人為人正派，受人尊重，但是卻像生鐵易斷一樣，生活容易遭受挫折；第二種人雖然八面靈光，活得滋潤，但是也並不是人人喜歡。

　　其實，這是兩種典型的處世態度，第一種為方正，處事正派，容不下歪風邪氣；第二種為圓滑，處事圓通老練，以自我為中心。這兩種處世態度都不可取。

　　那麼，正確的處世方法是什麼呢？如何才能二者兼顧呢？您如果想知道這些問題的答案，就請您靜下心來閱讀我們這本書吧！它可以解答您的一切疑問，並指導您正確地與人相處。

　　本書裡的「方」是做人的原則，也是一種品格。方是您為人處事的底線，是永遠不能踰越的準則；「圓」則是您處世圓通、善用技巧的手法。換種說法，圓就是為人處世的方法，是人與人關係的潤滑劑，需要靈活運用，自由變通。

　　無論是「方」還是「圓」，都要掌握好分寸，要知道凡事物極必反。

前言

「方」太過，就會導致刻板、迂腐，就會傷害到自己和他人；「圓」太過，也會導致圓滑、世故，會使他人心生疑慮，處處提防。因此，這兩種處世態度都是不可取的。

正確的處世方法應該為內方外圓，就是為人既要主動積極，秉持正義，又應當懂得靈活變通，迂迴前進。一條道走到黑的做法，只會使自己受傷。唐代著名文學家柳宗元曾經用車來打比方，解釋為人處世「內方」與「外圓」的關係。

柳宗元認為，車廂不是方的就無法坐人，車輪不是圓的則不能向前滾動。人生也是一樣，如果不懂得「外圓」的藝術，「內方」就會屢屢遭到挫敗，您的人生也會遭遇重重阻力，您的理想抱負也難以正常施展。

真正的方圓之道是大智慧與大容忍的結合體，該方則方，該圓則圓，方圓結合，方圓有度。真正的「方圓」之人，辦事幹練果斷，不會被感情所左右；當知道事不可為時，能夠審時度勢，全身而退，而且能夠抓住最佳機會東山再起。

那麼，如何才能做到內方外圓呢？內方外圓對您生活工作又有哪些好處呢？我們在這裡傾情為您奉上本書，本書從方圓詮釋、做人底線、處世技巧幾個方面入手，將科學性與技巧性、理論指導與實際場景融於一體，透過一些成功案例和通俗講解，為您展示方與圓的因果關係和修身處世的技巧奧祕，非常貼心實用。總之只要您堅持閱讀，認真訓練，就一定能夠掌握方與圓的處世訣竅，打造自己的完美人生！

在此祝您從此能夠堅持心中的理想，熟練運用方圓之道，輕鬆打造一個家庭和諧、事業美滿和財源滾滾的成功人生！

第一章
無底線者，如同未完的劇本殺

　　不論是你富二代，又或是世人矚目的公眾人物，都必須遵循這個世界的遊戲規則，也就是需要有一個生而為人的底線。這個底線就是一種對自我的約束，一旦失去這個束縛，就等於脫韁的野馬，再想去挽回，也只能是痴人說夢了。

　　底線雖然在很多時候，會禁錮我們的思想，會讓我們失去自由的心境，但是從另一個角度來講，它又何嘗不是保護了我們自由的空間。畢竟只有彼此都遵守同一個規則，我們才可以在一起愉快的玩耍啊！

　　一個沒有底線的人，就像一本未完結的劇本殺。這樣的人永遠帶著一張面具，你不會知道他的下一步棋會落子何處，更猜不到結局如何；這樣的人，隨時會在你意想不到的時候給你驚喜，只是這個驚喜是喜劇還是悲劇，也只能是如人飲水，冷暖自知了。

　　所以，如何為自己定一個底線，讓自己變得更加完美，應當成為我們人生頭等大事。底線，代表著一個人的道德層次，也是一個人的格局和誠信的體現。出爾反爾、無視底線的人，最終只會在自我毀滅的道路上越走越遠。

 第一章　無底線者，如同未完的劇本殺

無底線的世界便是末世

　　底線，是足球、籃球、羽毛球等運動場地兩端的界線。在比賽中，運動員只有堅守底線才能展現其高超的球技；同樣，人的一生只有堅守人性的底線，方可盡顯其英雄的本色。一個人，沒了底線，就什麼都敢做。

　　一個社會，沒了底線，就什麼都會發生。比方說，腐敗變質的食品也敢賣；自己喝得神智不清，車也敢開……於是衝突迭起，於是輿論譁然。

　　不是「當驚世界殊」，而是「世界當驚殊」。奇怪並不奇怪，不奇怪才怪，因為突破的都是底線，比如「惻隱之心」，比如「敬畏之心」，比如「己所不欲，勿施於人」，比如「殺人償命，欠債還錢」。這些原本都是常識，卻被丟到九霄雲外。所以說，沒底線的世界就是一場末世。

　　由此得知，底線是何等的重要。如果沒有底線，你會步步驚心，你會瑟瑟發抖，你會隨時擔心來自背後的黑槍，你將無法再和好哥們一起在小吃店裡喝酒吹牛，更無法和喜歡的人漫步在愜意的午後陽光裡，你那恣意狂放的生活，也將無法再繼續下去。從這些角度說，底線就是一條生命線。

　　人類為什麼要有底線？當然是為了生存。人，終究是社會的存在物。任何人，都不能一個人活在這世界上。所以，只有讓別人生存，自己才能生存；讓別人活得好，自己才活得好。

　　希望所有的人都活得好，甚至為了別人的生存放棄自己的利益，這是「境界」。至少不妨礙別人的生存，不侵犯別人的利益，不破壞社會的環境，這是「底線」。

無底線的世界便是末世

透過立法程序明文規定下來的，是「法律底線」；在社會生活中約定俗成，大家都共同遵守的，是「道德底線」；各行各業必須堅守的原則，比如商家不賣假貨、會計不做假帳、醫生不開假藥，是「行業底線」和「職業底線」。

如今很多年輕人，大多是利益至上，但是就算如此，他們也絕對不會把一條路走到死巷裡，他們更明白低頭不見抬頭見的道理，就算是一些虛偽的人，也大多是人前賣乖，人後才暴露本性。除非是徹底把對方得罪，又或是觸碰了對方逆鱗，打破了雙方約定俗成和規則底線，才會拚個你死我活。但是這種情況畢竟少見，能夠相安無事的活著，誰又想去招惹一隻時刻盯著自己的毒蛇呢？

我們無法要求所有人都有一個高尚的境界，但是底線卻不能旦夕缺失。因為底線是基礎，是根本，是不能再退的最後一道防線。基礎不牢，地動山搖；防線失守，只能成為落水狗。

底線，往往就是人們行為後果的良性與惡性的分界線。三國時有一句話叫做：「勿以惡小而為之，勿以善小而不為。」說的就是一個底線的問題。

善雖然小，但終歸是善。惡雖然小，但依然是惡。這是事物發展當中，在底線兩側的良性循環與惡性循環，有著天壤之別的方向性選擇問題，它們是兩個不同集區的概念。堅守底線，堅守善良。「人之初，性本善。」擁有一顆善良、純真的心，是我們做人的底線。

「人而無信，不知其可。」以誠信為本，誠信待人，誠信做事，應該是我們人性的底線。

有一位60多歲的小品藝術家，他演繹的小品充滿了趣味和正能量，一直被幾代人所喜歡，他的粉絲老少皆有，在人群中的威望很高。他多

第一章　無底線者，如同未完的劇本殺

年來累積起來的好人品，也當得起這般誇耀。

然而一輩子為善，卻沒想老年時犯下糊塗，竟然在網路上賣起了假貨，幫一些無良商家代言，欺騙著那些信任他的人。此後，依然執迷不悟，直到如今人們再提起他時，已經不再是稱讚，而是貼上騙子的標籤。以前建立起的好形象，可謂是一夕間轟然倒塌。

那麼，究竟是什麼造成這樣一種結果呢？明明十幾年的人品累積，為何會在一朝間喪盡呢？這當中就牽扯到誠信的作用。要知道這世間，最能夠累積人品的是誠信，最能夠敗人品的也是誠信。

一次的誠信不能夠樹立起一個人的人品，那需要常年累積的付出；然而的一次失信，卻能夠推翻先前所有的努力。無怪乎世人現實，而是這個世界就是如此。

人心本就善忘而記恨，對於別人的好，我們習慣於忽視，而對於別人的錯誤，很多人都會一棍子打死。正如現在年輕人中流行的一句話：「一次不忠，終生不用」，可見，誠信是多麼重要。

古時候的人們對於誠信更是視若生命。「尾生與女子有約，女子三日不至，遇大水，尾生抱柱而死。」他既然許下了諾言，既然做好了約定，即使失去了生命也要去踐約。

翻開中華文明史，為了要守住誠信這條底線而用生命去踐約的例子又何止尾生一個。正因為有了「一諾千金」的豪情，才有了易水悲壯之歌。誠信，是俠客永恆的旋律；正因為有了「海誓山盟」的執著，才有了化蝶共舞之美。誠信，是情人纏綿的絕唱；正因為有了「為天地立命，為百姓謀福」的諾言，才彈奏了一曲清官之歌。誠信，是文人不朽的篇章。

而假設一個人失去了誠信呢？那麼，最終將會和放羊的小孩一樣，羊成了惡狼的腹中物，徒留自己一個人哭泣，無人問津！

堅守底線，盡顯人性本色。做生意，明碼實價，童叟無欺；做學問，言之有據，持之有故；做官，不奪民財，不傷無辜；做人，不賣朋友，不喪天良。

　　社會輿論譴責的是「見利忘義」、「毀約背諾」、「賣友求榮」、「賣國求榮」、「虐待父母」、「以強凌弱」、「恩將仇報」、「落井投石」，規勸的是「不義之財君莫取」、「朋友妻不可欺」、「己所不欲，勿施於人」、「君子愛財，取之有道」，倡導的是「孝悌忠信」、「禮義廉恥」、「知恩圖報」、「一諾千金」、「惻隱之心」、「扶危濟困」、「贈人玫瑰，手有餘香」。

　　有底線就有底氣，有底氣就有自信，做人的自信往往建立在做人的底線上。沒有底線的人，必然收穫渾渾噩噩和一塌糊塗的失敗人生；底線牢固的人，才能體會和享受到「人」的尊嚴，進而收獲成功的人生。

做人不要丟了良心

　　良心是一個人的做人底線，丟什麼也不能丟了良心。否則，丟掉了這根「底線」，就必然會把自己送入失敗的人生「黑洞」，為天下人所不齒。

　　古人孟子說：「仰不愧於天，俯不怍於人。」

　　意思就是告訴我們，為人處世不能愧對天地，愧對自己的良心，做人必須光明磊落，問心無愧。

　　孟子在其一生中，都強調要做個「大丈夫」，要養「浩然之氣」，要「富貴不能淫，貧賤不能移，威武不能屈」，這也是一種可貴的做人良心。

第一章　無底線者，如同未完的劇本殺

簡而言之，良心就是一個人注重自己的做人修養，只做善事、不為惡行的心態，擁有了這樣的心態，就會像孟子那樣，渾身都閃耀著大丈夫的浩然正氣；就會知恩圖報，見義勇為，助人為樂，愛崗敬業；就會把自己的利益置於相對次要的位置，成為一個真正問心無愧的人。

我們經常會去評判一些做事做絕，傷天害理的人，罵他們的良心被狗吃了。或許有人會問為什麼要這麼說狗呢，狗不是人類的好朋友嗎？狗不應該是最忠誠，最有良心的嗎？這裡可以講一個有趣的小故事給大家聽：

據說在很久以前，狗其實和狼一樣都是負義忘恩的，牠們自私自利，凶狠殘暴，從不知報恩為何物，這也就有了「狼心狗肺」這一成語的由來。

後來狼躲進了森林，很少出來。而狗卻留戀於人世，經常出來偷吃農家的雞鴨。而一個叫李善的人家，更是惡狗經常光顧的地方，只是令人奇怪的是，惡狗光顧他家後，竟是變得越來越和善了，甚至成為幫助人們看家護院的好幫手。反而是本來很和善的主人李善，卻是變得性情乖戾，做起事來肆無忌憚。

後來人們說起李善和他家狗的變化，便常常說，他的良心被狗吃了，因此主人作惡多端，而狗反而善良了。

或許這只是一個博君一笑的故事，但是也說明了良心的重要性。沒有了良心，連狗都不如了，更不用說討人喜歡了。可見良心已經成為對一個人道德的評價，也是對一個人好壞的鑑定，更是很多人交友和擇取對象的一項準則。畢竟一個有良心的人，才能夠讓我們更安心和更放心。

良心是個人對自己應盡的社會義務和社會責任的主觀認同，是個人

的自我意識在道德方面的表現，是個人以自律準則的形式，積澱下來的道德判斷力和自制力。

良心作為道德自律性的最高體現，作為道德主體內心的道德法庭，在規範人們的社會行為中發揮極為重要的作用。可以說，一個人沒有良心也就沒有道德行為；沒有良心，道德的行為規範功能很難發揮。

道德對個人行為調控的基礎在於個人的內心。如果說社會輿論往往使人產生一種畏懼感，而使人們不得不服從道德規範的話，那麼，良心則著眼於主體內心深處趨善避惡本性的挖掘。

良心的覺醒，一方面有助於人們認真體會道德規範的外在壓力，培養責任感、義務感、榮譽感和羞恥感，產生明確的自我道德意識；另一方面有利於人們自願遵循道德規範的要求，從而實現一種規範壓力向行為動力的昇華。

良心具有對個人的思想和行為進行了解、指導、反省、評判、糾正的功能。良心一旦形成之後，個體不需要任何外在力量的強制，就能按照社會道德的要求行事。

作為道德主體內心「道德法庭」的良心，其作用是極其巨大的。生活中不乏受良心的激勵而捨生取義的人，也不乏受良心的責備而悔不容生的人。可以說沒有道德就沒有良心，道德之所以崇高無比，完全是因為人有良心。

現在有一種無良的人，叫做「見光死」，這種人徘徊在底線的邊緣，瘋狂的試探。在沒有暴露之前，他們是風光無限的，是粉絲成群結隊的。

小櫻是一個帶貨主播，她憑藉自己美貌和會撒嬌的語氣，常常會引得各路粉絲為她慷慨解囊，甚至為了博她一笑，更是一擲千金。

第一章　無底線者，如同未完的劇本殺

就算是她帶的貨不良品很多，甚至假冒偽劣也不少，但是人們在她的甜言軟語下，都會選擇原諒，甚至甘願為此買單。誰叫她有一個美麗的樣貌和膩死人的聲音呢！

但是一次直播事故，因為某些原因，她的樣貌徹底暴露，真相讓所有人為之震驚。

所謂的絕世美顏，竟是一個五十歲左右的，皮膚鬆垮的老女人；所謂的甜美聲音，也變得嘶啞難聽，堪稱是見光死的典型。那些被她迷得神魂顛倒的人，頓時如同吞了幾十隻蒼蠅般噁心。

一切原來都是假象，只是用美顏和變聲器包裹出來的騙子而已。一個人人喜愛的網路神女，至此跌落神壇，甚至更多的醜聞也被接連曝光，成為人人厭惡的反派和抨擊對象。

這種見光死的人如果為善，掌握好自己的底線，比如在社群平臺上，宣傳一些正面的能量，那麼就算她的真容被曝光，過往被查出，也能夠得到大部分人的諒解。

但是，這種人如果為惡。憑藉虛假的容貌，偽造的檔案，在一些平臺上賣慘博同情，欺騙粉絲顧客，甚至幫助無良商家倒賣假貨、收刮錢財。這種突破底限的做法，一旦被揭露，最終的結果只會被打入萬丈深淵，徹底淪為過街老鼠，人人喊打，甚至吃上官司，牢底坐穿。

所以說，做人千萬不要做見光死的，如果非要要做，也要做一個有良心、有底線的，這樣還有一絲轉圜的餘地。當然，最好還是不要嘗試，就如有些底線還是不要去試探一樣，因為世界沒有不透風的牆。常在岸邊走，哪有不溼鞋。

無論美醜，又或是過往，其實都是我們人生最真實的一部分，只要心是好的，只要底線還在，做自己才是最正確的選擇。

在我們的現實生活中，有很多事是法律無法干涉，輿論無法監督的，因此，能夠填補這一空白的只有每個人的良心。如果說社會輿論往往使人產生一種畏懼感，而使人們不得不服從道德規範的話，那麼，良心則著眼於主體內心深處趨善避惡本性的挖掘。

良心的覺醒，一方面有助於人們認真體會道德規範的外在壓力，培養責任感、義務感、榮譽感和羞恥感，產生明確的道德意識；另一方面有利於人們自願遵循道德規範的要求，從而實現一種規範壓力向行為動力的昇華。

在人們的行為決策階段，良心發揮選擇與命令的作用。思想是行為的先導，一切行為在實施前都會經過計劃與決策，在道德行為發生之前，必然要經過意向的選擇。

在這一階段，道德良心發揮至關重要的作用，雖說在道德選擇時，要受到一定的社會環境制約和當時道德情境的制約，但是人的內心是發揮決定作用的。

這一階段的道德良心會對行為的動機進行檢測，對符合道德要求的行為動機予以肯定，對不符合道德要求的行為動機予以抑制或否定，以保證行為動機的合道德性。當一個人有了正確的道德評價標準時，就會有強烈的責任感，就無需別人的監督，會自覺地選擇去做有利於社會的事情。

在人們的道德行為進行階段，良心會調整和控制行為的行進方向。在人們的道德行為過程中，良心是道德嚮導。在實際的行為操作中，常會因為種種客觀因素的影響，而脫離原來設定的方向，這時良心就發揮了控制和調節的作用，監督著道德行為的健康有序開展。

當發現行為過程中，有認知錯誤、感情干擾或情況變化時，它能夠

第一章　無底線者，如同未完的劇本殺

使人們改變行為的方向和方式，糾正某種自私慾念和偏頗情感，避免產生不良影響。這就是所謂「良心的發現」，促使人們自覺地保持自己的正直人格，不斷提高自己的道德水準。我們在生活中常說「要對得起良心」，就是良心的調整、控制作用的實際運用。

在主體的行為之後，良心是內在法庭，發揮審查和評價的作用。人們的道德行為發生後，必然會產生結果和影響，受到各界的評價。這時會有社會輿論的評價，也會有來自內心道德的評價。

對履行了道德義務的良好後果和影響，內心感到滿足、欣慰和高興；對沒有履行道德義務的不良後果和影響，表現出內疚、慚愧和悔恨。人們常說的捫心自問就是在行為發生後，道德所發揮的評判作用。

這個時期的良心身兼二職，既是公訴人又是審判官。做了不道德的事，良心會審判責備自己，做了具有道德意義的事，良心會使人覺得問心無愧、心地坦然。

一個人如果能用良心評價自己的行為結果，就表明他已表現出把一定的道德原則和道德規範以外的要求，轉化為內在的信念。任何有良心的人，當他意識到自己的道德行為結果是有道德的，是有利於社會、國家和他人的，就會得到良心的安慰和滿足。從而得到激勵、繼續做類似的和更高尚的，有道德的事情。

如果發現自己的行為有損於社會、國家和他人，就會受到良心的自我譴責，自己感到內疚、慚愧、悔恨和不安，以至於感到自己缺乏良心，而糾正自己的不道德行為並改惡從善、痛改前非。

假如一個人行為不道德，自己仍自我感覺良好、心安理得、毫無自責，那麼他就毫無良心可言。由此可見，良心在道德行為後發揮審查和評價的作用。

由於良心能對個人的思想和行為進行指導、反省、糾正，所以它能在一個人健康行為的形成中以下作用：

第一，評判。有良心的人，能常常進行反省和自我檢查，所謂「吾日三省吾身」。這樣才有可能保持一種正確的是非觀、美醜觀。

第二，督察。良心能時刻監督人自身的思想和行為，防止任何心理上的疏忽和任性。

第三，反省。良心會在人們的行為中時時站出來挑剔、提醒、責備行為主體，這樣才能及時地意識到缺點錯誤而棄惡揚善。

第四，自律。作為一種內在的意識，良心可以自動發揮作用，它的督察要比外部壓力下的督察方便、及時、徹底得多。

良心是社會期望人們行為自律的內在根據。而且，也只有有良心的人才有可能自律，只有有良心的公民才可能成為一個行為端正的好公民，只有有良心的官員才可能成為廉潔奉公的官員。

從一定意義上說，他律的道德是低層次的道德，自律的道德是高層次的道德。良心是高層次道德的表現。在良心自律的階段，規範與個體認知協調一致，社會道德原則與個體道德需要互為表裡，形成了內在的道德理想。

此時人們對道德的價值、意義已經有了深刻的認知和掌握，內心已經形成強烈的道德責任感，並且已經具備了較強的行為評價能力和自我控制能力，道德行為不再僅僅是「必須做」的事情，而且是「我要做」的事情。

這時，人們的道德行為是在聽從自己的內心呼喚，於是「承擔道德義務」的「負擔」，上升為「實現道德良心」的「需求」。良心將使個體理智上確認道德行為、意志上堅持道德行為、心理上樂於道德行為。

019

 第一章　無底線者，如同未完的劇本殺

　　道德作為行為規範的特點，決定了它只能對有良心者發揮作用。所謂道德下滑則與一些人的良心缺失不無關係。從這一意義上說，重建社會道德首先必須恢復人們的良心。

　　良心在社會主義精神文明建設和市場經濟建設中，亦有重要的作用。良心作為法律的補充，在維護社會秩序、社會穩定和發展中具有調節作用。

　　任何社會要保持社會的秩序、穩定和發展，需法律的強制作用，紀律的約束作用和道德的調節作用。而良心的調節作用不僅在道德的調節作用中具有舉足輕重的地位，就是在法律發揮作用的過程中，也會有或隱或現、或輕或重的影響。良心能夠抑惡揚善，促進風尚的變化，提高精神文明水準。

　　在市場經濟體制完善過程中離不開法制，更離不開良心的調節作用。在建設社會主義的市場經濟過程中，在完善法律的同時，在人們的道德行為中仍然要講真、善、美。

　　名譽是表現在外的良心，而良心正是真、善、美的泉源。加強對全社會的思想道德教育，不妨從講良心抓起。市場經濟需要經濟槓桿，也需要良心的制約。

　　無論時代如何變遷，做人的良心都是不應該缺失的。然而，現實生活中，有太多的人卻喪失了最基本的良知。印度國父、非暴力抵抗運動的倡導者甘地（Gandhi）將「無原則的政治，無創造的財富，無良知的享樂，無品德的知識，無道德的商業，無人性的科學，無獻祭的崇拜」等等的無良行為，歸納為社會罪惡之源。

　　良知喪失，做人的底線也就喪失了。沒有了良知底線，社會便會被另一種東西所替代。

良心不可欺，欺了良心，就會寢食不安，心神不寧，就會受到來自心底的自我譴責。「認認真真做事，清清白白做人」，無論是當官、經商、打工、種田，都應「對得起天地良心」，於人於己問心無愧，不要以為自己做的事很巧妙，沒有人會知道自己的劣行，即使真的沒有別人知道，還有自己的良心在悄悄地記著一筆帳呢。

一個人應該時時審查自己的良心，做每件事、說每句話都要捫心自問，看看是否傷害了別人。

做什麼事都問心無愧，對父母盡孝，對朋友盡義，對事業盡忠，就會一輩子都活得坦然，活得輕鬆，活得有模有樣。否則，就會活在良心的不安和自責之中。

人若喪失了良心，精神就會瓦解，信念就會崩潰，心靈中就會長滿荊棘和毒草，就會做出不符合法律的事來，害人害己。

良心是一個很重要的內在道德品格，是一個人得以安身立命的基本條件。我們講道德，就要分清善惡、是非，樹立道德責任感，成為一個有良心的人。

原則中藏著通往成功的捷徑

生活中的每個人由於所處的環境及文化層次不同，因而所追求的目標和理想也不盡相同。但是，在每個人的心靈中都存在著不同的做人原則。

做人的原則可以說有很多方面。就好比是對待學習、生活、工作等，生活中的每個人都有自己的原則，也就是說有自己做人做事的底線，會有所為有所不為，懂得哪些事應該努力去做好，什麼事情可以去

第一章　無底線者，如同未完的劇本殺

做，什麼事情不可以做。

作為生活中的人是不可以沒有原則的。沒有了做人的原則，也就沒有了衡量對與錯的尺度。假如你自己都不知道你應該去做些什麼事情，不應該去做些什麼事情，那麼，就很容易走入歧途。因為人是具有社會屬性的，時時事事都要受到社會公認的法律和道德等準則的約束，游離於社會之外是不可能的。

做人要有一定的原則，但是這些原則也是與時俱進的。由於社會在不斷地發展變化，觀念也在不斷地更新，因此需求也在發生著不同程度的變化。

在不同的社會背景下，法律和道德等準則會有所不同，這個時期這樣做可能是正確的，而同樣的做法放在另一個時期可能就是錯誤的，甚至在有的時候是違法的。那麼，做人的原則也要跟著社會的不斷變化而進行調整。

夏天到了，看到櫥窗裡那些漂亮衣服，小圓暗自下定決心：「我一定要減肥成功，不能再繼續貪吃，再胖下去了。」

正在她決定奉行這一減肥原則，堅持到底的時候，旁邊一個聲音傳來：「小圓，你怎麼在這？正好，我們準備去新開的那家甜點店吃下午茶，要一起嗎？聽說味道很不錯的。」

小夏看了眼櫥櫃裡的漂亮衣服，又想起了剛下的決心，正準備回絕。

「聽說最近半價活動呢，我們快走了。」同事接下來的一句話徹底擊碎了小圓的心房，剛制定的原則**轟**然倒塌。一個「好」字，自然而地脫口而出。

吃完甜點後，回味了一番那還殘留在嘴邊的美妙滋味，她又再次後悔了。那漂亮的衣服感覺離自己越來越遠了。

晚上回到家中，她決定再一次絕食減肥，只是看到那滿座的精緻菜餚，她又一次背棄了自己的原則，最後她的減肥計畫不僅夭折，在這個夏天又胖了不少。

一個沒有原則的人，永遠成不了事，所以最終小圓的結局已在預料之內。但是有些原則如果過於迂腐，違背了大部分人意願，就應該及時破除。

做人既要有一定的原則，但是還應當考慮到原則和發展之間的關係。有的時候，做人的規矩真的是很多，並且形成了固有的行為習慣，這可能會讓人失去開拓創新的精神，甚至讓人思想僵化，從而很難適應不斷發展變化著的社會環境。

所以，生活中的每個人在遵守做人原則的同時，還要隨時做出適當調整，讓自己的做人原則隨時可以適應時代的要求，不讓原則束縛和禁錮自己的思想。

一個人在掌握做人的原則上，還是需要一定的限度的。替自己制定做人原則的時候，要合情合理，並且還要切實可行。

人總是要有一點精神追求的。但是，要讓自己感覺到目標經過努力是可以達到的，如果突破了這個原則，那麼，太重的壓力會讓自己揹包袱，會成為沉重的負擔。

在生活中，不管是做人的原則，還是目標或者是理想，最後的目的都是「快樂」，這樣才能達到人生幸福的最高境界。如果活得太累，那麼則永遠快樂不起來的。

第一章　無底線者，如同未完的劇本殺

做人是難，但是要想做一個好人更難！因為要想做好也是需要一定的原則的，它有道德水準的約束，需要「忍」、「讓」、「謙」、「和」。

忍：事臨頭三思為妙，怒上心頭忍最高，小不忍禍端常起，互無欺各自平安；讓：退一步海闊天空，讓三分心平氣和，能讓人並非我弱，變干戈和睦常樂；謙：人有成績莫自誇，驕傲自大無益多，歷覽天下許多事，成由謙遜敗由奢；和：世上誰能無有過，莫為小事動干戈，和與人交閱聽人敬，百忍堂中有太和！

說白了，不管是做事情還是做人都需要有一定的原則，希望這些原則能夠幫助我們不斷完善人生的起點。我們要掌握好方寸，不求最好，只求更好，在不斷進步的過程中快樂自己，奉獻社會。

一切都可以放下，唯有骨氣不可棄

氣節，是表示個體行為品性的概念，具有德行主體的積極態度的含義。具體地講，是一個人或者一個民族自尊心和自信心的表現。氣節是德行主體為維護人格、民族的尊嚴和利益所表現出的犧牲精神和鬥爭勇氣。

從某種意義來說，氣節就是人身體中最重要的一口氣，也稱骨氣，但「氣節」適用的主體稍有差異。「骨氣」一般對維護個人人格尊嚴而言，「氣節」是指德行主體維護民族尊嚴和利益而言。「骨氣」是「氣節」的基礎，「氣節」是「骨氣」的延伸和昇華。

做文章，人們多崇尚「魏晉風骨」；學書法，人們多臨摹顏柳體的豐筋多骨；運丹青，人們不以繪出龍虎的頭腳鬚鱗為極致，而是刻意追求龍虎的骨頭與精神。為文習字作畫尚且如此，做人更應如此。人無骨

不立，民族無氣節不存。窮不變節，賤不易志，就很好道地出了這種精神。

一個人在困窘失意的時候不改變自己的節操；在地位低下的時候，不改變自己的志向，這就是骨氣。骨氣作為完美人格的外在體現其突出表現就是不堪忍受屈辱，不甘落後，銳意進取。

莊子甘為「孤豚」、「犧牛」，甘願逍遙物外，不願到楚王膝前為相；他的思想並不一定要汲取，但他的人格和骨氣，卻很值得稱讚。

骨氣作為完美人格的外在體現，其內在的動因究竟是什麼呢？孟子說：「富貴不能淫，貧賤不能移，威武不能屈」；王勃說：「窮且益堅，不墜青雲之志」。由此可見，骨氣是與志相關聯的。

何謂「志」？「志」，就是指一個人的志向與堅定的信念。聞一多先生拍案而起，寧可倒下去，絕不屈服，正是出於他對民主理想的執著追求；朱自清先生一身重病，寧可餓死絕不領美國的「救濟糧」……

骨氣作為一種人格力量和出於對美好理想的執著追求與堅定信念，它可以使一個人自立、自主、自強，在任何情況下都保持高尚的操守。

詩仙李白，在身處於逆境的情況下，以浪漫詩人的情調高吟〈夢遊天姥吟留別〉，唱出了「安能摧眉折腰事權貴，使我不得開心顏」的心聲；宋人周敦頤作〈愛蓮說〉云「自李唐來，世人甚愛牡丹，予獨愛蓮之出淤泥而不染」，言明自己的操守；林逋在〈省心錄〉中說，「大丈夫見善明，則重名節如泰山；用心剛，則輕生死如鴻毛」；劉禹錫在〈學阮公體三首〉中講：「昔賢多使氣，憂國不謀身，目覽千載事，心交上古人」；張說在〈五君·詠〉中盛讚：「處高心不有，臨節自為名」……這一切都說明了人格力量的偉大和人們對有骨氣者的讚賞。

事實上，每個人在逆境、屈辱和挑戰面前所表現出的骨氣，常常是

第一章　無底線者，如同未完的劇本殺

與整個民族的尊嚴、氣節連繫在一起的。

「骨氣」或「氣節」不過是一個人或者一個民族自尊心和自信心的表現。一個人沒有骨氣將被世人所唾棄；一個民族沒有尊嚴也終將被世界所拋棄。

人無骨不立，民族無氣節不存，我們講骨氣，講氣節，因為它是一個人乃至一個民族得以發展壯大的內在驅動力量。外因是變化的條件，內因是變化的根據。我們中華民族只有靠自己的力量，走自己的路，才能實現民族的振興。

我們講骨氣、講氣節，還因為它是一個民族的凝聚力之所在。每個民族都有自己的民族精神。我們中華民族的民族精神就是「有與自己的敵人血戰到底的氣概，有在自力更生基礎上光復舊物的決心，有自立於世界民族之林的能力」。

我們談論氣節，就是談論如何保持氣節。保持氣節的道德規範內容涉及如何對待富貴貧窮，如何對待生死福禍，如何對待榮辱功名，如何對待權位爵祿，以及如何待人待己等方面，其基本精神在於強調處世必以仁德，守身必從大義，為人重在大節，窮達見廉，成仁取義。

如何對待富貴與貧窮，是檢驗是否有氣節的標尺之一。一個對榮華富貴垂涎三尺，不擇手段追求享樂的人，一般來說很難保持氣節。這是因為這種人意志薄弱，缺少骨氣，忍受不了貧窮的生活，容易在困難面前低頭，沒有以貧為樂的達觀精神，面對困境怨天尤人。抱有這種心態的價值觀的人，是不會在困境面前保持氣節的。

反過來，他們更容易在是非困難的考驗面前，見利忘義，出賣良心，褻瀆正義。

這樣的事例，在現實生活當中確實存在。如陳世美被皇帝女兒所看

中，為了得到此等至高無上的榮耀，陳世美故意隱瞞了自己的糠糟之妻秦香蓮及膝下子女，擢升為御前駙馬。

後來，秦香蓮攜兒帶女進京尋夫，陳世美為了保住榮華富貴，不僅拒絕相認，反而派人追殺，以絕後患。這起滅絕人性的案子，終被鐵面無私的包青天審判清楚，把陳世美送上斷頭臺。

從這個充滿生活矛盾的歷史故事裡表現出兩種精神，一種是見利忘義的邪惡小人之心態，另一種精神是包拯不畏皇權，為民申冤的浩然正氣。其褒貶，世人自有公論。

群雄逐鹿的三國時代，有一位武藝蓋世、英俊勇猛的虎將叫呂布，其天資極佳。但呂布這個人沒有忍受困難的志氣，在實惠的誘惑面前，搖擺不定，最終因反覆無常的卑鄙人格而被曹操劉備聯軍所殺。倘若呂布正確發揮自己的天資，用自己的聰明才智去克服困難，也許會建立一番功業。其經驗教訓，世人應引以為戒。

南宋時期奸臣秦檜屈服於金人的淫威利誘，不顧民族利益而賣國的醜惡行徑千百年來一直遭人唾棄，而且必將遺臭萬年。

那麼，有沒有在富貴面前不動心的人呢？三國時代，曹操為了籠絡英勇善戰的關羽，給其名馬、重金、美女、高官，但這人最重忠義，不為富貴所動；他「封金掛印」，身在曹營心在漢。其最終「千里走單騎」，尋找回歸劉皇叔的義舉留傳為千古佳話，他的行為成為無數忠義之士效仿的榜樣。

「富貴不能淫、貧賤不能移、威武不能屈」的大丈夫精神不僅是叱吒風雲的英雄人物的品格風範，它在一般凡夫俗子的身上照樣閃爍著其堅強的光芒。

古人有「三軍可奪帥也，匹夫不可奪志」的格言警句。蔡文姬雖為一

第一章　無底線者，如同未完的劇本殺

弱女子，卻能留胡十八載之久而終歸漢。

中英鴉片戰爭時期，腐朽透頂的滿清王朝被西洋人打得連魂都差點掉了，正當洋人趾高氣揚，到處橫行霸道時，卻被廣州三元里平民百姓迎頭痛擊，抱頭鼠竄，跪地求饒，最後求救於清廷，才免遭滅頂之災。

古代的聖人賢士，非常重視注意平時日常生活中言行舉止的修養，以謹慎謙虛勤奮正直的優秀作風養成英勇無畏的浩然正氣。正如古聖孔子所言：

富與貴，是人之所欲也；不以其道得之，不處也。貧與賤，是人之所惡也；不以其道去之，不去也。君子去仁，惡乎成名？君子無終食之間違仁，造次必於是，顛必於是。

孔子的言論充分說明了，正確對待富貴與貧賤的重大意義，強調保持「安貧樂道」的堅貞氣節對品格修養的重要性。

立志追求理想的實現是保持氣節是善始善終的檢驗標準。曾子說過：「士不可以弘毅，任重而道遠乎？」先有安貧樂道的性情和勇於犧牲的精神，而無忍辱負重，百折不撓地追求理想實現的吃苦精神，還不足以證明是真正有氣節的。

太史公司馬遷為完成《史記》，在受了宮刑的殘酷打擊下，忍羞含辱，嘔心瀝血，以鍥而不捨的吃苦精神和驚人的毅力花了 19 年時間，終於完成了輝映千秋的鉅著。

我們不能說司馬遷是苟且偷生，而應該欽佩他這種面對命運而不倒下，不計個人得失，面對困難迎頭而上的真正的大丈夫氣概。相反，我們應該批判西楚霸王項羽以「無顏再見江東父老」的心態自刎烏江的懦夫之舉。

項羽的自刎，絕非保全氣節的英雄本色，而是自感江郎才盡，不願

堅持戰鬥的懶惰思想。假使他重返江東，認真吸取經驗教訓，積蓄力量，養精蓄銳，時機一到，捲土重來，那麼楚漢爭霸孰輸孰贏又是另一回事了。

因為隨著事物的發展變化，劉邦集團內部並非沒有矛盾，劉邦集團的破綻是很多的。只要項羽留心觀察，攻其不備，完全是有可能的。可悲的是，項羽並無百折不撓的韌戰精神，輕率地放棄了尚存的機會與希望，其悲壯的結局是必然的。

回過頭來，再看那些具有「志當存高遠」的英才們，如陸游為國謀光復中原而征戰疆場一生，垂危之際不忘「示兒」：「家祭勿忘告乃翁」。

明末抗清義士顧炎武抗清失敗，隱居山林，心猶不甘。廣搜天下地形民情，著書立說，以觀天下欲一旦有變，便赴身光復漢室。他以國家為己任，發出了「天下興亡，匹夫有責」的民族心聲。

這些英雄事蹟，顯示了立志追求理想實現的崇高民族氣節。後人應該繼承中華民族的優良傳統，絕不在困難面前悲觀失望，以致用放棄奮鬥的方式顯示所謂的「勇敢」。

人固有一死，或重於泰山，或輕於鴻毛。每個人來到世上，死是避免不了的事，問題只在於如何選擇死的方式。

可見，真正有氣節的君子人物，是能夠坦然對待生死福禍的。這種堅貞達觀的生死福禍觀念，養成了他們身上的浩然正氣，使他們無所畏懼地為理想立言踐行。

這些英雄人物，不向邪惡低頭，不被困難嚇倒；順境裡謙虛謹慎，困境裡豪邁樂觀，以天下為己任，真正達到了「先天下之憂而憂，後天下之樂而樂」的崇高境界。

一個人的一生歷程中，遇到困難是不可避免的，但面對困難，氣節

 第一章　無底線者，如同未完的劇本殺

不能丟。在人的一生中，也往往會遇到誘惑，但是面對誘惑，氣節是不可以丟的。

我們今天生活在和平年代裡的人們，一定要學習古代聖賢們的這些優秀品格，用古人樂觀勇敢的精神。去看待迎接社會生活中各方面的問題。以使我們在成績面前保持清醒，自覺防範抵制腐化墮落。困難面前不灰心喪氣，困境裡不怨天尤人；顧全大局，用豪邁樂觀的革命英雄主義去面對各種挑戰，為自身的成長和社會的進步做出應有的貢獻。

信念如同無敵的大寶劍

什麼是人生？什麼是信念？你見過參天的大樹嗎？如果說人生是那參天的大樹，信念就是那挺立的樹幹。樹幹一倒，大樹則傾；信念一失，人生則危。

信念是根脊梁，支撐著不倒的靈魂，支撐著人生的大廈；信念是盞明燈，照亮著期盼的心靈，照亮著人生的殿堂；信念是個路標，指引著前進的方向，指引著人生的道路。信念是一把無敵的大寶劍，它能夠讓你劈風斬浪，橫掃一切，走上人生巔峰。

人生離不開信念，失去信念的人生是可怕的。因為它是一種精神、一個動力，而缺乏精神與動力支撐的人生，往往意味著平庸、頹廢抑或迷惘。

美國著名女作家、教育家海倫‧凱勒（Helen Keller）以自己堅定的信念向成功邁出了一步又一步。下面讓我們來看一下她堅守信念的故事吧：

在一個可怕的二月裡，病魔使海倫闔上了眼睛，讓她無法看到即將到來的春天會是如何的美好；使她閉塞了耳朵，無法聆聽世界上的聲音

信念如同無敵的大寶劍

是如何的動人；使她的喉嚨也啞了，無法訴說自己的心情是如何的愉悅或是悲傷。這時，她開始失去信念了。

一個如此不幸的人，面對自己的缺陷是如何由悲觀轉化為樂觀的呢？剛開始，她學了一些手語，可以讓別人清楚自己的欲望。但長時間下來，她還是承受不住不幸帶給她的痛苦。

她經常發脾氣，想哭卻不能做到。她討厭每天坐在輪椅上或睡在床上。她覺得自己簡直就是一個被牽著線的木偶，而線的另一端是不幸的事實。後來，她的父母透過一個叫做貝爾的博士找到了安妮·蘇利文老師擔任海倫的家庭教師。蘇利文老師是海倫在人生道路上遇到的最重要的人。

她為海倫找到了失去的信念，並使海倫的信念一步一步地邁向堅定。海倫開始樂觀地面對自己的缺陷與不幸。

她想著，其實這世界上並沒有不幸可講，只是看你如何看待它。海倫在蘇利文老師的幫助下，學會了許多知識和做人處世的道理。

海倫寫了許多關於自己生活的書，鼓勵在生活中遇到不幸的人們。她用自己的實際行動證明了黑暗與寂靜並不存在。

像海倫這樣一輩子只擁有一個信念的人，在找到信念以後，無論世事如何變遷，她總會泰然處之，寵辱不驚，是堅定的信念為她描繪了一幅永恆的畫卷。

一個有如此多缺陷的人，卻因為擁有一個堅定的信念而改變了命運，彌補了缺陷。可想而知，沒有信念的人生將一片空白，沒有信念的靈魂將充滿怯懦，沒有信念的奮鬥將不能持久。

考試的失敗，也許會使熾熱的激情瞬息冰冷；心情的低落，也許會使高昂的頭顱深深低垂；生活的挫折，也許會使跋涉的腳步停止前進。

第一章　無底線者，如同未完的劇本殺

也許你正徘徊於不知何去何從的十字路口，更不知道還要走多遠才會踏上夢想的淨土。此時，除了自己以外沒有人能夠幫得了你。

朋友，再次昂起你那不屈的頭顱，重新點燃信念的火種吧！不要因為一時的挫折而停止自己前進的腳步。

是的，沒有任何人會總站在高峰極巔處一覽眾山小，也沒有人會總在谷底品嘗失落。只要矢志努力，不輕言放棄，必可穿越人生的瀰漫而到達夢想的那一方淨土；只要能夠全身心地去打拚，定會「乘風破浪會有時，直掛雲帆濟滄海」；只要用一顆心真誠地去撞擊另一顆心，一定會擦出燦爛的愛情火花。

在通往成功的道路上，苦難與挫折比比皆是，如果你被其擊倒，不再站起，那麼你就是一個失敗者；但是你若在被其擊倒時，能夠迅速地站起來，並把苦難與挫折所幻化的絆腳石，當作上進的階梯，踩在腳下，那麼終究會有一日你將站在紅塵之中腳踏三山五嶽，指點清平世界！

努力吧！朋友。在人生中最為糟糕的境遇不是貧困，也不是厄運，而是精神與心境處於一種不知不覺的疲憊狀態。讓曾有的輝煌夢想在不知不覺中悄然褪色，使自己淪為平庸的人，而與周圍的人互相恭維自我陶醉著。最愚蠢的事，莫過於總試圖用語言來掩蓋自己的渺小，讓自己在編造的藉口中逐漸滑向虛無的深淵。

陰雲密雨的日子誰都會有，只要肯用鏗鏘的語言、健壯的肌肉、奔湧的血性在狂風暴雨中全力打拚，那麼，自己的天空就會永遠蔚藍與清麗，自己的世界就會陽光普照花開遍地。一個人可以為自己的失敗找出一千種失敗的原因，但是沒有一個藉口可以成為迴避的託詞。

金牌和花環從來就不是撞樹而死的兔子，鮮花和掌聲也不是天上掉

下來的餡餅。也許走了好長好長的一段路，腳板滿是血泡，而夢想依舊遙遙無期；也許爬了好高好高的一座山，雙手鮮血淋漓，而巔峰依舊高不可攀。但是，只要你還在前進，那麼，你就是一個英雄；即使失敗了，也一樣是個勇士。不必太在意最後的結果，只要盡力了，那麼你就擁有一個充實的人生。

夢想再遙遠，也不要輕言放棄，只要肯邁出實現夢想的第一步，路，就會在你的腳下延伸，你與夢想之間的距離就會越來越短。當我們的足音踏著節拍，叩醒沉睡的大地，時代的花蕾就會應聲怒放；當我們的雙臂蕩起雄風，擁抱燦爛的陽光，整個身心就會異常豐盈。

沒有坎坷的人生，不一定就是完美的人生，而沉湎於苦痛不能自拔的人生卻注定會以悲劇而告終。只有不吝血汗盡情揮灑豪情的人生才是完美的人生。就讓我們抬起頭來，正視自己天空中的烏雲與狂風，用奔湧的血性搏擊的浩氣走出陰晦的世界，去開創成功、實現夢想，領略那絕美的風景吧！

有趣的人生需要鮮明的個性

保持自己的獨特個性，正確地分析自己，這樣在待人處世時就一定會贏得大家的尊重，有助於事業的發展，我們的未來人生，也必然會更加有趣和精彩。

不管無意或有心，我們每個人多少都在掩飾自己。尤其當我們在生活或從事自己認為重要的事情時，「表演」痕跡就愈加明顯。一切都十分「完滿」、「合乎規範」，個性完全被淹沒了。

從我們來到這個世界的那一刻起，我們便得到了家人及社會的關懷

第一章　無底線者，如同未完的劇本殺

與關注，我們便擁有了生存權、受教育權、發展權等基本權利。直到我們開始受教育起，沒有人要求對這些恩賜進行回報，沒有人要求我們對家人及社會盡什麼義務。

但是，我們不可能一直都如此，當我們有了獨立生存的能力時，我們必須對家人及社會盡一定的責任。這就客觀地要求我們每一個人都需要尋找在這個社會的立足點，選擇奮鬥方向，明確奮鬥目標。

而在實現這一目標的奮鬥過程中，我們總會遇到這樣或那樣的可預知或不可預知的事情或者一些人。要解決這些問題或者對待這些人，在尋找切實可行的方法的同時，保持自己獨特的個性，以本色天性面世，坦然面對身邊的人和事是非常重要的。

所謂個性就是自己獨特的思想和行為方式。

當貝蒂・福特（Betty Ford）成為美國第一夫人時，她即以坦白率直而聞名。當那些緊追不捨又唯恐天下不亂的新聞記者，問到她對各種問題的觀點時，她總是直率而坦白地回答。有一次，一個冒失的記者甚至問她和丈夫性生活的次數，當時她竟能從容不迫地回答：「盡我所能的多。」另外，她也從不隱瞞有關她早期精神崩潰及服用藥物、酒精等名譽不怎麼樣的過去。福特夫人這種坦誠的個性贏得了美國人民的愛戴。

教皇保羅八世之所以到處受歡迎，部分原因是他完全不掩飾。他一生都很胖，而且出身於貧苦的農家，但他從不掩飾外貌與出身的缺陷。在他當上教皇後，有一次他去拜訪羅馬的一所大監獄，在他祝福那些犯人時，他坦誠地說，他這一次到監獄是為了探望他的姪子。很多人認為他是耶穌的化身，除了他知道怎樣分享別人的苦樂外，另一原因就是他「不戴面具」地生活。

保持個性就是接受我們現在的樣子，包括一切過失、缺點、短處、

毛病以及我們的資產與力量，做到自我承受。但是，我們要認清楚這些否定方面是屬於我們，而不是等於我們，我們的「自我接受」就會更加容易。

很多人堅決地認為他們等於「錯誤」，因而丟棄了健全的「自我接受」。你或許會犯一個錯誤，但這並不是說你等於一個錯誤；你或許不能適當而充分地表達自己，但這並不是說明你就是「不好」。

其次是接受真實的自己。我們絕大多數人一生中都沒有什麼機會可以贏得大獎，如金馬獎、諾貝爾獎或金球獎等，大獎總是留給那些少數的人。

從理論上說，每個人都有當領袖的機會，但實際上，大多數人只有羨慕別人當這職位的份。不過我們都有機會得到生活中的「小獎」。比如說，每個人都有機會得到一個擁抱、一個親吻、一封示愛信件，或者只是一個大門口的停車位！生活中到處都有小小的喜悅，也許只有一杯冰冰涼的茶、一碗熱呼呼的湯，或是一輪美麗的落日。

更大一點的樂趣與獎項也不是沒有，但生活的自由喜悅就夠我們感激一生的了。這些都值得我們細細去品味，去咀嚼。也就是這些小小的快樂，讓我們的生命更可親、更眷戀。

如果生命的大獎落到你頭上，務必心懷感恩。但即使它們與你失之交臂，也無須嗟嘆。盡情去享受生活中的「小獎」吧！

再次是脫下面具。我們為何經常要躲在面具的後面？我們躊躇於表現自己和保護自己的衝突之間，我們也長久地在追求功名、保持隱私之間掙扎與矛盾。

你是否曾有過和某人一見面，便不由得心情愉悅，並有和他進一步交談的動機呢？有些人對他人的交遊廣泛，感到很不可思議。其實博得

第一章　無底線者，如同未完的劇本殺

人緣的祕密，除了實力這個因素外，就在於一個人是否有魅力。

個人魅力並非一朝一夕便能營造而成，它是由許多因素共同構成的，但最重要的是，用體諒別人的心去學習成長，如此必能得到眾人真心的喜愛。要達到這個目標，其實並不容易，先決條件就是「摘掉面具」，保持個性。

金聖歎是明末清初的一位大文人，他滿腹才學，卻無心功名八股，安心做個靠教學評書養家餬口的「六等秀才」。在獨尊儒術、崇尚理學的時風中，偏偏獨鍾為正統文人所不齒的稗官野史，被人稱為「狂士」、「怪傑」。他對此全不在意，終日縱酒著書，我行我素，不求聞達，不修邊幅。當時有記載，說他常常飲酒諧謔，談禪說道，能三四晝夜不醉，仙仙然有出塵之致。

清順治十八年二月清世祖駕崩，哀詔傳至金聖歎家鄉蘇州。蘇州書生百餘人以哭靈為由，哭於文廟，為民請命，請求驅逐貪官縣令任維初，這就是震驚朝野的「哭廟案」。

清廷暴怒，捉拿此案首犯18人，全部斬首。金聖歎也是為首者之一，自然也難逃厄運。但他毫不在乎，臨難時的〈絕命詞〉，沒有一個字提到生死，只念念不忘胸前的幾本書。赴死之時，他從容不迫，賦七絕。《清稗類鈔》記載，他在被殺的當天，寫家書一封託獄卒轉給妻子，家書中也只寫有：「字付大兒看，鹽菜與黃豆同吃，大有胡桃滋味，此法一傳，吾無遺憾矣。」

一個人在待人處世時，如果能以本色天性面世，不費盡心機，不被那些無謂的人情客套、禮節規矩所拘束，能哭能笑，能苦能樂，泰然自在，怡然自得，真實自然，保持自己的個性特徵，這樣對自己還是對別人，都不失為一件樂事。

歷史上凡是有思想的人，都是個性十分鮮明的人，而沒有個性之人便沒有創造力，更沒有主見，沒有獨立的人格，也就不會有深邃的思想。在待人處世時，一個沒有思想的人，又怎麼會受到別人的歡迎呢？個性是天生的，是不能選擇的。

個性雖然在後天可以得到優化和改造，但其基本的東西即性質是不會改變的。偉大的劇作家莎士比亞（Shakespeare）曾說過：「你是獨一無二的。」這是最高的讚美。因此，每個人在待人處世時都應該相信自己。我們應該以自己的真實個性示人，因為你是獨一無二的。

是什麼讓我們如此卓越

正直是人類的一種優秀品德，也是人類社會對個體性格的一種理想追求。正直與公正、善良、智慧、勇敢、誠實等人的高尚品德一樣，一直受到讚賞和褒揚，並且成為當代社會思想道德建設的核心。那麼，到底什麼才算是正直呢？

所謂「正」就是正確、公正、正氣，就是不偏不斜、不虛偽、不輕狂，就是光明磊落，只看「正」上下左右筆畫的工整寫法，就表達了我們祖先對「正」的理解和判斷意識。所謂「直」就是豁達、坦率、真實，就是直來直去、不彎不繞，不隨波逐流。

「正直」是重疊詞，表達的是同一個意思，但從人品的生成和實踐來看，二者是有邏輯關係的。只有「正」才能「直」，只有「正」才不怕邪；沒有正確、公正的「直」，只能叫做坦率。

正直，就是所謂的「富貴不能淫，貧賤不能移，威武不能屈」的堅強意志；是要有骨氣地屹立於天地間！

第一章　無底線者，如同未完的劇本殺

　　正直，就是所謂的「不以物喜，不以己悲」的豁然的心靈；既要肩負著社會的責任，又要用豁然的心胸，來調整心靈的寧靜！

　　正直，就是所謂的「我自橫刀向天笑，去留膽肝兩崑崙」的勇氣。只要有了勇氣，才會勇敢地抬起頭向前行走，率領人們奔向成功的道路。高瞻遠矚，深思熟慮，只要有了勇氣，才可以對那些黑惡的勢力不屑一顧！

　　無論前途是多麼的渺小，只要是正直的人最終都會突出重圍，推開歷史的帷幕，讓一身浩然正氣刺破青天。所以，做人一定要做一個正直的人！

　　做人要正直，在人類幾千年的文明歷史中，我們的先哲們在談到做正直的人方面，累積了許許多多的至理名言，樹立了做人的典範。孔子講：「君子坦蕩蕩，小人長戚戚。」莎士比亞說：「世上沒有比正直更豐富的遺產。」普柏說：「正直的人是神創造的最高尚的作品。」

　　唐代的魏徵以正直諫言被君王稱為自己的一面鏡子。做一個正直的人不僅是個人發展需求，更是社會進步需求。

　　只有「正直」，才能挺立在這個社會上。那些兩面三刀、口蜜腹劍的人，最終會被人們所遺棄。只有正直，才能夠名垂青史。那些奴顏媚骨、阿諛奉承的人，到了最後都會被歷史淹沒。

　　因此，如果我們選擇了做一個正直的人，在某種意義上來講，就是選擇了勇敢和犧牲，選擇了無私和忘我。

　　在日本明治時代，日本禪師白隱一向受到人們的稱頌，說他是位生活純潔的聖者。有一對夫婦是他的鄰居，開著一家食品店。這天，夫婦倆突然發現女兒的肚子無緣無故大了起來。

　　夫婦倆大為震怒，追問女兒，那人是誰？女兒在一再苦逼之下，說

出了「白隱」二字。夫婦俩怒衝衝地去找白隱算帳，但白隱只有一句答話：「是這樣嗎？」孩子生下來，就被送給了白隱。

白隱雖已名譽掃地，但他並不介意，向鄰居乞求嬰兒所需的奶水和其他用品，非常細心地照料孩子。

一年之後，那位沒結婚的年輕媽媽終於吐露真情，孩子的親生父親並不是白隱，人們才意識到誤解了他。

由此可見，在一些事情解釋或證明不了的情況下，就不要去做無謂的爭辯，要堅信「身正不怕影子斜」，事情總會有水落石出的一天。到那時是非曲直自有公斷！

君子在下位則多謗，在上位則多譽；小人在下位則多譽，在上位則多謗。正直的人，可能會被身旁的一些小人所迫害，遭遇崎嶇的人生道路與內心悽慘的傷痛。但是孟子不是說過這樣的一句話嗎：「故天將降大任於斯人也，必先苦其心志。勞其筋骨，餓其體膚，空乏其身，行拂亂其所為，動心忍性，增益其所不能。」因為正直的人，必要擔當起社會的重任。所以，痛苦只會讓他們變得更加堅韌、更加剛強。

做人要正直只是一個理論，做一個正直的人才是目的。怎樣才能做一個正直的人呢？按照當代社會的思想道德要求和人類的發展要求來看，應該做到以下三個方面：

其一就是要有一顆誠實善良的心和率真的性格。誠實善良的心，就是要寬厚地對待他人和萬物，也就是要有良心。這包括為他人服務之心、為社會貢獻之心，也就是要樹立為人民服務的人生價值觀。

其二就是要具備科學的精神，堅持真理不動搖。所謂科學精神，就是要用辯證唯物主義的觀點待人接物，不人云亦云，不墨守成規，遵守事物存在和發展的規律，只有這樣才能把真理掌握在自己手裡。具備了

第一章　無底線者，如同未完的劇本殺

科學和真理的正直才是真正意義的正直。

其三就是要勇於實踐正直的品德。正直的人要行得正，走得端，不謀私，不貪利，不文過飾非，不偷奸耍滑，不阿諛奉承，不陽奉陰違，平等待人，公正處事。說話有根有據，有一說一，有二說二，說該說的就說，該做的就做，說的都是真話，做的都是正事。

心術不正，故弄玄虛，口是心非，用心計，耍手腕，當面一套，背後一套，臺上說君子言，臺下行小人事，談何主持公道，伸張正義？所以，做人一定要走得直，行得正，坐得端，一定要問問自己是否正直、公道。

己不正，何以正人？做人要正直、做事要正派，堂堂正正，公公正正，才是立身之本、處世之基。人正不怕影斜，腳正不怕鞋歪，身正心安魂夢穩。品行端正，做人才有底氣，做事才會硬氣，心底無私天地寬，表裡如一襟懷廣。襟懷坦蕩，光明磊落，就會贏得他人的信賴與尊敬。

社會需要正直，生活需要正直，人生也需要正直。

正直是做人的脊梁。「大雪壓青松，青松挺且直。」正直的人，誘不倒，壓不垮，騙不了，眼不容沙，心不染塵，他們不怕「直如弦，死道邊」，不屑「曲如鉤，反封侯」；也不會把自己分兩半，口是心非，兩面三刀，始終聞正言，行正道，修正果。

正直是進取的膽魄。人生所敬者魄，所取者膽，正直則是支撐兩者的筋骨，串聯兩者的紅線。

正直，沒有仰人鼻息的痛，沒有逢場作戲的累，沒有點頭哈腰的賤。有的是剛正不阿，「零落成泥碾作塵，只有香如故」；有的是義無反顧，「千磨萬擊還堅勁，任爾東西南北風」；有的是老老實實，「老牛自知

夕陽短，不用揚鞭自奮蹄」。

榮華富貴誘不動它，名韁俐落纏不住它，喧喧囂囂攪不亂它，始終心無旁騖，正直前行，求真無所畏懼，務實不辭辛苦，示人以錚錚鐵骨，感人以耿耿丹心。做人當正，樹木以直。正直是做人的美德。正則品端，直則「人」立。「心如規矩，志如尺衡，平靜如水，正直如繩。」它是美好心靈的表露，是物我兩忘的執著追求。

埋怨別人不正直的人，首先應從自己正直起來，以實際行動去影響他人，讓更多的人正直。只要人人都做得正直了，整個社會的正直風氣就不難形成。堅守你的那一份正直吧，不要為世俗的偏見所動搖！

躺平之人無需尊嚴

人是世界上最值得讚嘆和敬重的存在物，這種讚嘆和敬重來源於人的尊嚴。一個躺平的人，永遠是沒有尊嚴可言的，一個在內轉中放棄自我的人，就是如同一條寵物狗，是把尊嚴壓在身下的。這兩種人已經遺忘了尊嚴的重要性，他們已經放棄了身而為人的高貴，失去了內心的堅持和執著。

人的尊嚴是指，人之所以為人的內在規定性及其由此所形成的道德主體意識、價值觀念和人格特質的總和。它意味著人是不能任意處置和被當作工具器物來對待的；它具有自己的內在價值和值得尊重的目的性意義，必須而且應當得到來自自己和他人、社會的尊重和善待。

作為一個與人的生命意識、道德追求、價值認定、操守氣節以及權利維護密切相關的倫理道德範疇，尊嚴象徵著人的道德主體性、道德價值性和道德權利性等的自我認同、挺立、培育與護衛，內含著人性、人

第一章　無底線者，如同未完的劇本殺

道、人品、人格和人權諸種要素，並因此體現在人性尊嚴、人道尊嚴、人品尊嚴、人格尊嚴和人權尊嚴五個方面。人的尊嚴作為人的存在和生命的價值認同與意義確證，最一般也最本原地透過人性尊嚴體現出來。

人性尊嚴是指，基於人的人性和內在規定性而彰顯出來的人之為人的尊嚴。這是任何一個人都具有的不可剝奪、不容侮辱的尊嚴，不因人的出身、地位、財富、知識而有任何的區別。

人所具有的理性和人性的豐富性、創造性使得人比地球上其他一切動物在本質上優越許多。人性具有自己內在的價值和尊嚴。人性尊嚴超越一切價值之上，是一切價值的始因、評判標準和最後依據，也是人道尊嚴、人品尊嚴和人格尊嚴得以挺立和建構的基石。

如果說人性尊嚴主要是一種主體性或類屬性的自我確立和證成，那麼人道尊嚴則體現在人與人尊嚴的道德性對待以及彼此承認上。依《中庸》「天命之謂性，率性之謂道」的說法，人道是對人性的統帥和引導，是人性的提升和發展、人性構成人道的基礎和始因。

人道是人立於人性基礎上，使人更好地成為人的道德原則規範之總稱，體現和表徵著人的社會本質。人道尊嚴是對人道的高度肯定，內涵有對自我、他人乃至社會、國家、民族的應有尊重。它將人置於一定的社會關係之中，認為人的尊嚴是透過自尊、尊他而表現出來和最後實現的。

尊重他人的尊嚴，是尊重自己尊嚴的內在要求，尊重自己的尊嚴必然要求尊重他人的尊嚴。人道尊嚴既指人道所彰顯出來的尊嚴，亦指人與人尊嚴的相互認同和維繫，意味著尊重自己和尊重他人。

人作為理性動物，本質上只能在社會關係中生活，在社會關係中孕育和生成自己的道德意識包括尊嚴，或者直接一點說尊嚴只能產生於自

我與他人、自我與人類的關係之中。

我置身於與他人的關係中，這是一種道德的關係，它要求我們意識到這種關係，並以維護和發展這種關係為責任。法國著名哲學家、當代最重要的解釋學家之一保羅‧利科（Paul Ricoeur）在《如同他人的自我》（*Oneself as Another*）一書中指出：

我之所以不可替代，首先是由於他人。在這種意義上，關懷實現了他人對我自己的評價。

保羅‧利科還在書中說：

這種交流使我們可以說，除非我將他人視為如跟我自己，否則我無法尊重我自己。

正是在與他人、群體和人類的關係中，人們發現了意義的連繫，也意識到人的道德性的獨特之處，產生了屬於人，並用來調節人際關係和人群關係的人道。人道尊嚴意味著，人的尊嚴是相互確認和相互維繫的。人透過人道彰顯了自己的社會本質，並使自己獲得了尊嚴。

他人是我存在的鏡子、標竿和依託，沒有他人也就無法彰顯我自己生活的依託和意義。就此而論，人道尊嚴的本質是人與人之間的相互尊重。尊重他人是尊重自己的象徵，尊重自己必須而且應該尊重他人。

人道尊嚴執著於人的關係性對待和規範性訴求，人品尊嚴則突顯人的德性修練和主體自身的精神提升，這意味著人的尊嚴必須透過挺立人的德性、培育德行、陶鑄道德特質來達成。

人的尊嚴的實現更多地要靠自己的不懈努力，用自己的汗水、成就與人品去贏得。只有這樣，人的尊嚴才更為持久，更有力量，更具有建設性意義。

人品尊嚴注重從人品和人的德性的角度來考察尊嚴，認為尊嚴本質

第一章　無底線者，如同未完的劇本殺

上是修德達善的產物，沒有一成不變的天賦尊嚴，特別是從社會角度評價的尊嚴更是如此。

每個人有每個人的品格和特質。人的品格和特質，決定著人是否有尊嚴和有什麼樣的尊嚴。人的全部尊嚴和幸福，就在於人有自己的道德品格和德性。

美德是道德品格系統中，和卓越與高雅相關的優秀特質，它是人類情操的集中體現和美好心靈的呈現，是個體道德生活的靈光。至德或聖德是美德的昇華和集中體現，代表了人品的最高境界和至善目標，無疑是最有尊嚴和最具榮光的。

人的尊嚴是人的德性的一種確證。人透過涵育德性、鍛鑄道德品格而獲得自己的尊嚴，而能夠贏得人們發自內心敬重的，往往是人們的人品和崇高的精神特質。

人格尊嚴是人性尊嚴的昇華，是人的道德主體性的凝結和彰顯，意味著人在道德上應當追求、建樹和捍衛自己的獨立人格，不能為了「五斗米」而折腰，不能執著於榮華富貴而忘卻乃至放棄人自己應有的氣節和操守。

每個生而為人者均擁有自己不可替代的主體地位，具有內在的道德人格和尊嚴。人們對為人之道的認知以及德性特質的培育形成人格尊嚴。

在古代，形容人格尊嚴的詞語有「德操」、「氣節」和「浩然正氣」。德操，亦稱節操、氣節、志節，是守義不移的一種道德恆持心，也是保持高尚人格的精神力量。

孔子認為，一個真正的君子、仁人，應該具有獨立的志節與人格的尊嚴。孟子繼承了孔子的思想傳統，基於對人格尊嚴的維護，孟子頌揚

「樂道忘勢」的聖賢之士。

　　堅定的德操與信念，是人們安身立命的精神支柱和精神動力。一個人有了這種德操和信念，就有了戰勝一切艱難險阻的勇氣和力量，就能為捍衛真理和正義而拋頭灑血，歷經磨難而不衰，屢遭坎坷而不餒；就能無堅而不摧，無往而不勝。

　　人的尊嚴可定位為人的一種基本權利。美國哲學家范因伯格（Feinberg）認為，人的尊嚴存在於其要求權利的能力。人權的意識反映了人的尊嚴的意識和要求，尊重人的尊嚴在憲法上是屬於「基本權利體系之出發點」，或是「最上位之憲法原則」，具有至高無上的意義和價值。

　　人權尊嚴是人作為主體和目的的一種權利訴求，也是國家和法律必須保護的一種帶總括性的權利，包括了人的生命、身體、名譽、信用、姓名、肖像以及隱私等各種權利。

　　每一個人都應當作為「人」而享有「尊嚴」。因此，每一個人都有權要求其他任何人尊重他的人格、他的生命健康以及他的私人空間；相應地，每一個人對其他任何人也必須承擔相同的義務。

　　人權尊嚴既指人權具有尊嚴，不能任意踐踏人權或不尊重人權，亦指人的主體地位不能否定，人的目的價值不容輕視，不能將人客體化、工具化。在國家和人的關係上，人的尊嚴具有最高價值，它是基本權利的基礎，尊重和保護人的尊嚴是國家的首要義務。

　　每一個人都不能被降低對待，不能僅僅被作為手段或工具來使用，不得對任何人，包括被剝奪自由的人施加侮辱性的對待和懲罰，不得在本人非自願同意的情況下對其進行醫療、科學研究或其他試驗。

　　人權與人的尊嚴是密切相關的，人權是對人的尊嚴的肯定和維護，人的尊嚴必然要求得到承認並表現在權利上。

第一章　無底線者，如同未完的劇本殺

每個人，作為社會的一員，有權享受社會保障，並有權享受他的個人尊嚴和人格的自由發展所必需的經濟、社會和文化方面等權利的實現，這種實現是透過國家努力和國際合作，並依照每個國家的組織和資源情況而促成的。

一切人權、所有公民的基本權利，都源於人的尊嚴。生命權產生於人的尊嚴，人的尊嚴要求人的生命不僅要存在，而且要作為受到國家、社會和他人尊重的目的而存在，生命本身就是目的。人的各種自由權與人的尊嚴密切相關，沒有基本的人身自由和行為自由，哪裡談得上人的尊嚴？

總之，人的尊嚴是人性、人道、人權的集中表徵，也是人格、人文精神和人之氣節操守的凝結和證明。無數例子證明：沒有尊嚴，生命又有何意義？沒有尊嚴，生活又有何光彩？沒有尊嚴，哪有幸福生活？尊嚴是做人的基本準則，是為人處世的底線。

俄羅斯文豪屠格涅夫（Turgenev）遇見一個乞丐，他很想有所施捨，但他翻遍所有的口袋卻沒找到一分錢。見乞丐的手高高地舉著，他握著乞丐的手說：「兄弟，實在對不起，我忘了帶錢出來。」乞丐流著淚說：「您能叫我兄弟，讓我和您站在同一條線上，就已經讓我感激不盡了」

很久很久以前，在一個遼闊富饒的國度裡，有一位美麗而又高傲的公主，很多青年都向她求婚。於是公主就說：「如果誰能在我的窗前站一百個晚上，我就答應嫁給他。」

人們欣喜若狂，爭先恐後地來到了公主的窗前，然而他們只經過十幾個晚上便都放棄了，當人們認為再也沒有人會站在公主的窗前時，一位青年獨自站在那兒。

人們嘲笑他、諷刺他，青年沒有理睬，他仍然直直地站在那裡。十

躺平之人無需尊嚴

天、二十天、三十天過去了，那位青年還是站在那裡，風雨無阻。人們開始用卑劣的手段戲弄他，青年仍然沒有理睬，依然如故。

四十天、五十天、六十天過去了，一天晚上，大雨把他淋溼了，青年咬咬牙，摸摸青腫的臉，挺住了。七十天、八十天過去了。人們被青年感動了，原先嘲笑和戲弄他的人請求他的原諒。

九十天、九十一天、九十二天、九十三天……九十九天過去了，公主正從窗簾的縫隙中注視著這位青年，心裡想：堅持吧，再過一天我就會嫁給你了。正當人們向這位青年祝賀時，這位青年卻一步一步向城外走去，人們都不明白，於是有人追上去問他：「你九十九天都堅持下來了，為什麼現在要走？」

青年說：「前面的九十九天，我把它獻給了愛情，但這第一百天，只屬於我的尊嚴！」

尊嚴，是每個人生存的基礎；尊嚴，是推動每個人不斷前進的動力；尊嚴，是支撐一個巨大拔地而起的有力支柱。尊嚴，雖然只是簡簡單單的兩個字，但對我們卻無比重要。我們必須為了我們的尊嚴而努力奮鬥，誓死捍衛。

第一章　無底線者，如同未完的劇本殺

第二章
會「裝」，更容易邁向成功

「圓」是我們為人處世的方法，是人性、是人情、是生命力、是人與人關係的潤滑劑，是需要我們靈活運用、自由變通的途徑。沒有「圓」，我們的世界就只能留下冷漠和悲哀，讓人生不如死。

這個「圓」，絕不是圓滑世故，更不是平庸無能，這種「圓」是圓通，是一種寬厚、融通，是大智若愚，是與人為善，是居高臨下、明察秋毫之後，心智的高度健全和成熟。

「圓」，它代表的是一種會「裝」的人生，「裝」，並非是一種虛偽和惡意，它是在這個社會生存的必須手段，它是圓潤是形式體現。只要我們謹守底線，在規則之內去「裝」，它就會為什麼帶來意想不到的收穫。

當然，也不乏有人為了某種利益和目的不惜斂聲屏息，不惜八面討好，不惜左右逢「圓」。但這種「圓」和那種「圓」絕對有本質的區別，這種「圓」的後面是虛偽和醜惡。

第二章　會「裝」，更容易邁向成功

不懂圓滑難以生存

《菜根譚》有這樣一段話：

處治世宜方，處亂世當圓，處叔季之世當方圓並用。待善人宜寬，待惡人當嚴，待庸眾之人宜寬嚴互存。

意思是說，生活在政治清明、天下太平時，待人接物應剛直嚴正，愛憎分明；處在政治黑暗、天下紛爭混亂的時代，待人處世應圓潤老練，隨機應變；當國家將要衰亡的末世時期，待人接物就要剛直與圓潤同時施展。對待善良的君子要寬厚，對待邪惡的小人要嚴厲，對待一般平民大眾要寬嚴互用。

現實生活中，方正是需要的，圓潤也是不可少的。

蘇丹國王夢到自己所有的牙齒都掉光了。於是，一覺醒來，他叫來一位智者為他解夢。智者說：「陛下，您很不幸，只要掉一顆牙，就說明你就會失去一個親人。」

蘇丹國王非常生氣地說：「你這個大膽的狂徒，竟然敢在這裡胡說八道，還不給我滾出去！」之後，他命令人把這位智者重打了 100 大板。

於是蘇丹國王下令又找來了一位智者，並且向這個智者敘述了他所做的夢。仔細聽完之後，這位智者對蘇丹國王說：「高貴的陛下，您真幸福呀！您做的這個夢非常吉利，意味著您的壽命比你親人的壽命還要長。」蘇丹國王非常高興，令人獎賞這位智者 100 個金幣。

這位智者走出宮殿的時候，一位禮賓官很不解，於是就問他說：「真是沒有想到，其實你剛才所說的與第一位智者是一樣的，為什麼他受到的是懲罰，而你卻得到的是獎賞呢？」

第二位智者語重心長地說道：「這個道理非常簡單，所有的事物都是

由表達方式所決定的。」

很多時候，幸福和不幸、做人和處世可以說都是在一句話之間。不管是在什麼時候都要說出實話，但處世說出真相也要變通。有些時候，做人太真誠會造成嚴重的後果。

做人和處世就好比是一塊寶石，如果拿起來扔到別人的臉上，就會造成傷害；但是，如果加上圓潤，誠心誠意地奉上，對方肯定會很高興地接受。

在人生的每一個路口，對於每次的選擇都會有切膚的疼痛，因為曾經的汗水以及淚水都融入這一段路程當中，歲月不會因為你的留戀而停止它匆忙的腳步。昂首走過，面帶笑容面對你的將來，是你人生的必然選擇。

認真地審視這塊沒有了稜角的巨石，感受著一種搏擊過後的成熟，直視那永不改變的剛強毅力，也許可以帶給我們的心靈一個啟示：

外圓內方。方，指的就是做人的正氣、良好的品格；圓，指的就是處世的技巧、圓潤的行動。方，是原則性的；圓，是靈活性的。方，有稜有角，保持做人的個性；圓，圓潤變通，免受所有沒有必要的干擾。

用圓潤維護方正，就是要做一個懂變通的老實人，就是要做一個處事靈活而心態成熟的人；就是要在人際交往中保持適度的彈性，掌握說話的分寸，學會婉轉和含蓄，以保持平衡的人際關係；就是要重視生活中的應酬，透過一些生活和工作的細節建立好的人緣；就是要與朋友進行有價值的交往，在日常生活中建立起深厚的友情。

在工作當中，對不同類型的同事應採取不同的策略，還要讓你的頂頭上司了解和喜歡你，與上級保持良好的人際關係，以便於更好地開展工作。

第二章　會「裝」，更容易邁向成功

　　面對想要做的事，則既要執著，又要會變通，要學會保護自己的利益，明智地推託掉與自己不相干的事。而且一定要為人善良，避免傷害到別人。

　　從社會交往的能力和適應力的角度看，為人處世適當地變通一下，是一種良好的社會交往能力的體現。他們往往對所處的環境和他人的感受有著極其敏銳的判斷，會根據當時的處境說出在當時最該說的話，做出在當時最該做的事情。這種人通常在各個方面都適應得比較好，能夠很快投入到一個全新的人際環境當中。

　　選擇合適的時間圓潤變通，同樣也可以獲得別人對你的好感。其實對於這樣的問題，兩百多年前乾隆年間的紀曉嵐已經做過很好的解釋。他覺得做人要處事圓潤、內心中正、不同流合汙並為人謙和。

　　這就是說，在處理具體事情時，要能夠合適地掌握好一定的尺度，依情況不同而採取不同的處理方法，但是內心一定要誠實忠厚，做人要保持誠信。

　　該堅持的事，應該堅定地表達自己的想法。能夠妥協的事，應該學會設身處地理解別人的意思，做出適合的妥協，甚至有些時候放棄自己的建議。

　　如果一個人不管是做什麼事都發生不必要的衝突，把別人弄得頭破血流，不但會讓人覺得你是個好鬥的公雞，也覺得你情商偏低；但是如果一個人不管遇到什麼樣的事，一點主見也沒有，只會點頭應承，那不但會被認為生性圓滑，這樣的人也得不到他人的尊敬。

　　從社會交往的角度出發，為人處世選擇適當的變通，是一種良好的社會交往能力的體現。

　　做人要誠信，以誠信為本。可是，人與人之間的交往說到底還是需

要心與心之間的交流的。所以我們在圓潤處事的同時，一定要記牢：為人誠實，誠信為本。

假想一下與一個不僅在處事上圓滑，而且在為人上也虛偽的人長期交往，如何讓人感覺到放心呢？這樣的人怎麼會得到真真正正的朋友呢？

我們時常在感嘆「社會不公，小人當道」，有沒有想過可能是因為自己的過於「剛毅」而導致的人際緊張，由於自己的缺乏變通而導致的處事僵硬？如果是這樣的話，那麼，我們是不是也應該去改變一下，去做一個討人喜歡的人呢？

如果你想這樣做，不妨看一下這些建議：

想看準一個人，最好看他對別人做事的方式和思路，這樣會比他對你做事時表現出來的東西更真實、更深刻。但問題是人往往想不到這一點。

看不慣一個人的時候，不要直接和他作對，公開自己和他人的矛盾是一種不理智的做法。要學會避免和預防這種矛盾的發生，同時，處理和你對立的人的最高明的辦法，就是把這種看不慣的感覺傳遞給別人，把矛盾「釋放」出去。

在背後盡可能地去說別人的優點，注意自己的言行舉止，少說別人的壞話。但這說起來容易，做起來難。

不要怕做錯事，一些事情想好以後就要果斷地去做，別讓直覺阻礙你，更不能讓惰性拖後腿。

做完事情後，不要和別人商量或擔心別人對你的評價，更不要去解釋給別人聽，除非是必要的人，不要老是反覆思索。

對一些事情的看法，自己認為比較深刻的，在處理實際問題時提醒

第二章　會「裝」，更容易邁向成功

自己多加留心，沒有必要去和同事分享。這是一種素養的體現，要學會把一些想法「胎死腹中」，不要輕易說出去。

凡事都要多思考、多拿主意，不要輕易改變自己的說法和做法。制度上的漏洞不見得是壞事，你可以透過抓住上司思路的方式，透過對自己有利的途徑和方法來彌補。

思考問題的時候，盡量地顧全大局，不要狹隘。受委屈的時候，要放寬心胸，不要動不動就想著報復別人，想辦法化解矛盾是開啟僵局的最好辦法。不要把別人想得太壞，自己說不定也有不對的地方，要學會換位思考。

在待遇問題上千萬不能要挾上司，但可以提醒上司。在處理一些利益性的東西時，要注意手法和長遠性，不能盲目和草率。

把你所想抱怨的東西看成你正在面臨的問題，在各種複雜的博弈規則下，怎樣使事態的發展向著對你有利的方向前進，而那些你沒有辦法去控制和解決甚至是影響的東西，要理性地提醒自己不去想它，因為在目前這種情況下，抱怨它就像抱怨自己的出身一樣，一點正面意義都沒有。

不要怕別人把自己想成傻瓜，關鍵的是自己不要做傻瓜。這就是城府。有些人把世界想像得太複雜，有些人把世界想像得太簡單。其實，這個世界說複雜就複雜，說簡單就簡單，關鍵是你既要做一個誠實善良的人，又要學會有一定的城府。既然無法終日蜷縮在安全的殼裡，為什麼不願意正視並適應這個世界？

一旦明白了世界是複雜的、人性是複雜的，我們就擁有了寬容與智慧，城府可以讓我們游刃有餘地行走其中。

在職場這個充滿利益糾葛的場合，有城府的人應該了解自己的位

置，以及這個位置上應有的得體言行。職場新人應該明白，每個人都有進取心，都想出頭。只要有了城府，我們才能做出與自己身分相符合的言行，知道什麼時候前進，什麼時候避讓，什麼時候開口，什麼時候沉默。

要學會換位思考，用別人的眼睛審視自己。當今的社會，說一個人不懂事，是一句很重的負面評價了。所謂的懂事，就是圓通，懂人情世故，知道規矩禮數，說穿了，就是懂得站在他人的位置上去感知自己的言行。如果只能看到自己眼下的一點小利益，只能讓他人反感，談何雙贏？

職場如戰場，而圓潤就是在累積正道的才能、肚量、謀略和權威的同時，也吸取詭道的機智與變通，在自身實力並無絕對優勢的情況下，透過選擇對手、隱藏實力、出奇兵等各種手段實現最終的勝利。這是生存之道，與道德無關。

條條大路通羅馬，圓潤的人不會鑽牛角尖。他知道什麼時候該堅持，什麼時候該退讓。他不會對一些微小之事耿耿於懷，也不會傻乎乎地去爭那一口氣。保持頭腦的靈活與好奇心，保持身手的敏捷與眼光的長遠，永遠留一條後路給自己。

圓潤的最高境界是純真。有一道名菜叫做「開水白菜」：高湯歷練，文火焙烘，再箅去沉澱，看似清澈見底，但所有精華都濃縮在湯水中，口感淳厚，回味無窮。最有城府的人，是能夠將一切盡收眼底，取精華，去繁複，遇事沉著冷靜，更為重要的是，還能在這種坦然與冷靜下，保持輕鬆和單純的心態。

做一個圓潤變通的老實人，人見人愛，人見人誇，事事順心。總有一天你會發現事越來越順，人越來越好。

第二章　會「裝」，更容易邁向成功

內柔外剛的處世之道

現實生活中，有些人內心方正，有些人內心圓滑；有些人對外方正，有些人對外圓滑。從這個角度考察，人呈現出四種形態：內方外方，內方外圓，內圓外圓，內圓外方。和不同形態的人物交往，要用不同的交際之道。

在日常交往中，有些人直來直去，有棱有角，從而不太討人喜歡。他們往往性太直，情太真，血太熱，氣太傲。他們往往處世認真，不留餘地；做事投入，過於突出；活力四射，難免張揚；才華過人，忘記平衡。他們堅持是我的錯，我就承認，絕不東推西擋；是你的錯，就是你的錯，想賴也賴不掉。

這種人，便是內方外方的人。表裡如一、秉公立世，是對這些人的美麗評價。「不為五斗米折腰」，是這類人創下的可歌典故。忠心耿耿的屈原、剛直無私的包拯，是這類人物的典型代表。如果社會上缺乏這種人，那是不堪設想的，因為他們是空氣的去汙劑，醜行的絆腳石。

與這種人交往，一要誠實。內方外方的人不會口蜜腹劍，不會陽奉陰違，是個值得信賴、值得尊重的人，所以要待之以誠，關心愛護。如果對他們虛偽猜忌，往往會使他們產生強烈反感情緒，並且他們還會把這種不滿表現在臉上，使你們之間的心理距離擴大。二要委婉。內方外方的人做事不靈活，言辭不變通，往往會使一些人陷入難堪境地，所以和他們交往，要注意婉轉。

當看到內方外方的人口無遮攔、話語尖銳抨擊時，要採用一個合適的方式轉移主題，或者幽默一下，讚揚一句，巧妙地加以引導。內方外方的人是心地純正、剛直無私的人，不應該因為他們曾經「刺傷」過你，

就對他們計較，就對他們發火。

有位內方外方的大作家在如日中天的時候，接到一位青年的來信。這位青年說，要與他合寫一部小說。大作家看後，心中有點生氣，他在信中毫無保留地寫道：「先生：你怎麼如此膽大包天呢？竟然想把一匹高貴的馬和一頭卑賤的驢子套在同一輛車上。」

這位青年靈機一動，在回信的開頭寫道：「尊敬的閣下：您怎麼這樣抬舉我呢，竟然把我比作馬？」

在信的後半部分，這位青年將自己的寫作特長、潛力，合作的必要性、可行性以及對青年成長的影響等一五一十地寫出來。

大作家接到信後，哈哈大笑起來，立即回道：「我的朋友：您很有趣，請把文稿寄過來吧，我很樂意接受您的建議。」

在這個事例中，青年曲解原意，幽默風趣，言辭誠懇，出奇制勝，說服了大作家，也教會了我們在對待內方外方類型的人時，一定要學會誠實委婉。

在生活中，既有直來直去的內方外方型人，也有城府很深的內方外圓型人。當直來直去會傷害別人自尊心的情況下，當有稜有角會使自己陷入難堪境地的情況下，當方方正正不能達到滿意效果的情況下，有些人會採用圓潤變通的策略。

明明是正確的，應該義無反顧地堅持，但因為堅持的阻力太大，就只好隱藏心曲，暗度陳倉；明明是錯誤的，應該理直氣壯地駁斥，但為了保護自己，卻只能皮裡陽秋，從長計議。

這些人寧可雌伏苟且，亦不雄揚招妒；凡事權衡利害，絕不感情用事。這些人，就是內方外圓的人。他們潔身自好，處世練達，既有原則性，又有靈活性。因為聰明強幹，而又鋒芒不露，喜怒不形於色，所以

第二章　會「裝」，更容易邁向成功

四平八穩，八面玲瓏，在複雜的人際、利益關係中，亦往往游刃有餘。

在大廈將傾之際，內方外圓的人會和內方外方的人共同構成支撐瀕危建築的梁柱。洞明世事的諸葛亮、謙虛自律的曾國藩，是這類人的典型代表。

與這種人交往，一定要有禮有理。內方外圓的人雖然表面隨和，但內心卻是厭惡粗魯、仇視邪惡。無禮無理的人是不能和這類人結為至交的。

如果想縮短與這類人的心理距離，就必須表現出你的正向、健康、向上的交往心態。恥於見人、低三下四的言行舉止，盡量在這些人面前少出現，如此，才能得到這類人的認同。

與這種人交往，還要有節有度。內方外圓的人，即使對他人相當反感，也不會把不滿情緒表現在臉上，他表面上對你很友好，但他的內心究竟如何，卻使你捉摸不透。因此，與他們交往，要講究分寸，掌握尺度，不要因為他的臉上掛著微笑，就得寸進尺，忘乎所以。

一位富有的華僑劉先生，想到貧窮落後的故鄉考察辦廠。接待他的林鎮長非常熱情，先是請他到酒店小聚，劉先生無法婉拒，只好「入鄉隨俗」了。但劉先生不擅飲酒，幾杯下去，就面紅脖粗，搖頭拒飲了。可是林鎮長為表達自己的「地主之誼」，哪能不讓其喝足呢？於是說盡好詞，勸其「再進」一杯酒。

劉先生不忘自己的謙謙君子風範，就勉強地多喝了幾杯。酒後，林鎮長為表達自己的「好客之情」，力邀劉先生一起去唱歌，本來劉先生不喜歡唱歌，但為了不傷及林鎮長的自尊心，便陪著他折騰了一個晚上。第二天，劉先生留下了 1,000 元，用以支付昨天的招待費，便離開了這塊尚是貧瘠的家園。

林鎮長非常納悶，劉先生一直興致勃勃，為什麼會突然離開呢？唉！林鎮長不明白劉先生的特點：內心方正，看不慣林鎮長的強人所難，看不慣林鎮長的浪費時間；對外卻又圓通，不去當面指責，不丟自己風度。如果林鎮長在接待劉先生一事上有禮有節，恰到好處，那結果又會怎樣呢？

生活中，還有些內圓外圓型的人。這些人長於研究「人事」，偏重於個人私利，該低的頭就低，該燒的香就燒，該拉的關係就拉，該糊塗的事就糊塗，該下手時就下手。

這些人不但為人處世圓滑老到，而且內心對自己並無什麼約束及戒律，很少去追問人生真正的意義。他們遇到好事、露臉的事、有利的事，就去搶；遇到壞事、無名的事、無利的事，就去推。這種人便是內圓外圓的人。

與內方外圓的人不同點是，他們一般不會同情弱者，救濟窮人，甚至為了私利，還會算計人、歪曲人。這種人的代表，當屬一些市井無賴，街頭小人。由於他們缺少頂天立地的氣概，所以一般很難成大器。

與這種人交往，要有板有眼。由於他們內心深處，並無什麼必須遵守的做人規則，所以，可能做出表面華麗亮堂、實則損人利己的事情。對他們的不當做法，應該明確指正，不要因為太愛面子，便不好意思將實情說出口，使自己受委屈。另外，與內圓外圓的人合作，要有所保留，有所提防，不要過於相信他們。內圓外圓的人非常清楚自己的缺點，所以也害怕別人不講義氣，不守諾言，因此，和這樣的人打交道，要清楚地示意他們：如果你講信用，那麼我就守諾言。在這種做法引導下，能夠使他們在正確交際軌道上行駛。

某公司小李，是個典型內圓外圓的人。有件事就很能夠說明這個問

第二章　會「裝」，更容易邁向成功

題。某同事到外地出差，小李笑嘻嘻地請他幫忙帶某某商品。等到同事把買來的商品送到他手上後，小李卻恰到好處地忘記給錢。過了十天半月，小李非常嚴肅地、跟沒事人似的問道：「我給你錢了吧？你可別不好意思？」

誰能為百八十元跟他認真呢？這樣，小李就白白賺了同事一個小便宜，他為自己略施小技占小便宜感到高興不已。

在這個事例中，小李抓住了人們的弱點，去獲取個人的私利。對此，小李的同事不應該不把實情說出口，他應該明確指出小李確實沒有給錢。如此的話，既不會使自己受到損失，也不會得罪小李這個人。還有些人張口閉口是人民利益、國法，但肚子裡卻裝的是男盜女娼、個人私利。他們在臺上慷慨激昂，儼然一副正人君子模樣，臺下卻做些烏七八糟、見不得人的醜事。

這種人在群眾面前渾身都是一派正氣，但心裡卻非常清楚自己是一個什麼樣的人物。這種人便是內圓外方的人，極具欺騙性。

生活大舞臺上，他們是出色的演員。罩著金色光環的貪官，披著華麗外衣的惡人，就是這種人的典型代表。他們很會包裝自己，如果剝開這層包裝，就會原形畢露。「金玉其外，敗絮其中」，是對他們的恰如其分的評價。

與這種人交往，要靈活變通。由於他們嘴上一套，心裡一套，所以和他們打交道，既不能不聽他們說的，又不能完全相信他們說的。

如何交往，運用什麼策略，採用什麼方式，說出什麼內容，要根據當時情況靈活變通，切不可被他們的「精彩論述」迷住了雙眼。

與這類人交往，首要的是根據各個方面的資訊，分析出他的真實內心，然後再對症下藥，巧妙引導。如此的話，就能夠把他們帶到正確的軌道上來。

王者也需要好隊友

我們任何人在這個世界上都不是孤立存在的，都要和周圍的人發生各式各樣的關係。你是學生，就要和同學一起學習，一起遊戲，共同完成學業；你是工人，就要和同事一起做工，共同完成工廠的生產任務；你是軍人，就要和戰友一起生活，一起訓練，共同保衛國家；你是一個遊戲高手，也需要隊友來配合，不然你永遠成不了王者，你的位置，只能是名副其實……

總之，不論你從事什麼職業，也不論你在何時何地，都離不開與別人的合作。什麼是合作呢？顧名思義，合作就是互相配合，共同把事情做好。世界上有許多事情，只有透過人與人之間的相互合作才能完成。一個人學會了與別人合作，也就獲得了開啟成功之門的鑰匙。所以，人們常說：小合作有小成就，大合作有大成就，不合作就很難有什麼成就。這是非常寶貴的人生道理，我們應該牢牢記住。

現在，讓我們一起來看個小故事吧：

一位外國的教育家邀請中國的幾個小學生做了一個小實驗。一個小口瓶裡，放著七個穿線的綵球，線的一端露出瓶子。這個瓶子代表一幢房子，綵球代表屋裡的人。

房子突然起火了，只有在規定的時間內逃出來的人才有可能生存。他請學生各拉一根線，聽到哨聲便以最快的速度將球從瓶中提出。

實驗即將開始，所有的目光都集中在瓶口上。哨聲響了，七個孩子一個接著一個，依次從瓶子裡取出了自己的綵球，總共才用了 3 秒鐘！在場的人情不自禁地鼓起掌來。

這位外國專家連聲說：「真了不起！真了不起！我在許多地方做過這

第二章 會「裝」，更容易邁向成功

個實驗，從未成功，至多逃出一兩個人，多數情況是幾個綵球同時卡在了瓶口。我從你們身上看到了一種可貴的合作精神。」

是啊，合作精神是可貴的！在我們的生活中，很多時候一個人的力量總是很有限的，一個獨行者，是很難創造美好未來的。所以，要想辦事成功，就要主動與人合作。

合作是團結而又美好的，是沒有硝煙的。大雁整齊的飛翔告訴我們要團結合作。螞蟻齊心協力的生活告訴我們一人力量小，百人力量大，團結合作就是力量。人心齊，泰山移。

「人」字的結構，就是互相支撐。就是說一個由相互連繫、相互制約的若干部分組成的整體，經過優化設計後，它的整體功能能夠大於部分之和，產生 $1+1>2$ 的效果。

在現實生活中，人是離不開人與人之間合作與相處。人也無法離群索居，一生要與形形色色人的合作、相處，你只要懂得如何與大家和諧合作與相處，生活就像春天般明媚、秋天般實在，採擷到的是那一串笑意盈盈的果實，反之，則收穫到的是那傷痕累累的遺憾。

合作，我們從多方面來看，都是一種力量的象徵。

從語文上說，合作就是字與字組成的詞，字與片語成的句。

從數學上講，合作就是點點聚成的圓。

從英語角度看，合作就是字母拼湊的單字。

從物理角度說，合作是讓槓桿的動力臂大於阻力臂的智慧。

從化學角度想，合作就是物質與物質產生的化學反應。

從政治角度講，合作就是人民相互配合產生的集體力量。

從歷史角度望，合作就是前人智慧凝結的萬里長城。

從地理上說，合作就是經緯線相交而形成的地理位置。

從生物角度上說，合作就是團結一心，保護領土不被侵犯。

從我們自己的角度說，合作是一個巴掌拍不響的教訓。

只有懂合作的人，才知道眾人拾柴火焰高的道理。從古至今，無論中外，一個國家或民族的成功，往往離不開國家之間的合作。

試想，戰國時期如果沒有六國合縱之計，他們又如何能在這一時期抵禦住秦國的攻打？三國時如果沒有孫劉兩家的聯手合作，又怎麼能有赤壁打敗曹操八十萬大軍的輝煌戰績？如果沒有協約國間的緊密合作，又如何能打敗同盟國，贏得第一次世界大戰的勝利？

這些國家的成功，都是建立在國家間合作的基礎之上。由此可見，合作是成功的基石，沒有國家間的合作就沒有國家的成功。

在埃及流傳著這樣一個故事：

一次，國王問大臣：「為什麼世界上只有成群的羊，而沒有成群的狗呢？」聰明的大臣沒有正面回答國王，而是做了一個實驗。

快到傍晚的時候，大臣陪著國王來到兩間屋子前，命人先將100隻羊放入一間屋子，並在裡面放上一些青草；又命人將100條狗放入另一間屋子裡，並在屋子裡放上許多肉餅。然後將門鎖好走了。

次日清晨，大臣請國王觀看這兩間屋子。第一間屋子裡的羊們安然睡著，那幾捆青草早已被吃光了；當開啟第二間屋子時，國王驚呆了，裡面血腥撲鼻，許多狗已經奄奄一息，而那些肉卻仍然完好地躺在食槽裡。

國王迫不及待地問大臣為什麼？大臣平靜地說：「羊在利益面前，善於合作，而狗則勾心鬥角，為利益相互殘殺，可能這就是為什麼世界上

第二章　會「裝」，更容易邁向成功

只有成群的羊，而沒有成群的狗的原因吧！」

溫柔的羊似乎無論從哪方面看，都不如那些自視強大的狗，可是，正是這些溫柔的羊，才能夠享受到美好和諧的群居生活。

誰都想學業進步、生活幸福、人生完美。我們在利益面前總是產生分歧，而不能達成一致；不能相互配合，反而相互拆臺。有些時候，即使勉強合作，卻往往因缺乏誠意半途而廢，讓我們的事業和生活蒙上層層陰影。生活的教訓告訴我們：「合作」才能成功。

我們人與人之間，既是一個獨立的個體，又是一個密不可分的群體。一個人如果完全脫離社會，那他根本就不可能生存下去。懂得他人的重要性，危機來臨時，更要善於與他人合作，才能更快地擺脫危機。

一個人縱然能力再大也總是有限的，再大的本領也需要別人的合作和支持。常言道：「生意好做，夥計難處」，合作的前提基礎，就是彼此之間互相信任、互相支持、互相理解、互相幫助、互相服務。

「一個籬笆三個樁，一個好漢三個幫」。哲學家威廉・詹姆士（William James）曾經說過，「如果你能夠使別人樂意和你合作，不論做任何事情，你都可以無往不勝。」合作是一種能力，更是一種藝術。唯有主動與人合作，才能獲得更大的力量，爭取更大的成功。

隨著社會的發展，人與人之間交往日益頻繁，既存在著激烈的競爭，又有著廣泛的連繫與合作。一個缺乏合作精神的人，不僅事業上難有建樹，很難適應時代發展的需求，也難在激烈的競爭中立於不敗之地。

越是現代社會，孤家寡人、單槍匹馬越難取得成功，越需要團結合作，形成合力。從某種意義上講，幫別人就是幫自己，合則共存，分則俱損。

怎樣才能卓有成效地合作呢？你一定在音樂廳或電視裡看到過交響樂團的演奏吧，這可算得上是人與人合作的典範了。你瞧，指揮家輕輕一揚手裡的指揮棒，悠揚的樂曲便從樂師的嘴唇邊、指縫裡傾瀉出來，流向天宇，也流進人們的心田。

是什麼力量使上百位樂師，數十種不同的樂器合作得這樣完美和諧？我想，這主要依靠高度統一的團體目標，和為了實現這個目標每個人必須具有的合作精神。

一個瘸腿的人在馬路上偶然遇見了一個盲人，盲人正滿懷希望地期待著有人來帶他走過馬路。

「嘿。」瘸腿的人說，「一起走好嗎？我也是一個有困難的人，也不能獨自行走。你看上去身材魁梧，力氣一定很大！你揹著我，這樣我就可以向你指路了。你堅實的腿腳就是我的腿腳；我明亮的眼睛也就成了你的眼睛了。」

於是，瘸腿的人將枴杖握在手裡，趴在了瞎子那寬闊的肩膀上。兩人步調一致，獲得了一人不能實現的效果，成功的走過了馬路。

你不具備別人所具有的天賦，而別人又缺少你所具有的才能，透過類似的交際便彌補了這種缺陷。因此，請別抱怨上帝的不公！某些優勢，他沒有給你，而賜予了他人，這是一樣的，只要合作，我們完全可以取長補短。

成功的合作不僅要有統一的目標，要盡力做好分內的事情，而且還要心中想著別人，心中想著集體，有自我犧牲的精神。

在南美洲的草原上，山坡上的草叢突然起火，無數螞蟻被熊熊大火逼得節節後退，火的包圍圈越來越小，漸漸地螞蟻似乎無路可走。

然而，就在這時出人意料的事發生了：螞蟻們迅速聚攏起來，緊緊

第二章　會「裝」，更容易邁向成功

地抱成一團，很快就滾成一個黑乎乎的大蟻球，蟻球滾動著衝向火海。儘管蟻球很快就被點燃燒成了火球，可是在劈劈啪啪的響聲中，居於火球外圍的螞蟻被燒死了，更多的螞蟻卻絕處逢生，牠們的種族也得以延續。

這些螞蟻正是因為心中想著集體，勇於犧牲個人利益，因此，才保證了集體的生存。這是合作的典範。

每當秋季來臨的時候，在天空中，我們可以看到成群結隊南飛的大雁。雁群是由許多有著共同目標的大雁組成，在組織中，牠們有明確的分工合作，當隊伍中途飛累了停下休息時，牠們有負責覓食、照顧年幼或老齡的青壯派大雁，有負責雁群安全放哨的大雁，有負責安靜休息、調整體力的領頭雁。

在雁群進食的時候，巡視放哨的大雁一旦發現有敵人靠近，便會長鳴一聲釋放警示訊號，群雁便整齊地衝向藍天、列隊遠去。而那隻放哨的大雁，在別人都進食的時候自己卻不吃不喝。

如果在雁群中，有任何一隻大雁受傷或生病而不能繼續飛行，雁群中會有兩隻自發的大雁留下來，守護照看受傷或生病的大雁，直至其恢復或死亡，然後牠們再加入到新的雁陣，繼續南飛直至目的地。

由此可見，在合作中，犧牲精神是非常重要的，是實現共同目標的重要保證。朋友們，現代社會是一充滿競爭的社會，但同時也是一個更加需要合作的社會。作為一個現代人，只有學會與別人合作，才能取得更大的成功。

見人說人話，見鬼說鬼話

　　做事情圓通就是要靈活，不能固執己見。一件事情可能包括各方面的矛盾，每一個矛盾都會影響到整個事情的發展。

　　如果不採取靈活變通的態度，而是偏執頑固缺乏通融，不僅化解不了矛盾，反而會使矛盾激化，最後導致事情受影響，產生令雙方不滿意的結果。經商者不懂得圓通的道理，手段僵化固執，結果與送到手的買賣失之交臂。

　　從自己的內心看世界應該圓滿，在與外面的世界交流溝通的時候應該圓通，這樣做人才不會處處碰壁，終日可悲。圓滿是美妙的做人心境，圓通是高超的處世技巧，兩者互為表裡，是一個人為人處世修身養性的必修課程。

　　人生在世，如果過於方正，會傷人傷己，就像那有稜有角的石頭，一不小心就會割破手。而最好的方法，就是將它拿去打磨，將它變成一塊圓滑而不傷手的石頭，這時候，用起來才能得心應手。

　　人生該放下就放下，如果放不下，就會永遠帶著有稜角的石頭行走於世，最終人生之路會走得很坎坷。而化方為圓，是一種做人的智慧。化方為圓，不是隨波逐流，隨風搖擺，而是說話巧妙，辦事通達，不得罪人，也不傷己。

　　在很多時候，幸福與不幸，做人與處世的成敗都繫於一句話之間。在任何時候都要講真話，但說真相也要圓滑。有時，做人太真誠也會引起嚴重的問題。

　　做人與處世就像一塊寶石，如果拿起來扔到別人的臉上，就會造成傷害。但是，如果加上圓滑，誠心誠意地奉上，對方必定欣然接受。

第二章　會「裝」，更容易邁向成功

同樣是給對方，那我們何不使其圓滑一些，讓對方欣然地接受，而偏要造成對方不必要的傷害呢？

戲班邀請三名重量級人物同時同臺演出，三人均要求在海報上名字列在第一，戲班老闆很為難。

師爺替他想了個兩全其美的方法。到了演出的時候，戲班前不用海報，只用一個碩大的紅燈籠，上面豎寫著三人的名字，而且還在不停地旋轉，彼此不分前後，三重量級人物都很滿意，演出也獲得成功。

生活中遇到難題要善於開動腦筋，多向思考，圓滑也很重要。事情辦好了，又不得罪人，一舉兩得何樂而不為呢？

聽說過這個故事嗎？有一天，張三在家宴客，一共邀請了六位貴賓，他在門口迎接，並問道：「您是怎麼來的？」

第一位說：「我是坐賓士來的。」

「噢！威風威風。」

第二位客人說：「我是搭私人飛機來的。」

「哇！闊氣闊氣。」

第三位客人說：「我是騎腳踏車來的。」

「喔！樸樸素素。」

第四客人說：「我是跑步來的。」

「喔！健健康康。」

第五位客人說：「我是走路來的。」

「嗯！悠哉悠哉。」

第六位客人說：「我是連滾帶爬來的。」

他面不改色地說：「哈！難得難得。」

在競爭日益激烈的社會中，為了生活，我們不得不和一些自己不願意接觸，但又必須接觸的人接觸，我們只有像以上那個人一樣，說話巧妙，辦事通達，才能不傷人傷己，換句話來說，也就是做人要學會八面玲瓏，長袖善舞。「八面玲瓏」形容待人處事機靈圓滑，面面俱到。「長袖善舞」比喻善於逢迎邀寵。

擁有良好的人際關係，也就在於做事機靈、圓滑和左右逢源。所以說，八面玲瓏，長袖善舞是一個人處理好人際關係的關鍵，同樣在社會關係日趨複雜的今天，是非常必要的。

包容他人是成功的關鍵

「天空可以包容一切，而人心可以包容天空」每個人都喜歡聽好話，卻忽視了「忠言逆耳利於行」的古訓；人們經常崇拜名人，卻無法忍受名人背後的「虛假人生」；人們常常嚮往世外桃源，卻忘了「不經歷風雨，怎麼見彩虹」的坎坷。

現實中的人們就是這樣的，他們可以接受的是抬頭可見的陽光，卻沒留意自己身後的陰影；他們只看見燦爛，卻看不見燦爛過後的陰霾。當他們在面對別人的指責時，他們就會感到不滿，認為別人是尖酸刻薄、睚眥必報。

然而，他們卻忘了審視自己「背後的故事」，忘了再三思索檢討自己的「記事本」，忘了「海納百川，有容乃大」的真理。他們在種種的忘記中，最終也會忘記自我的所在，囿於原地，止步不前。

以包容的態度處世，不但是做人的一種美德，也是做人的一種智慧。因為我們面對的是不同環境中，不同層次不同職業的人，我們不可

第二章 會「裝」，更容易邁向成功

能僅憑自己的觀念或喜好去從事社會活動。

在這種時候，包容不但是人際情感交流的潤滑劑，更是人生這棵大樹上滴翠的綠葉和吐豔的花朵、燦爛迷人的魅力和神韻。

人生的一種高度可以從包容中體現出來。將軍額頭可跑馬，宰相肚裡能撐船，包容者就必然是善良睿智而又胸懷大氣之人。如果把包容當作為一種正向的人生態度，那麼它就是人的生命中一道亮麗的風景。

有一個男孩，他的脾氣非常壞，男孩的父親給他一袋釘子。而且還告訴他，每當他發脾氣的時候就釘一個釘子在後院的圍欄上。這個男孩在第一天，釘下了 37 根釘子。

漸漸地，他每天釘在圍欄上的釘子數量減少了，他發現控制自己的脾氣要比釘下那些釘子容易。於是，有一天，這個男孩再也不會失去耐性，亂發脾氣。男孩把這件事情告訴了他的父親。

父親又對他說，現在開始每當他能控制自己脾氣的時候，就拔出一根釘子。就這樣一天天過去了，最後男孩告訴他的父親，他終於把所有釘子拔出來了。

父親握著男孩的手，來到後院對他說：「你做得很好，我的好孩子，但是看看那些圍欄上的洞。這些圍欄是永遠不可能回到以前的樣子。你生氣的時候說的話就像這些釘子一樣留下疤痕。如果你拿刀子捅別人一刀，不管你說了多少次對不起，那個傷口將永遠存在。話語的傷痛就像真實的傷痛一樣令人無法承受。」

人與人之間之所以造成永遠的傷害，常常是因為一些無法釋懷的堅持。如果我們都能從自己做起，開始寬容地看待別人，相信你就一定能夠收到意想不到的結果。

為別人開啟一扇窗，也就是為了讓自己看到更完整的天空。如果你

包容他人是成功的關鍵

明白了這些，那麼你自身的認知也就得到了昇華。具體來說，我們可以從以下這些方面努力：

一是和人相處要有胸懷。「量小非君子」，一個胸懷寬廣的人，才能夠贏得眾人的信服，而一個小肚雞腸的人卻是斤斤計較。人生在世，不能離群，否則就難以生存，也無所作為。只有那些胸懷寬廣、氣度寬宏的人才能容眾，才能廣結良友，才能得到眾人的幫助。

人有才能，未必損我之才能；人有聲名，未必壓我之聲名；人有富貴，未必防我之富貴；人不勝我，固可以相安；人或勝我，並非奪我所有，操心譖譽，必得所欲而後已，於汝安乎？

這是《昨非庵日纂・坦游》所寫的，與人相處如果沒有一定的胸襟，時刻都在防備別人、妒忌別人，一定會自陷泥淖、煢煢子立。

二是和人相處要學會忍讓。有一句古語說得好：「退一步海闊天空。」所謂的「退」，其實就是要有一顆忍讓之心，用寧靜平和的心緒去感化他人的淺薄行為，用高尚人格去感染別人的無理之舉，用寬厚博大的胸懷去容納他人的悖理之言。

大丈夫能容天下難容之事，真君子能納天下難纏之人。忍讓並不代表著是懦弱膽怯和無能，忍讓其實是一種品高德厚、氣度不凡的表現，也是人生最高的境界。

三是和人相處要學會寬容。「海納百川，有容乃大。」寬容是一種雅量，寬容也是一種氣度。面對勝利者，我們要寬容他的成功；面對發財者，我們要寬容他的富有；面對與自己意見不同者，我們要寬容與他的差異；面對疏狂、偏激、冷漠和孤僻者，我們要寬容他的個性。

每個人的個性不盡相同，任何人都無法強行將自己的思想觀念、行為規範強加於人。

第二章　會「裝」，更容易邁向成功

　　寬容是一種非常大的人格力量，它能產生強大的凝聚力和感染力，使人願意團結在你周圍。

　　寬容是人與人交往的緩衝，它可以化解很多不必要的衝突，在人際關係緊張之時，寬容能發揮潤滑劑的作用。

　　寬容是一種深厚的涵養，也是一種善待生活、善待別人的境界，它能陶冶人的情操，能夠使你心靈寧靜和恬淡。寬容不僅可以改變自己與社會的關係，還可以使自己的心靈得到慰藉與昇華。

　　屠格涅夫說得好：

　　不會寬容別人的人，是不配受別人寬容的，但誰能說自己是不需要寬容的呢？

　　四是與人相處要學會換位思考。現代社會是一個競爭的社會，工作節奏明顯地加快，對工作能力的要求也在不斷提高。人們對自己的要求也會由此而提高，對別人的要求可能會更高。而這一「更高」，往往會為人與人之間的關係帶來緊張甚至矛盾。

　　有時我們總喜歡對別人所做的事評頭論足，對別人的過錯總是不依不饒。「要是我絕不會犯如此低級的錯誤。」有許多的人說過這樣的話。

　　說此話者有時的確是「無心」，而聽者卻很「在意」，久而久之，我們也會因此而被人疏遠。

　　為什麼不換位思考一下，多從別人的角度設身處地地為別人想一想呢？為什麼對人對事不能多一分理解、少一分苛責呢？

　　維克多·雨果（Victor Hugo）是法國19世紀的文學大師，他曾經說過：

　　世界上最寬闊的是海洋，比海洋寬闊的是天空，比天空更寬闊的是人的胸懷。

然而在當今這個張揚個性的社會，又有多少自視甚高的學子具有這種精神呢？也許，我們學會的應該是審視自我，接受的應該是批評，擁有的應該是忍耐與包容。

有位作家曾發表〈我看金庸〉一文，對金庸的武俠小說加以強烈攻擊。

金庸先生面對他的批評只是平靜地說：「毀譽是人生中的常事，不足為奇，他或許要求得太多了些，是我能力所不及的，限於才力，那是無可奈何的了。」

金庸先生還說：「我很感謝許許多多的讀者對於我的小說的喜愛和熱情，他們待我已經是太好了，也就是說，上天已經待我太好了。既享受了這麼多的幸福，偶爾被人罵了幾句，命中該有的，不會不開心的。」

金庸是現代武俠小說公認的泰斗，他的名氣很大，同時學問也很深，對武俠小說的貢獻極大。以他自身的名望，完全可以對那位作家的貶低反戈一擊。但是他在面對別人的批評時，沒有暴跳如雷，而是用一顆包容的心，用他那寬廣的胸襟去正視自己、去感謝他人，他的表現就是正人君子的風範，畢竟「金無足赤，人無完人」。

一個人，只有在不斷成長中發現自己的不足，觀己之短，容人之長，用一顆包容的心去接受別人的批評，才能不懈倦怠，完善自我，更上一層樓。

「君子坦蕩蕩，小人長戚戚。」只有胸懷坦蕩者才能夠做成大事，對於一個人來說第一美德就是包容。

春秋五霸之首齊桓公曾與管仲結下「一箭之仇」，但是他不計前嫌，拜管仲為相，稱管仲為父，在管仲的輔佐下他終於稱霸天下；唐太宗登基後，不咎既往，重用了勇於進諫的魏徵，把魏徵作為自己的一面鏡

第二章　會「裝」，更容易邁向成功

子，也正是他的坦蕩胸懷、廣開言路，開創了歷史上赫赫有名的「貞觀之治」盛景。

「家有萬畝良田，不如有個好人緣。」好的人緣會給人和諧融洽的人際氛圍，使人的心情舒暢、遇事左右逢源，有助於提高自己的生活品質，還有利於形成做事創業的環境。

當然，每個人都希望有好人緣，但好人緣不是靠一團和氣和甜言蜜語吹出來的，也不是透過耍小聰明、玩小伎倆換回來的，好人緣是靠良好的人品、寬廣的胸懷和真誠待人贏得的。

如果一個人有好的人緣，他的胸懷一定是寬廣的。世界的多樣性讓人的思考方式和生活方式是多元的，也決定矛盾的無處不在。

學會與人相處，就需要善於化解矛盾，消除隔閡，不僅要容人之短，還要容人之長；不但要容人之過，還要容人之功。

在生活中，有的人心胸狹窄，斤斤計較，一切都以自己為中心；還有的容不得別人比自己強，看到身邊如果有人超過自己，就產生妒忌的心理，如果處理不好的話就會傷害與別人之間感情，影響到內部團結。

「海納百川，有容乃大。」我們要有容人的氣度，度大才能聚朋。禮讓讓出的常常是友誼。

我們可以由此看出來，作為新世紀的主人，我們應該具有寬廣的胸襟，造就一顆包容的心，去創造一片屬於自己的蔚藍天空！讓「海納百川，有容乃大」的精神永存於心！我們要牢記：「天空可以包容一切，而人心可以包容天空。」

洞察人心才能贏得人心

　　許多人期待著身旁有個「懂我的人」，盼望著「知己」的出現。然而，有些青少年在建立這種超越普通朋友關係的同時，卻遭遇到挫折而感到沮喪、憤怒、被背叛，甚至再也不相信有「值得信賴的朋友」存在，馬上交友熱情大減。難道，想要一個「知己」這麼難嗎？

　　其實結交知己並不難，關鍵的就是能夠相互理解。理解是一種高貴的語言，是心靈靜默的一種昇華。或許我們做不到「海納百川，有容乃大」的寬宏，但是我們卻可以用一顆坦誠、懇切一點的心去面對身邊的人與事，多一分理解，就多一分溫暖；多一分理解，就多一分感動；多一分理解，就多一分美好。

　　朋友，我們來看一個小女孩贏得母親理解的小故事吧：

　　冷戰大概持續了一個星期，我媽硬是沒跟我講過一句話，整天雙臂交叉坐在沙發上，活像個「維納斯」。我就開始懷疑：更年期的女人是不是特小心眼？

　　我認為自己絕不是所謂的「乖乖女」，更算不上一「淑女」了。我從小就喜歡與人作對，不會輕易認輸。記得有一次我和我媽一起討論「偶像問題」，後來就吵起來了，我媽一直說周杰倫眼睛太小，太醜。我說人家有才就行了，管他醜不醜呢！結果我倆無休止地爭論，弄得我爸恨恨地插了一句：「兩個野蠻人！」

　　這次「戰爭」的導火線是風靡一時的老話題：上網聊天。

　　「又聊天了？別不承認，電腦是熱的！」她面無表情地質問我，眼裡發出得意的光芒。

　　「那又怎樣？」我擺出無所謂的眼神，心裡卻充滿了厭惡。

第二章　會「裝」，更容易邁向成功

「你看你，整天不是吃喝就是聊天！」她的臉開始發紅，語氣變得強硬起來，透過她那明亮的眼睛，我看見了熊熊烈火。

「小題大作，俗不可耐。」我一張臉上寫滿了傲慢。

「你⋯⋯哼！好自為之吧！」我媽冷冷地一甩頭，走了。

從那句「好自為之」以後，我媽的牙縫裡再也沒對我吐出第二句話。

晚上，我把自己關在房間裡，找自己的朋友訴苦：

孤獨一人：怎麼，心裡不爽？

仰望星辰：我跟我媽宣戰了，拼耐力。

孤獨一人：勝券在握？

仰望星辰：我一向對自己沒信心，但就不願服輸。鬱悶到家了！

孤獨一人：有時也得體諒一下父母，他們為你好。

仰望星辰：你哪邊的？別忘了，我們同一條船上的。再說，起因就是因為你！

孤獨一人：什麼？我比竇娥還冤！

仰望星辰：我在想，大人太死板了，根本不懂我們真正的需求。你說是不是？

孤獨一人：可能吧。但我們也要理解父母的用心，他們最在乎誰？

仰望星辰：⋯⋯我有史以來第一次覺得自己太過分了，心裡難過得像被螞蟻啃了。因為我爸悄悄地告訴我，我媽常常半夜鬧胃痛，身上直冒冷汗，還不時地嘆息，為我流淚⋯⋯我想像得到我媽那失望、無奈的眼神在漆黑的深夜，望著滿天繁星，尋尋覓覓，冷冷清清，悽悽慘慘戚戚⋯⋯媽，對不起！

我決定寫封信給我媽，把一些口頭上說不出的話用文字告訴她。

媽媽：

　　我是一個叛逆的孩子，永遠長不大。請原諒我的狂妄、自大和傷人的語言，畢竟我還太年輕！

　　我可以理解父母對孩子的期望有多高，但我想，你們並不了解作為一個孩子所要承受的壓力。我們接受來自學校，以至社會的種種挑戰，一臉漠然地面對所謂的任務。可你們知道嗎，我們很累，真的累了。你們的關心已造成我們精神上的壓抑，我怕，怕終究有一天支撐不住了，辜負了那充滿希望的眼神。

　　聊天只作為放鬆，這我明白。我相信，我有足夠的意志使自己安心，不必擔心。

　　希望早日停止內戰！

一個不懂事的孩子

　　第二天，我正在猜測那封信的效果，不料，老媽板著一張臉走了過來。

　　「快吃飯，待會寫篇文章。」

　　「什麼？」我差點暈倒。

　　「寫什麼呢？就寫寫『我的網友吧』，寫完後給我過目。」老媽臉上終於露出了微笑，她終於理解我了！

　　理解萬歲！

　　理解是風，吹散戰爭前曾經硝煙瀰漫的紗幕；理解是雨，點滴在受矇蔽的心靈上，洗去塵埃。

　　理解就像一座橋梁，能夠溝通彼此的心靈；理解就像一盞明燈，能夠驅走我們心中的陰影。理解就像品茶，品出了苦盡甘來的香甜；理解就像一團溫火，將冰冷已久的心靈一點一點地融化。

第二章　會「裝」，更容易邁向成功

每一個人都渴望得到理解，但也要學會理解別人。如果少了理解，我們就少了太陽，因為無論是親情、友情還是愛情都少不了理解的「催化」。

有位哲人曾說過：善於理解別人的人，發現世界上到處都是一扇扇門；不善於理解別人的人，發現世界上到處都是一堵堵牆。

理解親情，讓我們學會感恩與回報。親情是我們面世的第一份感情，深厚而濃郁，傾盡了父母的一生，也蘊含了手足的同心。父母的辛苦操勞你理解了嗎？曾經，你是否因為父母的一句嚴厲批評而摔門而出？然而你又是否注意父母雙鬢那日漸增多的白髮，額頭上日益突顯的皺紋？

愛有各式各樣的表達方式，或含蓄，或直接，或溫柔，或激烈，別用你的不理解去大意地傷害，也別讓你的偏執去無端地誤解，請理解親情的無私與博大，學會在點滴中去感動，繼而感恩，只有我們擁有一顆感恩的心的時候，我們才會用更深的愛去回報。

理解友情，讓我們執著於感動與擁有。友情是我們人生裡的一面帆，也是我們前進路上的一盞燈，是生活歷程裡長久的一種快樂，也是坦途坎坷中融合的一種溫暖。

我們可能擁有很大的交友圈，但患難與共的又有幾個呢？理解是維持友誼的基礎，只有互相理解，才能共同前進，讓友誼天長地久。當你的朋友因為一句無心的話而傷了你，你會翻臉不認人嗎？當你與朋友因為一個誤會而不和時，你會理解他嗎？

理解笑容裡的坦誠，理解問候裡的關切，用寬容去包納疏忽，用熱情去化解矛盾，感動於平時生活裡的一路相伴，領略互勉互助裡的一生擁有。

理解生活，生活裡有著或平凡或熱烈或繽紛或單一的方式，只有領悟了生活本身的真諦，才會讓我們過得輕鬆。只要不是一事無成，只要心中有夢，只要心裡有愛，請不要用金錢與名利去衡量成功與失敗。

平凡不是平庸，平凡只是淡化了困擾人的一些功利名祿的欲望；熱烈不是普通，熱烈就無所謂普通，畢竟活得轟轟烈烈的人只是少數；學會用一顆平常心去對待凡塵事。

試問世間，繁華散盡浮躁平伏後，權欲錢財的背後，又留下多少蒼涼，又留有多少悔悟。多少人在迷失醒悟後卻發現人生已近謝幕，空留一世的遺憾與悲傷。

我們在人生之路上，總會遇到一些坎坷和挫折，而這時候，我們最需要的就是別人的理解和幫助。但我們只想到自己需要理解，而有沒有考慮到別人也需要理解。

當你理解別人的時候，也會得到別人的理解；你只有去理解別人，才會得到別人更多的理解。當我們都能相互理解時，藍天會變得更遼闊，太陽會變得更明媚，世界會變得更加美好。

我們只要設身處地為他人著想，從他人的角度看問題，就能理解許多自認為錯誤的舉動，就能撫慰許多受傷的心……

學會理解，並不意味著失去了自己的立場、掩埋了自己的自尊；而不學會理解，就意味著失去了自己的道德、出賣了自己靈魂！人生在世，請讓理解相隨，理解別人，也理解自己。學會理解，其實最終我們是在善待自己。

第二章　會「裝」，更容易邁向成功

以平等之姿與人交流

心理學研究顯示，人都有友愛和受尊重的欲望，且這些欲望非常強烈。人們渴望自立，成為家庭和社會中真正的一員，平等地與他人溝通。

如果你能以平等的姿態與你周圍的人溝通，對方會覺得受到尊重，從而對你產生好感。相反，如果你自覺高人一等，居高臨下，盛氣凌人地與人溝通，對方會感到自尊受到了傷害而拒絕與你交往。

我們來看一個戲劇家遇到的尷尬事吧：

一次，英國著名戲劇家蕭伯納（Bernard Shaw），他漫步在莫斯科街頭時，遇到一位聰明伶俐的小女孩，便與她玩了起來。

分手時，蕭伯納對小女孩說：「回去告訴你媽媽，今天和你玩的是世界上著名的蕭伯納。」

誰知小女孩望了蕭伯納一眼，學著大人的口氣說：「回去告訴你媽媽，今天和你玩的是小女孩安妮娜。」

這使蕭伯納大吃一驚，立刻意識到自己太傲慢了。事後他感慨萬分地說：「一個人不論有多大的成就，對任何人都應該平等相待，要永遠謙虛，這就是小女孩給我的教訓，我一輩子也忘不了啊！」

人與人都應該是平等的。蕭伯納可能也懂得這個道理，但是，卻在與小女孩的交往中，流露出了不應該有的感情，讓小女孩感覺到了不平等。所以，蕭伯納的平等意識還沒有深入到自己的感情中。不過，他的反省精神卻是我們應該學習的。

在人際交往中，不論職務高低，不論家資貧富，人格總是平等的。所以我們提倡：對所有的人都應當一視同仁，平等交往。

以平等之姿與人交流

交往絕不能嫌貧愛富。因為社會生產力在不同地方，發展是不平衡的，人所遇到的環境條件的優劣狀況、客觀機遇是不同的，人與人生活履歷也有一定的差異，再加上其他種種原因，人與人之間的貧富差別總是客觀存在的。

所以我們不應當讓經濟上的貧富之別，影響了人際間的交往，因為不論貧富，所有的人在人格上都是平等的。對於富者，我們應當保持自己的尊嚴和人格；對於貧者，我們應當尊重他們，熱情地幫助他們，關心他們，更不要在他們面前表現自己的優越感，切勿讓自己的不當言行挫傷他們的自尊心。人與人的交往方面，只有輩分、長幼、主賓的不同，並無貧富之間的差別。

交往中絕不能以貌取人。有些人喜歡以貌取人，其實是不對的，這種做法是既不明智，又比較庸俗，可能還有些危險。

《三國演義》中有一段劉備不重用龐統的故事，劉備最初讓龐統當縣令，就是因為以貌取人，才使龐統沒有得到重用，差一點損失了一位人才。

我們看一個人應該主要要看其人品。相貌好看與否，衣著是否華貴，並不能夠說明一個人的人品、修養、教育程度如何。相反，對那些過分講究打扮，衣著華麗，渾身珠光寶氣的人倒應當「敬而遠之」了。

交往也不能以權取人。人的地位高低，實際上只是職業的不同，所以不要對權大官高的阿諛逢迎、獻媚取寵；更不要對平民百姓趾高氣揚、不屑一顧。

不論職位高低、權力大小，每個人的人品也都是平等的。孔子曾經說過「上交不諂，下交不瀆」。就是這個道理。人際交往中 不能做「勢利眼」、「巴結臉」的小人，這種人往往被人不齒。

第二章　會「裝」，更容易邁向成功

不嫌貧愛富，不趨勢附炎，是中華民族所崇尚的一種高尚品格。從歷史到現在，這樣的人物和事蹟是數不勝數的。

在人際交往中，一定要把自己擺在與對方同樣的位置，不以權壓人、以強凌弱，不擺架子，相互尊重，平等協商，不傷害和侵犯他人利益。

平等原則集中體現在人的自尊與相互尊重的關係上，這是正常人際關係建立的基礎之一。交往者只有自尊才能產生提高自身修養的意向，只有相互尊重才能有深化交往、發展關係的可能。

相互尊重給予人心理強化作用，使交往雙方因對方對自己的行為的肯定，而強化了交往的需求。如果不尊重對方，使對方產生厭惡心理，就會失去交往的先決條件。這是我們平時所說的，要想得到別人的尊重，首先就要尊重別人。

雖說我們都知道平等待人的重要性，但是境況比較好的朋友，往往還是會時不時流露出自己的優越感，這也是需要特別避免的。

一個心理學教授到瘋人院參觀，了解瘋子的生活狀態。一天下來，覺得這些人瘋瘋癲癲，行事出人意料，可算大開眼界。想不到準備返回時，發現自己的輪胎被人拆掉了。

「一定是哪個瘋子做的！」教授這樣憤憤地想道，動手拿備胎準備裝上。事情嚴重了。拆輪胎的人居然將螺絲也拆走了，沒有螺絲，有備胎也上不去啊！

教授一籌莫展。在他著急萬分的時候，一個瘋子蹦蹦跳跳地過來了，嘴裡唱著不知名的歡樂歌曲。他發現了困境中的教授，停下來問發生了什麼事。教授懶得理他，但出於禮貌還是告訴了他。

瘋子哈哈大笑說：「我有辦法！」他從每個輪胎上面拆下一個螺絲，

這樣就拿到三個螺絲將備胎裝了上去。教授驚奇感激之餘，大為好奇：「請問你是怎麼想到這個辦法的？」

瘋子嘻嘻哈哈地笑道：「我是瘋子，但我不是呆子啊！」

正如瘋子不一定是呆子一樣。在你身邊，不愛言語的人不一定就口才不好；不愛表現的就不一定沒有成績值得炫耀，事實上，每個人都有他的長處，都有他得意的地方。

你身邊的同學朋友也是如此。因此，千萬不要小看他們，更不要在他們面前表現你的優越。多多讓他人表現自己的優越是做人的一大智慧。

人人都希望能得到別人的認可與讚賞，都在不自覺地維護著自己的形象和尊嚴，如果某個人的談話，過分地顯示出高人一等的優越感，那麼無形之中，是對其他人自尊和自信的一種挑戰與輕視，排斥心理、乃至敵意也就不自覺地產生了。

人性的一大弱點就是爭強好勝，人們面對比自己優秀的人，常會增加心中的挫折感，也就自然而然地產生了反感。一個人，如果不善於隱藏自己的鋒芒，處處表現得幹勁十足、能力超強，只能在無形中惹來嫉妒和猜忌。因此，經常檢查自己是不是又自負了，又驕傲了，又看不起別人了？

犯錯就要及時認錯

錯誤承認得越及時，就越容易得到改正和補救，而且，由自己主動認錯，也比別人提出批評後再認錯，更能得到別人的諒解。更何況一次錯誤並不會毀掉你今後的道路，真正會阻礙的，是那種不敢承擔責任、

第二章　會「裝」，更容易邁向成功

不願改正錯誤的態度。

每個人在一生中都會犯錯，名人志士也不例外；犯了錯誤並不可怕，只要敢作敢當，勇於承認自己犯下的錯誤，也是值得褒獎的；而且，這種勇於認錯的特質，也是一種對自己和他人負責的行為，是成功成才的必備素養。

朋友，讓我們來看一個小故事吧：

小學四年級那年，懂事聽話的我居然不能專心聽講了！老師在滔滔不絕地講課，但我的思緒卻隨著牆角的那隻螞蟻而飄向遠方：牠在做什麼呢？玩耍？找食物？還是迷路了？沒錯，就是這麼一點小小地變化都會使我分神。

窗外的大樹會使我想到小鳥的窩巢；天上的雲朵會是我想到夢裡的天國；就連地上的麵包屑，也會使我想到小昆蟲會不會把它搬走？

就這樣，由於沒有聽老師講的內容，我的成績就像溜滑梯一樣直線下降。為了不讓掩蓋自己的過錯，我在這次考試中與同學對了答案。

可是，我的舉動很快引起了老師的注意，因為我和同學的成績一模一樣，錯的也一樣。

還有兩個成績很差的男生，考試時抄別人的，兩道大題都做出來了，後來老師問他們怎麼做的，他們回答不出來，老師就知道他們是抄的，要讓我和他們寫一千字的檢討書，下午班會的時候在全班同學面前檢討。

我知道自己錯了，但我現在怎麼辦呢？我可以寫檢討書給老師，但我不想和那兩個同學在班裡唸，那太丟人了，他們兩個成績很差，而且臉皮很厚，我不想跟他們一樣。

犯錯就要及時認錯

要知道，我一直是班裡前幾名的學生，平常受到的都是表揚，哪受過這樣的待遇啊！我決定主動找老師認錯，懇求老師不要讓我在班裡做檢討。

下午上課前，我拿著寫好的檢討書，鼓了好大的勇氣，走進了老師的辦公室，向老師真誠了認了錯，並說出了自己的為難。

老師說，知錯能改才是關鍵！考試就是對你學習知識的一個檢驗，如果透過別的途徑得了高分，不但欺騙了家長，欺騙了老師，更重要的是欺騙了自己，最終受害的也是自己。你現在找我，肯定也是鼓了好大的勇氣，我可以原諒你這次的錯誤，但是，再也不能有這種作弊的行為。

是啊！老師說得太對了，知錯能改才是關鍵。我一定要好好學習，不辜負老師的教誨，成為一個誠實的好孩子。

是的，每一個人在一生中都會或多或少、或輕或重地犯錯、做錯事情。從某種意義上說，錯誤是不可避免的，它將伴隨你一生，無論你願意不願意。

但是，人們對待錯誤的態度是不同的，有的人能夠勇敢的承認自己的錯誤，承擔應負的責任；也有很多人選擇了逃避過錯，推卸責任。

一些人犯了錯誤，往往會找各式各樣的藉口，試圖逃避自己應承擔的責任，試圖安慰自己內心中的愧疚。如果你僥倖做到了，那麼你可能會第二次犯同樣的錯誤，並能夠再次找到「更好的」藉口。

但是，長此以往，別人會再相信你嗎？家人、朋友，還有走進社會後的同事、上司，他們會再相信你嗎？當然不會！所以，我們應在一開始的時候就將尋求藉口的路堵死，勇敢地面對錯誤，承擔責任。這樣才會吸取教訓，從失敗中學習和成長。

第二章　會「裝」，更容易邁向成功

美國總統雷根（Reagan）小時候，喜歡在院子裡踢足球。有一次，把鄰居家的玻璃打碎了。鄰居說：「這是塊好玻璃，12.5美元買的，你得賠。」

但是在當時，12.5美元可以買125隻雞。他沒辦法，回家一五一十地告訴了父親。爸爸強調：「玻璃是你踢碎的嗎？」

雷根說：「是。」

爸爸說：「那你就賠吧，你踢碎的就你賠；沒有錢，我可以借給你，但1年後必須還。」

於是，在接下來的時間裡，雷根擦過皮鞋、送過報紙，辛苦地打工賺錢，終於在1年後賺夠了12.5美元，雷根一分不少把它交到父親手裡，父親欣慰地拍著雷根的肩膀說：「一個能為自己過失負責的人，將來才會有出息。」

雷根之所以會有這麼大的成就，就是因為他知道自己的過錯要自己承擔的道理。

然而，許多人在做錯事的時候，腦子裡往往會出現想隱瞞自己的錯誤的想法，害怕承認以後會很沒面子，被人瞧不起，影響自己做事。

其實這些想法是不正確的。達爾文（Darwin）曾經說過：「任何改正都是進步。」歌德（Goethe）也說過：「最大的幸福在於我們的缺點得到糾正和我們的錯誤得到補救。」

這都是一些名人、偉人們總結出的經驗和教訓！我們應該從中領悟、吸取，勇於承認，知錯就改！

有個美國小男孩很喜歡釣魚，有魚上鉤時，他和小夥伴必須站到泥塘裡才能抓住牠們，感覺很不舒服。於是，他就帶領小夥伴搬來別人的石頭，建了一個釣魚用的小碼頭。

很快，石頭的主人發現了，本想到法官那裡告他們，但考慮到他們還是小孩子，便向他們的父母通知了此事。這些孩子們受到了來自他們父母的教訓和懲罰。

這個小男孩也受到了父親的嚴厲訓斥，父親告訴了他：承擔責任，為自己的過失買單。在他以後的人生道路上，他始終實踐著父親教他的道理，後來成為了美國傑出的政治家和外交官。他就是富蘭克林（Franklin）。

勇於認錯會讓我們變成一個有責任心的人，幫助我們走得更遠，而自己的朋友，自己的家人，自己的人生都會因為有更多像自己這樣的人而變得更加美好！

社會需要有責任的人，家庭需要有責任的人，只有有責任心的孩子才能在日後立足於社會，有更多的發展。承擔責任和承認錯誤都需要勇氣，但願有更多的人站出來，告訴身邊的人：這件事情的發生，是我的責任！

知錯能改，善莫大焉！朋友們，勇敢地面對錯誤吧！這樣不會讓你丟臉，這樣只會讓你更加優秀，也更能得到別人的認同。

從不同視角體驗人生

同樣的人生，不一樣的心態，那麼看待事情的角度也自然就會不同，若能跳出來看世界，以樂觀、豁達、體諒的心態來觀看世界，認識世界，世界立即就會不同。

原本生活不如意，在有些時候不要去苛求自己，重要的是超越自己，突破自己，因為，只要好好的生活才會有希望。令你生氣的人已經

第二章　會「裝」，更容易邁向成功

走遠了，你還為那些讓你不如意的事而不高興，何必呢？

哲人康德（Kant）說：

生氣，是拿別人的錯誤懲罰自己。

與其用別人的錯誤來懲罰自己，還不如讓自己高尚的言行來顯示別人錯誤的低下，讓自己美好的德行來顯示別人禮儀的缺陷。

跳出來看世界，你就會知道這個世界上的苦、累或開心、舒坦，與人的生活態度息息相關。跳出來換個角度看看這個充滿彩色的世界，你就會從容坦然地來面對現實中的生活。

跳出來看世界，就是要學會改變人生視角，用不同的眼光看待相同的問題，結果可能會大相逕庭。

在很早以前，有個女人，他有兩個做生意的兒子，大兒子是靠賣雨傘為生的，小兒子是靠賣鞋子為生的。生意還不錯，但那婦人還是每天一副不開心的樣子。

旁人問這個女人，為什麼不開心呢？她說是擔心兒子生意不好，如果是雨天，小兒子的鞋子賣不掉，是晴天呢，又擔心大兒子的雨傘賣不出去。

確實，她的擔憂也不無道理。這裡面的道理其實很簡單，也許換個角度想問題，那麼複雜就會變為簡單，腐朽變為神奇了。

那位婦人應該這樣想，老天對她已經很好了，你想啊，如果是晴天，那小兒子不就有生意了，如果是雨天，那麼大兒子不就有生意了嗎。

其實啊，把事情換個角度想問題，那麼其中的結果就不一樣了。

一對孿生兄弟，一個很悲觀，一個很樂觀。父親認為這種極端的性

格不利於他們的成長。於是，他把那個比較悲觀的孩子放進一個全是玩具的房子，把那個比較樂觀的孩子放進了馬房。

過了一段時間，當父親來到悲觀小孩的房子時，孩子在裡面嗚嗚地哭個不停，父親問到底為什麼？那個悲觀的小孩回答道：「我怕打碎了它們。」

當父親來到馬房的時候，卻發現孩子在糞堆上玩得正起勁，他說：「爸爸，我猜這裡肯定有一匹小馬。」

換一種心態，生活會更加的快樂幸福。

天無雲不彩，如果無雲，蔚藍的天空，一絲不染，那樣不是也很可愛嗎？

山無鳥不靈，如果無鳥，寧靜的森林，那麼不是很恬靜嗎？

風動沙湧，這是所有的人都不願意看到的，但是換個角度來看，你是風兒我是沙，纏纏綿綿繞天涯，可想而知你的心情會變得何等的美好。

如果每個人在遇到不如意的事情時，換個角度來看待，就會發現生活是如此的美好！

一天，一位比較年輕的小夥子，站在懸崖邊，痛不欲生。

這個時候，有一位老人，手舞足蹈，緩歌從他身邊走過。

這位小夥子止住老者的去路，問：「老人家，您為什麼能如此的快樂？」

老人朗聲回答道：「天地之間，以人為尊。我生而為人；星辰之中，唯日月燦爛，我能早晚相伴；百草之中，最是五穀養人，我能終生享用，我為何不快樂啊？」

第二章　會「裝」，更容易邁向成功

年輕人若有所思的點了點頭。

「老人家，我覺得很自卑，沒有別人活的有價值。」那位年輕的小夥子還是一臉的不高興。

那位老人微微一笑說：「一塊金子和一塊泥土，誰最自卑呢？」

那位年輕的小夥子剛要回答，老者擺了擺手，繼續說：「假如給你一粒種子，去培育生命，金子和泥土誰更有價值呢？」

年輕人頓覺釋然。

其實，我們只要換一個角度去思考，去觀察，就會很容易發現，生活展現給我們的並不是那麼壞，那麼的沒有一絲的希望。

人生就像一朵鮮花，有時開，有時敗，有時面帶微笑，有時低頭一句話也不說，生命其實就是這樣，不管是在你成功或是失敗時，都應該將自己心靈的另一扇窗開啟。

古之開窗之人多，一部分都是聖人也，乃如仲尼厄而作《春秋》、屈原放逐而作〈離騷〉；左丘明失明，厥有《國語》；韓信困秦而作〈說難〉、〈孤憤〉；詩三百篇，大抵聖賢之所發憤所作也。

《史記》作者司馬遷，因為被小人殘害而受極刑，但是他開啟了自己心靈的另一扇窗，為了完成父親臨前的願望，他享受到了寫成《史記》一書後的快樂，他把別人對他不善的看法都拋置腦後，最終寫成了究天人之際、通古今變的《史記》。所以當你有困惑時，開啟心靈的另一扇窗，換一個角度看你的生命，生命是如此美好，你也會因此而成功。

貝多芬（Beethoven）一生貧寒，疾病從始至終都在他身邊打圈轉，但貝多芬成功開啟了自己生命中的音樂之窗，感受到了音樂之美，把自己的有幸全部都忘記了，最終以一首〈命運〉寫出了他內心的感受。

從不同視角體驗人生

美國著名女作家海倫·凱勒從小就生活在一個無聲的世界當中，但在她的老師蘇利文的指點下，凱勒心靈的美好之窗最終還是開啟了，海倫·凱勒也因此以一種新奇的眼光去看世界，最後成了當代著名的作家。

世界上這樣的聖人有很多，他們在成功的道路上克服了很多的挫折，開啟了自己內心深靈的一扇窗，最終獲得了成功，他們都是以一種正向、樂觀的態度去看待這個世界的。

著名大文學家、唐宋八大家之一的蘇軾，從始至終保持著樂觀的心態，他雖然在朝廷中不得志，但是他依然對世界持有正向、樂觀態度，最終他生活的非常安穩。

古人云；「死生亦大矣，豈不痛哉！」王羲之深感時間流逝匆匆，對過去的往事難以忘懷，但是他以一篇〈蘭亭集序〉道出了自己樂觀、正向的心態，與李賀有很大不同的地方。

古之賢人，多遇難，但是他們都在遭難時，將內心深靈的這扇窗開啟了，用一種正向、樂觀的態度看世界，最終他們獲得了終成功，有了很大的事業成就，站在了世界的頂峰。

每個人的人生道路都是曲折的，當被絆倒時，我們應開啟心靈的另一扇窗，以一種正向、樂觀的心態，站在人生道路的最前沿，換一種角度看生命，你的世界就會更加的美好。

我們都生活在同一個藍天下，所擁有的生命都是平等的。然而，有人一生坎坷、窮困、潦倒，但有的人雖歷盡艱險，卻苦盡甘來。這究竟為什麼呢？答案只有一個，換個視角看問題。

換個視角看問題，就要求我們及時改變自己的成見。生活中的每個人都有各自的成見。不管是什麼樣的事情，每個人總是靠推己及人的方式，來感知他人的內心世界。但是，關鍵的問題在於人與人畢竟有不同

第二章　會「裝」，更容易邁向成功

的地方，甚至有的相差懸殊，如果只憑推己及人的方式恐怕不恰當，這樣往往就會把自己理解不了的舉動斥為異端。

有些人說，一個人戴著一副藍色的眼鏡，他所看到的事物都是藍色的；一個人戴著一副黃色的眼鏡，那麼他所看到的事物就是黃色的了。而差不多世間人人都戴著一副有色的眼鏡，不管你承認也好，不承認也好，你的內心深處總有一個成見。

換眼鏡在生活中是常用的，古人經常講究換眼鏡的藝術。有這樣一個故事：

春秋時，姜氏欲立共叔段為王，共叔段最後卻被鄭莊公打敗，避難到了別的國家。鄭莊公對他的母親姜氏懷恨在心，「京城太叔」共叔段逃走以後，鄭莊公把姜氏放逐到穎城，並且他還發誓：「不及黃泉，絕不相見！」

這一點可以看出鄭莊公對他母親姜氏的成見之深。然而後來，管理疆界的鄭大夫穎考叔聽說這件事之後，和鄭莊公見了面，並且還給了他點東西，鄭莊公賜給他美食。

穎考叔吃的時候把肉放在一邊，鄭莊公問他到底是什麼原因，穎考叔說：「小人有位老母，我的食物她都吃過了，還沒有吃過您的美食，請我把鮮美的肉留給她吧！」

鄭莊公聽了感嘆道：「你還能留下食物給母親，我卻沒有呀！」

穎考叔說：「你原本有位老母，說這話是什麼意思？」

鄭莊公說明了其中的原因。

穎考叔笑笑說：「你何必為這些事情而擔憂呢？在地下挖兩個洞，然後再通個隧道，有誰說不可以呢？」

從不同視角體驗人生

鄭莊公便按照穎考叔所說的去做了。

這個鄭莊公厚著臉皮把他兄弟逼出鄭國後，對他母親的成見也逐漸有了變化，於是他就把以前的眼鏡摘掉了，因別人的一件小事便大發感慨之詞：「而有母遺，唯我獨無」。與原本的「不及黃泉，絕不相見」，儼然是鮮明的對比。

鄭莊公的眼鏡是隨時境的變化而替換的，原來共叔段為「京城太叔」之時，共叔段和姜氏對他構成極大的威脅，他絕對不可以有那樣的孝心；可是當共叔段出奔於共以後，姜氏的夢想就完全都泡湯了，在這個時候鄭莊公才換上他那孝子的眼鏡。

鄭莊公的方圓處世在和其弟的較量歷程中，就顯得成熟了很多，再加上這個善於換眼鏡的絕技，更讓他如虎添翼。他的舉動也讓他得了個穎考叔的美名：「君子曰：穎考叔，純孝也。愛其母，施及莊公。詩曰：『孝子不匱，永錫而類。』其是之謂乎？」

換個視角看問題，我們會得出最適合自己的方法，生活才會變得更加美好。

在某一個村莊，出產一種非常優質的建築石料。居住在那個地方的村民紛紛上山採石。只有一個農民別出心裁：他把那些奇形怪狀的石頭都蒐集了起來，賣給花鳥商人。於是，同樣跟石頭打交道，他卻是村莊第一個建起樓房的人。

又過了幾年，全國的梨子價錢非常的高，一直都不下降，正好這個村子的土地、氣候很適宜種梨樹。於是，全村的人們一窩蜂全種起了梨樹，但是這個村民也種樹，他種的並不是梨樹，而是柳樹。到了收穫季節，有很多人的梨子賣不出去，而他用柳條編成的裝梨子的籮筐卻總是供不應求。這一次，他成為了大富翁。

第二章　會「裝」，更容易邁向成功

　　像這種「淘金與賣水的故事」大家都熟悉不過了，可為何不願做賣水者，而去淘金呢？

　　換個視角看問題，我們會得出最適合自己的方法，生活才會變得更加美好。

　　一位哲學家拿著一個窄口玻璃瓶和一個氣球問他的學生：「應該怎樣做，才可以把這個氣球放進玻璃瓶中呢？」

　　學生們在紛紛討論起來，因為那個瓶口真的很小。這時卻有一個人站起，他把氣球氣嘴上的繩子解下來，放了氣，然後塞進玻璃瓶，再把氣球吹大。最後再將氣嘴紮緊。

　　哲學家看到就笑了，說：「那麼，又有誰可以把瓶中的氣球取出來呢？但是這一次就不可以再放氣了。」

　　學生們沉默了很久，突然，老師將瓶子狠狠地向地上扔去，結果瓶子碎了，但是氣球卻沒有壞掉。

　　在同一片藍天下，只要你換一種方法去解決難題，換一個角度對待疑惑，換一種心態去面對困難，我們的生活就會更美好、更充實、更快樂、更幸福。

　　當人生的理想追求不能實現時，倒不如換個角度來看待人生。換個角度，便會產生另一種哲學，另一種處世觀，另一種看待問題的尺度。山因風雨而朗潤，水因霜雪而澄澈，人生因遺憾而變得豐富多彩。

　　當你遇到塞車時，就當老天給你多 10 分鐘在車上打瞌睡，抑或多給你 10 分鐘鍛鍊體能；錯過地鐵，就當是老天讓你認識不同人的機會，或許緣分就在這遲來的一班地鐵；需要加班，就全當是老天讓你勞筋骨，苦心智，或者是全當自己是舉足輕重的重要人物；無奈失戀，就當自己累積一次戀愛方面的經驗，下一個所遇到的可以會更好；遭人陷害，就

從不同視角體驗人生

當自己學到人生重要一課，謹記防人之心不可無……

讓你煩心的事很多，可是只要你換個角度，發現笑對人生其實還是有很多樂趣的地方，煩惱你又可以把我怎麼樣？也許你會認為這叫自欺欺人，但是這種「自欺欺人」沒有什麼不好，至少笑對人生比悲觀應對要好！

既然已經遇到煩惱了，如果跟著愁眉苦臉還不是煩上加煩，惱上添惱，還不如悠然自得一點，順其自然，或許有些問題在你不注意時就已迎刃而解了。

一個人不管遇到什麼事情總往壞的去想，而另一個人卻恰恰相反，他總是往好的方面去想，所以前者是一個非常現實的人，而後者則是一個非常理想化的人。

如果換個角度看世界，也許前者會增添更多的生活樂趣，而後者則會增加幾分憂患意識；前者會發現生活竟然有這麼多的情趣，後者則會發現生活有更多的陷阱；前者會變得更快樂，後者會變得更成熟。因此我們都需要換個角度來看世界，也許我們的人生風景線因此也變得相同起來。

世界是不會變的，還是這個世界，生活也是不會變的，還是這樣的生活，我還是我，你還是你，每個人都遵循自己的跑道，周而復始向前直到終了。有些人總是怨命運不公平，有些人總是冷眼旁觀，有些人總愛自尋煩惱，與此同時，有些人的人生總是有過不完的精彩，有些人總會發現驚喜，有些人總會自得其樂，我們要牢記一句話：生活態度決定你生活的方向！

如果在你的過去，已經錯過很多美好的人生風景，不妨換個角度來看這個世界吧！

第二章　會「裝」，更容易邁向成功

完美之人不追求完美

完美是許多人追求的目標，但是，我們卻不能因為沒有達到盡善盡美而傷心。真正的完美在現實中是不存在的，如果說存在，也只能在你的心裡。

在上帝如火炬一樣的眼睛裡，誰也不敢大言不慚地說：「自己是最完美的人。」許多人正是沒有意識到這一點，所以才陷入完美主義的陷阱，讓自己活得很累、很不開心。

「金無足赤，人無完人。」世界上沒有百分百正確的事情。每次都是第一，又有誰能夠做到？再有名的歌星也有唱錯歌詞的時候，常勝將軍拿破崙（Napoleon）最後也兵敗滑鐵盧。更何況我們一個普普通通的人，有什麼理由這樣要求自己呢？過分的要求，脫離了實際，必將令人失望。放眼其他一些自卑的原因，如個人能力、生活環境、人生遭遇等，我們不應該過分要求，也不要過分在意。

事事追求完美是一件痛苦的事，它就像是毒害我們心靈的藥餌。因為這個世界本來就不是完美的。過去不是、現在不是、將來也不是，它本來就是以缺陷的形式呈現給我們的。人如果事事追求完美，則無疑是在自討苦吃。

一位老和尚想從兩個弟子中，選一個做衣缽傳人。一天，老和尚對兩個弟子說：「你們出去揀一片最完美的葉子給我。」

兩個徒弟遵命而去。不久，大徒弟回來了，遞給師父一片樹葉說：「這片樹葉雖然並不完美，但它是我看到的最完整的葉子。」

二徒弟在外面轉了半天，最終卻是空手而歸。他對師父說：「我看到了許多許多樹葉，但總也挑不出一片最完美的……」自然，老和尚把衣

缽傳給了大徒弟。

「揀一片最完美的樹葉」，人們的初衷總是最美好的。但如果不切實際地一味找下去，一心只想十全十美，最終往往會兩手空空。直到有一天，我們才會明白：為了尋找一片最完美的樹葉，而失去了許多機會，這豈不是得不償失嗎？

世界上有許多悲劇，正是因為一些人熱衷於追求虛無縹緲的完美，而忘卻了任何一種正常的選擇都可以走向完美。完美不是一種既定的現象，而是一種日臻完善的執著追求過程。

有兩個年輕人曾經一起考研究所，其中一個決心要考上明星大學，另一個選擇了一個適合他自己實際情況的學校。

結果，那個一心想要考上明星大學的朋友，前後考了五次而未果，眼睜睜地看著別人一個個找到自己的位置，以至於神經都有些失常了。而另一個朋友則一考而中，由於勤勉刻苦，研究所畢業四年後，就破格晉升為副教授。

其實，任何一種平淡的選擇或者開始，只要後面的過程得當，其間必定蘊含著許多奇蹟。人們應按照客觀規律辦事，不能脫離實際而片面追求完美。

揀一片最美的樹葉，需要擁有一份智慧、一份思索、一份對自身實力的審視。

愛因斯坦（Einstein）上小學時，老師讓學生交一件勞作。愛因斯坦把一個笨拙又醜陋的小板凳交給老師。老師看了很不滿意，愛因斯坦又從身後拿出兩個更為醜陋的小板凳，並對老師說：「剛才是我第三次做的，雖然它不太令人滿意，但是它要比這兩個強得多。」

人生中，我們應該具備愛因斯坦的勇氣，不要只是好高騖遠，而是

第二章　會「裝」，更容易邁向成功

應該靜下心來，一步一個腳印地去揀你認為是相對完美的樹葉。

人生的缺憾有其獨特的意義。我們不能杜絕缺憾，但是我們可以昇華和超越缺憾，並且在缺憾的人生中追求完美。缺憾可以當作是我們追求的某種動力，如果我們能這樣看，就不會為了種種所謂的人生缺憾而耿耿於懷了。

有了缺憾就會產生追求的目標；有了目標，就如同候鳥有了目的地，即使總在飛翔，累得上氣不接下氣，有期望的目標總是能夠堅持下去。如果事事追求完美，都要拚命做好，這就使我們自己陷入困境。不要讓盡善盡美妨礙了我們參加愉快的活動，而僅僅成為一個旁觀者。我們可以試著將「盡力做好」改成「努力去做」。

盡善盡美意味著惰性。如果我們自己制定了完美的標準，那麼我們便不會嘗試任何事情，也不會有多大作為。因為盡善盡美概念並不適用於人，它也許只適用於上帝。因而，作為一個普通人，不必以這種標準來衡量自己的行為。

如果我們將自己的價值與成敗等同起來，必然感到自己是毫無價值的。想一想發明家愛迪生（Edison），如果他以某項工作的成敗來衡量他的自我價值，那麼他在第一次試驗失敗之後就會認輸，就會宣布自己是個失敗的探索者，並且停止用電燈照亮世界的努力。

然而，愛迪生並沒有認輸，失敗是成功之母，它可以鼓勵人們去努力、去探索。如果失敗指出了成功的方向，人們甚至可以視其為成功。正如一位作家說的那樣：「我最近修改了一些名言，其中之一便是將『一事成功，事事順利』改為『一事成功，事事失敗』。因為我們從成功中學不到任何東西，唯一給我們以教益的便是失敗，成功僅僅堅定了我們的信念。」

完美之人不追求完美

假如我們的目標切合實際，那麼，通常我們的心情會較為輕鬆，辦事也較有信心，自然而然便會感到更有創作力和更有工作成效。我們不是鼓吹放棄努力，不過，事實上我們也許會發現，在我們不是追求出類拔萃，而只是希望有確實良好的表現時，反而會獲得一些最佳的成績。

我們也可能用反躬自問的方式來抗拒追求完美的思想。例如，「我從錯誤中可以學到什麼？」我們可以做個實驗，想想你犯過的每一項錯誤，然後把從中得到的教訓詳細列出來，千萬別怕犯錯，否則我們會失去學習新事物以及人生道路上前進的能力。

如果說完美是毒，缺陷就是福了。其實很多人都懂得欣賞「缺陷美」。「情人眼裡出西施」就是一種對缺陷美的肯定。如果事事不追求完美，我們的日子肯定會過得快樂一些啊！

完美無缺，只能是一種美好的願望。沒有任何人能做到一生完美無缺，沒有一點瑕疵。追求自己各方面完美，很難實現，因為人總會有失誤；讓別人完美，更是不大可能。追求完美，但這個世界不會給你這個完美，你便永遠不會快樂。

試想一下，如果我們凡事都力求完美，處處小心翼翼，生怕走錯一步，那麼生活該有多累啊。

相反，如果我們不怕出錯，即使錯了也勇敢面對、努力改正，那麼我們反倒會為自己的成功累積一定的經驗，使下一次少錯一點，這何嘗不是一種收穫呢？

勇於正視錯誤，這同時也是一種自信的表現啊。所以人生在世，凡事盡力而為即可，不必苛求完美。

有些朋友是因為自己某些能力不出眾，看到別人在此領域比自己強，心理自卑；有些朋友是因家裡比較貧窮，生活條件差而抬不起頭來；

第二章　會「裝」，更容易邁向成功

有些人是因為自己的相貌不漂亮而自卑等。

人生路漫長，每個人都有優點和缺點，每個人也都有自己的苦與辣；你若感覺自己的個子矮，會常常羨慕那些個子高的人，但是你可能相貌很好，你的學習成績、工作水準很高，或許你有一個美滿的家庭，這些條件是那個子高的人不一定完全具備的，這就是你自身的優點。

眾所周知，錢是很重要的東西，也是所有人都離不開的，人們都迫切希望擁有它。人們常常羨慕那些有錢人，嚮往出門轎車、家居豪宅的生活。所以在那些有錢人面前，有些人感到自己不如別人，產生自卑感，為此而懊惱。

我們知道，很多有錢人卻不能擁有健康，他們被疾病困擾纏身，痛苦不堪。錢雖好，但是買不來健康，健康對那些疾病痛苦中的人們是多麼的珍貴。而窮人沒有錢，卻擁有了那些有錢人非常想得到的健康。

總之，只要我們善於運用明亮的眼睛，你會不難發現，周圍你認為最完美的人，其實也有缺點和不足，或許這些缺點和不足正是你的長處。

第三章
能屈能伸，是成功者的必備素養

屈，是一種難得的糊塗，一種「水往低處流」的謙恭；在名利紛爭中的「恕」，在困境中求存的「耐」，在負辱中抗爭的「忍」，在與世無爭中的「和」。

伸，是以退為進的謀略，以柔克剛的內功，以弱勝強的氣概；是「不戰而勝」的變通策略，是「無可無不可」的兩便思想，是「有也不多，無也不少」的自如心態。

能屈能伸，能彎曲也能伸直。指人能適應各種境遇，在失意時能忍耐，在得志時能施展抱負。

能屈能伸，已經成為每一個成功人士的基本裝備。它闡述了一個淺顯又深刻的道理：不經打壓和磨難，你永遠無法體會生活的艱辛，人生的險惡；百鍊成鋼者，適應生存法則者，才能最終成為這個世間最強大的那一批人。

聰明者善屈善伸，有修養者能屈能伸，成大事者大屈大伸。大屈，是大智慧、做大事業者的必選；大伸，是成大功、大業者的必選。總之，在能屈能伸之中才能獨闢蹊徑。

第三章　能屈能伸，是成功者的必備素養

能屈能伸才能處處游刃有餘

「識時務者為俊傑，大丈夫能屈能伸」，這是一條大家所熟知的古訓，多少風雲人物、英雄豪傑都因能屈能伸而叱吒風雲，所向披靡。

立大志者，需以「屈」處世；成大業者，需靠「伸」顯才。「屈」是遇鋒芒時的避讓，退一步海闊天空。「伸」是看伺機而動，英雄視時機而動。

仲由，字子路，是春秋時期魯國卞人，為孔子七十二賢弟子之一。有一天，子路向孔子問：「由聞丈夫居世，富貴不能有益於物，處貧賤之地而不能屈節以求伸，則不足以論乎人之域矣。」

孔子回答說：

君子之行己，期於必達，於己可以屈則屈，可以伸則伸。故屈節者所以有待，求伸者所以及時，是以雖受屈而不毀其節，志達而不犯於義。

意思是說，君子對於自己的志向操守，必然要明達。委屈時可以委屈，需要施展便能有所施展。如此，他降身屈從，是為了等待知遇的機會；他施展才華，是為了及時抓住良機。所以即使他暫時得不到發展，也不會敗壞自己的節操；有機遇實現自己抱負，也不會違背道義。

其實，君子對自己的志向很明白，但並非一定要求要有施展的機會。當有施展才華、利益大眾的機遇時，他便當仁不讓，把握機會實現自己的志願。但若遭遇到人生谷底，懷才不遇，他也不刻意要求有所發展。

無論什麼樣的環境，他都能隨遇而安，又不妄自菲薄。因此，面對困頓谷底，他也能安然靜守，不敗壞自己的節操以求發展；有機遇實現

抱負，他也能把握時機施展才華，不做違背道義之事。這也正如孟子所言的：「窮則獨善其身，達則兼善天下。」

　　細想一下，在我們的人生中，肯定不是一帆風順的，總會有起起落落。然而在起落之時，我們是否還能堅守內心的志向操守？會不會因為懷才不遇而鬱鬱寡歡？會不會因為逆境困頓而屈身喪志？當有所施展，又會不會因名利得失而違背道義？

　　一個人如果不能堅守道義，患得患失，那麼其人生必然會有許多的苦惱。一個人如果不能甘於平淡，忍苦耐勞，繼續奮進，其才華德能就無法得到更好的發展；若是輕易喪失信心，自甘墮落，那麼機遇縱然到來，也無法把握。一個人如果汲汲追求於名利，降身屈從，甚至為此做出違背良心、違法犯紀之事，恐怕就將自身陷於危難之中了。

　　反之，一個人果真能如夫子所教授的去做，自然隨順環境，那麼就算在困境中，也不會再怨天尤人了；縱然一時得不到施展，也能安於本分，繼續學習提升；等機遇來臨，也會堅守道義，不做違背道德之事。如此，於當下生活自然輕鬆愉快，也不會陷自身於不義了。

　　古今以來能成大事的人，一定是能屈能伸的。人生處世有兩種境界：一是逆境，二是順境。

　　在逆境中，困難和壓力逼迫身心，這時就應明白一個「屈」字，委曲求全，儲存實力，以等待轉機的降臨。

　　在順境中，幸運和環境皆有利於我，這時就應明白一個「伸」字，乘風萬里，扶搖直上，以順勢應時更上一層樓。

　　從做人說起，應該有剛有柔。

　　人如果太過於剛強的話，遇到事情的時候就會不顧後果，迎難而上，這樣的人容易遭受挫折。人生苦短，能忍受多少挫折？

第三章　能屈能伸，是成功者的必備素養

人如果太柔弱，遇到事情就會優柔寡斷，坐失良機，這種人則很難成大事。一味軟弱，就會永遠成為扶不起的阿斗。

做人就要剛柔並濟，能剛能柔，能屈能伸，當剛則剛，當柔則柔，屈伸有度。

剛強對一個人來講是非常重要的，是人本身的一種最可貴的特質，但剛強也有限度，有了困難和挫折，寧折不彎是對的，但卻不可一味地剛強到底。要明白，剛強者是容易吃虧的。

況且剛強的人都是心勁足、血性大之人，遇到困難他們往往耗盡心血，硬要死撐，直到精血耗盡，不能再撐，一旦折服是很難有機會再站起來的。

柔弱卻能持久，柔者有包容力，能夠海納百川，就是靠相容並蓄的力量吞吐含納。但是如果一味柔弱，就會遭到欺凌。

俗話說得好，一個人要是沒剛沒火，便不知其可。也就是說，一個人要是只會軟弱，不懂剛強，那麼無論做什麼事情都做不成。無志空活百歲，柔弱持久，也是白白消耗歲月。

三國時期，魏國官吏王昶曾這樣訓誡他的子孫：

屈以為伸，讓以為得，弱以為強。

意思是說，若能以暫時的委屈作為伸展，以暫時的退讓作為獲得，以暫時的懦弱作為強大，就沒有辦不到的事。何為大丈夫，大丈夫就要學會能屈能伸，而明白此中道理的人，古今中外沒有多少人。

把「能屈」這個詞理解為「退一步海闊天空」，那麼「能伸」這個詞則指的就是：該出手時就出手。

曾經就有這樣一個故事：

在一個樹林子裡，獅子建議9隻野狗與自己合作獵食。牠們打了一整天的獵，一共逮了10隻羚羊。獅子說：「我們得去找個英明的人來幫我們分配這頓美餐。」

那頭獅子說完以後，有一隻野狗接過話說：「一對一最公平。」獅子在聽過這話以後，非常生氣，立即把牠打昏在地。其他野狗看到這種情況以後都嚇壞了，其中一隻野狗鼓足勇氣對獅子說：「不！不！我的兄弟說錯了，如果我們給您9隻羚羊，那您和羚羊加起來就是10隻，而我們加上一隻羚羊也是10隻，這樣算起來我們就都是10隻了。」

獅子聽完這話以後心裡非常滿意，說道：「你是怎麼想出這個分配妙法的？」然後那隻野狗答道：「當您衝向我的兄弟，把牠打昏時，我就立刻增長了一點智慧。」

那些聰明的猶太人心裡，他們認為，不吃小虧，在後來就可能要吃更大的虧。

在這則故事中，野狗之所以能分到一隻羚羊，就是肯吃眼前虧。牠若不吃眼前虧，換來的可能就是獅子的利爪。所以，在人與人的交往中，如果碰到了這種對自己非常不利的環境時，千萬不可以逞一時之勇，吃點眼前虧，也許並不是壞事。可見，有時候能屈能伸是非常有必要的。提到能屈能伸，就需要提到一個人，那就是韓信。

楚漢相爭的時候，劉邦與項羽爭奪天下，勢均力敵。然而劉邦藉助大將韓信一統天下，韓信也就是這樣封王封侯的。然而這個封王封侯的韓信卻曾忍過受胯下之辱。

韓信年輕時，曾受過乞婆的餵養，受到了當地人的嘲笑。有一天，他在街上逛街，從對面走過來幾個當地最不好惹的地痞小流氓。他們截住韓信嘲笑他吃「漂母食」，並且要求韓信從他們的胯下爬過去，要不然

第三章　能屈能伸，是成功者的必備素養

就把他打死。韓信想了一會，便伏下身去從他們的胯下爬過去，隨後把衣服上的灰塵拍拍便離去了。

那些地痞流氓哈哈大笑，說韓信是個膽小怕事的人，不能做出什麼大事。後來韓信發憤，學得統兵之法，軍事才能無人能及，被蕭何引薦到劉邦帳下，就這樣做了大將軍，成就了自己的一番事業。

如果當初韓信一氣之下，寧和那些流氓死拼的話，恐怕歷史將要改寫，歷史上不會出現一個叱吒風雲的大將軍，只會多了一個沒有名氣的枉死鬼。

當然歷史就是歷史，沒有什麼假設，但是歷史中的智慧值得我們思索。大丈夫能屈能伸，能剛能柔，就是源於韓信的典故。

在常人看來，胯下之辱絕對讓人不堪忍受，簡直是奇恥大辱，然而韓信爬過去了，而且爬過去之後把身上的塵土拍拍就走了，這是何等的胸襟和氣魄！

要想做大事業，就得忍受常人所不能忍受的恥辱。歷史將賦予你重大的任務，你就要做好吃苦受辱的準備，這不僅是命運對你的考驗，也是自己對自己的驗證。

面對恥辱，要冷靜地思考，會不會帶來生命危險，會不會從此一蹶不振，永難再起？如果真有這種事情，那麼就要思考，然後再去做，而不是魯莽地憑自己的一時意氣用事。

人在遭遇困厄和恥辱時，如果自己的力量不能和對方抗衡的話，那麼最重要的就是把自己的實力加以儲存，而不是拿自己的命運作賭注，做無所謂的爭取。一時意氣是莽夫的行為，絕對不是成大事的人會做的事。

能屈能伸，「屈」只是一時的，一時的忍辱負重是為了長久的事業

和理想。如果不能忍受一時之屈，壯志就不能實現，不能使抱負得以施展。

「屈」是「伸」的準備和積蓄的階段，就像運動員跳遠一樣，屈腿是為了積蓄力量，把全身的力量凝聚到發力點上，然後將身躍起，在空中舒展身體達到最高的目標。

打個比方，動物界裡面的刺蝟可以說是能伸能屈的智慧化身了。你看牠身處順境時拱著小腦袋，憑藉著滿身的硬刺，橫衝直撞，當牠遇到危險的時候，則縮回腦袋，把自己滾成一個刺球，讓敵人無隙可擊。

能伸能屈，與其說是生物界的一種智慧，不如說是牠們生存的本能。伸是進取的方式，屈是保全自己的手段。人生在世，都是從反覆伸屈的狀態之中走過來的。

生活事業在處於困難、低潮或逆境、失敗時，若去運用「屈」的智慧，往往會收到自己意想不到的結果，相反，該屈時不屈，卻去伸，必然遭到沉重打擊，性命有時也難保，這樣，還有什麼資格去談人生、談事業、談未來、談理想呢？

春秋晚期越國的國君越王勾踐為越王允常之子，西元前 496 年至前 465 年在位，在位 32 年，他是春秋時期的最後一位霸王。

勾踐即位的時候，鄰國吳國的國君是闔閭。由於勾踐的父親允常在位期間，與吳國君主闔閭曾多次作戰，吳王闔閭得知允常去世的消息，便乘機出兵攻打越國。

在檇李之戰中，越軍射死了吳王，從而加深了雙方的仇恨。夫差繼位後，發誓要報越國殺父之仇。西元前 494 年，在吳越夫椒戰鬥中，勾踐被他們打敗了，同時被他們困在會稽山。雖然勾踐打了敗仗，但他聽取了臣下范蠡和文種的意見，答應他們向吳國求和，等待時機一到再圖

第三章　能屈能伸，是成功者的必備素養

大業。文種透過吳臣伯嚭說服吳王接受了越國的求和，勾踐夫婦入吳為奴，在闔閭墓旁的石室裡餵養馬匹。

從一國之君到為人僕役，這是多麼大的恥辱。但勾踐忍了、屈了。他是甘心為奴嗎？當然不是，他是為了復國報仇。

來到吳國後，他們住在山洞石屋裡，夫差出去的時候，他就親自為之牽馬。有人罵他，他也不還口，始終表現得很馴服。

一次，吳王夫差病了，勾踐在背地裡讓范蠡預測一下，知道這病沒多久就可以痊癒了。於是勾踐去探望夫差，並親口嘗了嘗夫差的糞便，然後對夫差說：「大王的病過不久就能好了。」

夫差就問他為什麼？勾踐就順口說道：「我曾跟人學過醫道，只要嘗一嘗病人的糞便，就能知道病的輕重，剛才我嘗大王的糞便味酸而稍有點苦，所以您的病過不了多久就能好的，請大王放心！」

果然，沒過幾天夫差的病就好了，夫差認為勾踐比自己的兒子還孝敬，很受感動，然後就把勾踐放回越國去了。

回到了越國以後，勾踐再次遷都會稽，重修政制，用極快的速度復興自己的國家。他尊賢禮士，敬老恤貧，以百姓為念。

為了牢記亡國之痛、石室之辱，不讓舒適的生活消磨了意志，他撤下錦繡被，鋪上柴草鋪，餐飲時先嘗一口懸在床頭的苦膽，留給後人臥薪嘗膽的成語。

他頒布了一系列法令，發展生產，增殖人口，減緩刑罰，輕徭薄賦，博取了軍民的愛戴之心。他令國中男女入山采葛，趕織黃絲細布獻給吳王，表示自己的忠順，用來麻痺對方。而這一招也很有效，吳王一時高興增加了越國的土地，從而也放鬆了對勾踐的警惕，他認為勾踐是真的屈服於他了。

勾踐一眾君臣心連心，大家共同努力，發憤圖強，國勢也不斷地強大起來，而吳國呢？卻一天天走向衰敗。

經過了近十年的耐心等待，西元前 482 年，勾踐趁吳王發兵北征之機，發動了復仇戰爭，越國大獲全勝。但考慮到吳國實力猶存，勾踐答應了伯嚭的求和之請。

西元前 475 年，越軍攻打姑蘇城，圍了兩年以後，最終攻下了這座城，夫差逃至姑蘇山。

歷史驚人地重演了，這一次品嘗勝利滋味的是越王勾踐。他並沒有接受吳國的投降，夫差當時就自殺了，越國從而吞併了吳國。因此，勾踐成為春秋末年政壇上顯赫一時的風雲人物，正所謂「苦心人，天不負，臥薪嘗膽，三千越甲可吞吳」。

那麼是什麼讓勾踐有如此大的成就呢？能屈能伸是他取勝的最大感悟，如果不是他當時跪下求饒，那麼還會有他現在的江山嗎？他會落下如此美名嗎？說不定那個時候就已經被吳王殺了。所以說，能屈能伸方能百勝。

我的命運我掌握

大自然賦予了我們神奇的生命力，同時也帶給我們永不停息的壓力。壓力從生命誕生開始，就與人們形影不離，從某種意義上說人們無法從根本上消除壓力的存在。

但是壓力也賦予了不同的意義給不同的人，壓力是懦弱者不可任意踰越的鴻溝，是開拓者激發動力的泉源。因此，一個人要想取得成功，就不能逃避壓力，要經得起挫折的錘鍊，並勇敢地向壓力發起挑戰。

第三章　能屈能伸，是成功者的必備素養

我們來看一個故事吧：

有位男孩由於家境貧困，小時候一直跟父親學習文化知識，直到 17 歲才邁入學校的大門。

由於他基礎差，學習十分吃力，第一學期末平均成績才 45 分。學校令其退學或留級。在他的再三懇求下，校方同意讓他跟班試讀一學期。

此後，他就與「路燈」常相伴：天矇矇亮，他在路燈下讀外語；夜熄燈後，他在路燈下自修複習。功夫不負有心人，期末，他的平均成績達到 70 多分，數學還得了 100 分。

這件事讓他悟出了一個道理：別人能辦到的事，我經過努力也能辦到，世上沒有天才，天才是用勞動換來的。之後，這也就成了他的座右銘。

英國大作家柯林斯（Collins）的故事也足以說明這個道理。他讀書時，同寢室一個凶暴而愛聽故事的學生，每晚都用鞭子逼他不停地講故事，稍有不滿便用鞭子抽打。

為了逃避鞭打，柯林斯每天用心觀察周圍的事物、構思故事情節並積極揣摩，久而久之，練就了出色的講故事的本領，以後順利寫出了《月光石》（The Moonstone）、《白衣女郎》（The Woman in White）等名篇。後來他自己也充分肯定了他這變壓力為動力的做法對他成為一名作家的作用。

既然壓力對於一個人的發展具有推動作用，那是不是說，壓力越大越好呢？那當然也不是。

壓力過大會讓人產生不快樂、憂鬱、焦慮、痛苦、不滿、悲觀以及悶悶不樂的感覺，覺得生活毫無情趣，自制力下降，突然發怒、流淚或是大笑，獨立工作能力下降，平時好動的人變得懶惰，平時好靜的人變

得情緒激動，原本隨和的性格突然暴躁易怒，對感官刺激無法容忍和迴避，對音樂、電光、家庭成員或部下的交談聲等突然無法容忍。

壓力大容易使人與他人的矛盾衝突增多，影響工作績效，使人變得健忘、倦怠、效率降低。

心理壓力過大的人會變得冷漠而輕率，他們仍然能夠處理小問題和日常活動，但不能面對他們擔憂的重大問題，無法做出正常決策，進而易做出不負責任的草率行為。

我們來看一個壓力過大的事例：

在教室裡，教授舉起一杯水，問道：「大家知道這杯水有多重嗎？」同學們回答各異。

只聽教授說道：「它有多重不重要，重要的是你舉杯的時間。一分鐘，即使杯子重400克也不是問題，輕而易舉的。那麼，舉一個小時，即使它只有20克，我想你也會手臂痠痛的。那麼，舉一天呢？恐怕就需叫救護車了。同樣的一個杯子，舉的時間不同，結果也就不同。」

我們每個人都會有和這杯水一樣的壓力。如果你一直將它扛在肩上，它會變得越來越重，遲早有一天，你會承受不了，不堪如此的重負。你應該做的是，把它放下，先讓自己去休息一下，方便時你再次舉起它。

我們每個人都不可能生活在真空裡，工作、學業、生活或多或少都會帶給我們壓力，但我們應當意識到這是普遍現象，壓力每個人都有，只是大家感知的程度、對待的態度不一樣罷了。

壓力是壞事，也是好事，這要看我們從什麼角度去看，去分析。面對壓力的態度很重要，甚至決定一個人的人生。如果我們感到生活與工作沒有任何壓力，那表明我們很可能是目標感欠缺，動力羸弱的人。

第三章　能屈能伸，是成功者的必備素養

　　我們得過且過，當一天和尚撞一天鐘，甚至連鐘都懶得撞一下，無所事事地打發著人生，白白地蹉跎了歲月。這樣的生命的意義將大打折扣，這樣的人生將缺乏許多神采。

　　壓力本身就是我們生活和工作的調味劑。面對環境到來的變化和刺激，我們應該努力去體驗快樂，積極適應，生命有時因壓力而豐富。挺過去，你會體會到別樣的精彩。

　　我們必須有適量刺激，才能更好生活。刺激過度或不足，人都無法適應。適當的壓力既有利於機體平衡，也有利於心理健康。壓力能夠激發我們採取行動，促使我們去做某些事情。我們的生活需要冒一些風險，我們需要承受一些壓力，以確保我們從生活中獲得些東西。

　　既然這樣我們就別在浪費精力去阻止壓力進入工作、生活了，應該試著以正向的態度迎接壓力，並轉化為動力，這才是根本。

　　否則，我們在壓力面前便會喪失了信心，失掉了勇氣，沒有了鬥志。被壓力所嚇倒，被壓力所矇蔽，被壓力所征服，被暫時的困難消退了勇氣，被面臨的困境消磨了精神，被眼前的艱險擊垮了信念。

　　壓力面前採取什麼態度，關係到我們一個人的人生哲學與人生的價值。只有勇於面對壓力，善於把壓力化為動力，我們的人生才會異常豐滿，我們也才能充分體會到生命的意義。

　　反之，如果我們只會逃避現實，推諉困難，不敢面對壓力，我們的人生必將乾癟黯淡，我們的生命必將缺乏光彩。

　　對待壓力的最好方法，就是知道它的存在，並時常地放下它，然後再精神抖擻地舉起它，給自己一個煥發精力的時間。

　　具體來說，要想變壓力為動力，首先要做的是減輕「負載」。一般人之所以壓力大，就是因為身上的負擔過重造成的，可以透過寫下你所看

重的和你所背負的責任來進行，然後設定輕重緩急的等級，放下那些不重要的，做到輕裝上陣。

要變壓力為動力，就要正確看待自己，要明白超人只存在於滑稽劇和影片中。每個人都有自己的局限，來認識、接受你自己的「有限」，並且在達到你的限度之前停下來，減少不必要的壓力。

當壓力到來已經產生壓抑的感覺時，找你信賴的朋友或者心理輔導來訴說你的感受，直接減輕你壓抑的感覺，這有益於你客觀、冷靜地思考和計劃。

另外，要注意飲食習慣，當人在壓力之下時，我們常趨向於過量飲食，尤其是一些只會使壓力增加的、無利於營養的食物。均衡地攝取蛋白質、維生素、植物纖維，有利於排除白糖、咖啡因、多餘的脂肪、酒精和菸鹼，這是減輕壓力和其他的影響所必需的。

還有就是要確保一些必要的體育鍛鍊，因為這能使你更健康，並且有利於消耗掉多餘的腎上腺素。要知道，腎上腺素能引發壓力和伴隨而來的焦慮，不得不注意啊！

進退有度，方能有所取捨

某位居士的夫人慳吝不捨，對於善舉，從不響應，丈夫就請了一位禪師開導。

禪師來到家中，見到女主人，即刻把手掌伸開，問曰：「我的手，經常如此，不能收縮，如何？」

夫人曰：「這是畸形！」

第三章　能屈能伸，是成功者的必備素養

　　禪師又把手掌合了起來，問道：「如果每天只是緊握而伸不開，如何？」

　　夫人曰：「這也是畸形！」

　　禪師說：「自己的東西，全都送給別人，這是畸形；自己對金錢緊握不放，一文不捨，這也是畸形！」

　　禪師說完以後，就離開了。某居士的夫人這才明白，平時自己不為世間樂善好施，原來是一個畸形的人生。

　　世間的確有不少的人樂於助人，自己不接受別人的善意，這雖不是沽名釣譽，但也是不正常的畸形；一個人如果一心只想著接受別人的賞賜，自己不肯回饋社會大眾，所謂一毛不拔、一錢不捨，這樣也是畸形。

　　真正懂得財物的人，能給能捨，能捨能受。就如一個人，四肢屈伸自如，才會舒服；睡覺的時候，能夠左右翻身，才能安眠入睡。如果只能屈不能伸，或是只能伸不能屈，當然就是畸形。

　　所以，對於財物要能「捨得」；能捨才能得，有得也要能捨。我們個人的財富本來就是取之於社會，當然也要用之於社會；能夠懂得將個人之財化為大眾團體所共享，這才是富有的人生。

　　佛教講的是「結緣」，人給我，我給人，都是一樣的重要。所謂「財法二施，等無差別。」如果我們接受別人的，自當相報；如果我們布施給人，也要感謝對方給我這個和你結緣的機會。有來有去，有去有來；收受同等，屈伸自如，這才是應有的行為。

　　「屈伸自如」不僅是物用之道、養生之道，也是人際往來之道。人生的道路，當遇到挫折的時候，你要懂得怎樣學會轉彎、變通，所謂「窮則變，變則通」。

進退有度，方能有所取捨

當汽車開進了一個死巷，你怎能不轉彎呢？你在人面前表示自尊時，你要抬頭挺胸，以示正直；你在對人謙虛的時候，你也要低頭屈身，以表示尊敬。

如果只知道昂首闊步，不會曲躬彎身，不會受人歡迎；如果只知一味地卑躬屈膝，不能自持自重，這樣也是會被別人輕視的。所以，一個人當直則直、當屈則屈，能夠屈伸自如，這才是好的處世之道。

古今達士之為人處世、涵養識見是智慧的結晶，可以使人受用終生。但我們也不能僵硬理解、機械照搬，重要的是應該保證在正知、正見、正行的基礎上活學活用。

處事不必與俗同，亦不宜與俗異；做事不必令人喜，亦不可令人憎。知行知止唯賢者，能屈能伸是丈夫。

待人處世的態度不要太輕率，否則的話將會被事情本身所困擾，而無法修養自己的身心，也不要太過分慎重，以致為外物所拘泥，而失去灑脫自在的氣度。

當一個人遇到挫折的時候，處於進退兩難的時候，很容易灰心喪氣，因此要設法恢復當初的信念，立下貫徹到底的決心。相對的，當一個人功成名就的時候，很容易躊躇滿志，而招來自己想不到的禍患，應該退去，以為全身之道。

謙退，是保身第一法；安詳，是處事第一法；寬容，是待人第一法；恬淡，是養心第一法。拙字可以寡過，緩字可以免悔，退字可以遠禍，苟字可以養福，靜字可以益壽。

接人要中和有介，處事要精中有果，認理要正中有通。閒時要有吃緊的心思，忙時要有悠閒的趣味，這是超越環境的限制。小人固當遠之，然也不可顯為仇敵。君子固當親之，然也不可曲為附和。

第三章　能屈能伸，是成功者的必備素養

　　擇善人而交，擇善書而讀，擇善言而聽，擇善行而從，是初學切要功夫。勿吐無益身心之語，勿為無益身心之事，勿近無益身心之人，勿入無益身心之境，勿展無益身心之書。

　　自處超然，處人藹然，無事澄然，遇事斬然，得意淡然，失意泰然。君子不蔽人之美，不成人之惡。君子不妄語。是非窩裡，人用口我用耳；熱鬧場中，人向前我落後。要養成敦厚正直的品格。敦厚者，隱惡揚善處處替人著想；正直故，急公好義，言所當言。

　　一個人如果擁有完名美節，就容易招致他人的嫉妒和毀謗。因此，要多少分給別人一些，以免自身遭到危害。同樣的，惡劣的名聲，也不要往別人身上推，自己也要承擔一些，只有抱著這樣的處世態度，才可以修身養性。

　　勿尋人小過而必究，勿乘人患難而相攻。對情感較薄的人要寬厚，對情感太超過的人要方正，就好像水太熱要加點冷水，水冷了要加點熱水。人上可以離群獨居，處世就要中道，冷冰冰或熱情過分都不好。

　　立身要高於人，處世要知道退讓。世人多半為追究名利而奔忙，具有真知灼見者，則能保持超然的態度，以行道為己任。如果想免去世俗的汙染，見識就要高過別人。

　　處世不可任己意，要悉人之情；處事不可任己見，要悉事之理。對失意人莫談得意事，處得意日莫忘失意時。人有喜慶，不要有嫉妒之心；人有禍患，不可欣幸心。

　　人之有德於我，不可忘也；我有德於人也，不可不忘也。己溫思人之寒，己安思人之難。

　　君子不受命運捉弄。一個知道天命的人，絕不會站在危險牆邊。如果牆倒塌而被壓死，那是自己思慮不周而造成的，不能歸咎於天命！君

子安貧樂道，對順境逆境，滿缺盛衰之泰然，上天對於這種樂觀的人，根本無從擺弄，這就是「安心立命」！

寧可清貧自樂，不可濁富多憂。處世讓一分為高，退步即進步的張本；待人寬一分福，利人實利己的根基。如煙往事俱忘卻，心底無私天地寬。

該出手時就果斷行動

自卑是成功的敵人，是生命的絞索，似陰影般地遮蔽了陽光與鮮花，也遮住了我們的心靈。它使我們變得膽怯、虛弱，經不住生活的風雨。

自卑是因為過多地自我否定，而產生的一種自慚形穢的情緒，也是一種自尊的體現，當人的自尊需要得不到滿足，又不能恰如其分、實事求是地分析自己時，就容易產生自卑心理。

自卑是一種不健全的心理的體現，自卑心理形成時，人就會從懷疑自己的能力到不能表現自己的能力，怯於與人交往到孤獨地自我封閉，看不到自己的特長，不敢發揮自己的優勢與人競爭，往往阻礙自己的發展。因此，我們應該挑戰自卑，做回最好的自己。我們要大聲告訴別人：「我可以！」

可是我們許多青少年朋友卻因為這樣那樣的原因，存在著程度不一的自卑心理，我們應該如何挑戰自卑，克服自卑，成為一個自強的人呢？下面這個故事也許對你有所啟發：

我既沒有傲人的外貌，也沒有橫溢的才華。在公共場合，我總是沉默寡言，很少發表自己的意見，總認為「我的意見可能沒有價值，說出

第三章　能屈能伸，是成功者的必備素養

來，別人會笑我，還是別說為好。」一直認為自己是隻醜小鴨，而且永遠變不成白天鵝。

偶爾從報刊上看到一則有趣的故事：「媽媽帶兒子去動物園看大象。大象拴在矮矮的木樁子上，兒子的腦子裡就產生了疑問：「媽媽，這麼大的象，一定很有力氣，可是牠為什麼不弄斷這細細的鏈子逃跑呢？」

媽媽告訴他：「這頭象剛來到這裡的時候還很小很小，當時就用這小木樁。牠當時很想弄斷鏈子跑出去，可是由於力氣小，每次都失敗了，於是就失去了掙脫鏈子的信心。儘管牠一天天長大，但不知道現在自己有很大的力量，用力一下，就能逃出來。牠不敢這樣想，當然也就不會這樣去做，因而只好永遠被鎖在這裡，老死在這裡了。」

看完故事，對照自己，我明白了，原來是低估了自己，對自己缺乏信心。因此我下定決心改變我自己，克服自卑心理。而戰勝自卑，

而戰勝自卑，不能流於口頭，必須付諸實踐，見於行動。於是我開始以實際行動改變自己。諸如：下課主動和同學攀談，課堂上勇於大膽回答問題，並提出自己的異議。面對別人不屑的目光，我學著傲然面對。

一次特殊的經歷，使我徹底從自卑的陰影中走了出來：那是一個風和日麗，陽光明媚的早晨，老師說：「同學們，下週舉辦一場『我來當老師』的活動，誰想嘗試一下，自願報名。」

老師話才剛說完，班上就沸沸揚揚的。我猶豫了一下站起來說「老師，我可以講嗎？」老師用疑惑的目光看了我一會兒後，堅定地說「好」。

講課那天，我信心百倍地走上講臺。可是，面對同學們的嘻笑，我的額頭開始冒汗，兩眼不敢直視他們，「同，同學們……」

「哈……」

我的眼淚都快流出來了。突然，我看到了老師充滿期待和信任的眼神，我鼓足勇氣。

「同學們，今天我們來學習……」漸漸地我不再害怕，不再發抖，開始正視同學們充滿了鼓勵、羨慕的眼睛。我滔滔不絕地講了下去，甚至連自己都驚訝：我哪來這樣好的口才？

「好，這節課就上到這裡。同學們如果有疑問請下課來找我，急盼賜教。」我深深鞠了一躬，儼然一副老師的樣子。同學們爆發出熱烈的掌聲，我便在這掌聲中陶醉了……

這節課就好像是老師刻意為我安排的，它像一道閃電，驅走了我心中的陰影，我的性格從此變得開朗，我的生活不再是索然無趣而充滿陽光。

學校舉辦辯論比賽，我站在隊伍的最前面，下課時，為一道題的答案正確與否，我和同學們爭得面紅耳赤，我再也不自卑了……

看完這個小女孩的故事，我們是不是有所啟發呢？

「自卑」是一種心理不健康的表現，是影響青少年身心健康成長的大敵。我們每個人都有自己的缺點，當這些缺點與別人相比時，往往顯得遜色，這樣人人都會產生自卑的心理。

但是這種自卑心理的嚴重程度不一樣，有的成了一個人努力的起點，而有的卻成了一個人致命的弱點，這些人因為自卑，看不到人生的光華和希望，領略不到生活的樂趣，也不敢去憧憬那美好的明天。

有位作家5歲時就癱瘓，但卻以超乎常人的意志克服著自卑。她在日記中寫道：「有腿，為什麼要說路越走越窄呢？困難，從古至今，誰沒有碰到呢？想想吧，遠古是靈長類，牠們克服了多少艱難險阻，才為我們踩

第三章　能屈能伸，是成功者的必備素養

出了一條寬闊的大路啊⋯⋯大量的事實告訴人們，路是越走越寬的！」

一個殘疾人真正地克服自卑感以後，就可能以堅強的毅力創造奇蹟。那麼作為一個完整的人呢？就該以自己一時的不如意而自暴自棄嗎？

自卑是阻止一個人成功的桎梏，它讓我們在交往中缺乏自信，它讓我們在辦事中缺乏膽量，畏首畏尾，隨聲附和，沒有自己的主見。

自卑者總是能不停地找出優勝者的優勝之處，然後拿它們與自己的薄弱環節相比。於是，站在球場上看到別人動作靈活，我們便為自己笨得像牛而黯然神傷。比起優等生，我們總是記不住亂七八糟的定理，在不算複雜的邏輯演繹中，我們感到頭暈目眩。

可是為什麼不告訴自己「你也有長處」？且不說我們各自都有兩齣拿手好戲，就是我們的自卑性格本身不是也可以變成長處嗎？內向的人，聽的比說的多，易於累積。敏感的神經易於觀察，長期的靜思使得我們情感細膩。而溫和的性情，極得人緣。這一切不是很適合我們置身於幕僚顧問或者作家的位置上嗎？

羅斯福（Roosevelt）在短促無備的小衝突中，常常張口結舌，尷尬萬分，但他卻能力挽狂瀾。沙特（Sartre）也是個數學上的笨蛋，但他卻得了諾貝爾文學獎，並且堂而皇之地加以拒絕。

阿德勒（Adler）說：「我們每個人都有不同程度的自卑感，因為我們都發現，自己所處的地位是我們希望加以改進的。」

當我們發現別人也有各自的隱痛時，自己被自卑折磨的程度似乎會輕一些，特別是當我們讀大人物的傳記時，我們會驚喜地發現，他們在青年時代曾有過和我們類似的自卑感。我們頓感欣慰，覺得自己還有救。

該出手時就果斷行動

一個高中生說，無論在車站等車，還是走進教室，他總是覺得有許多人在盯著他，挑剔他。為此，他處處不自在，坐臥不安，站立不穩，走路時也不自然。

淹沒在這種情緒中的原因是綜合性的，這是自卑青年的共同特徵。如果無力改變穿戴陳舊的不合體的服飾，留自己不喜歡的髮型，我們就會懷疑別人在嘲笑自己土氣。如果認為自己不漂亮，駝背、脖子長或腿短，也會感到周圍的人把自己當成了怪物。

但實際上，這些幻覺就像早發性癡呆症一樣，不難破除。如果我們提醒自己：「不必太在意。」我們就會像一般人一樣，恢復常態。

如果我們的理智更進一步，告訴自己說：「沒人注意你！」我們便會更加輕鬆。

事實也是如此，人們的目光常是落在最美或最醜的事情上的，最容易忽略恰好是一般化的人和事。我們沒有穿綾羅綢緞，也沒有麻布加身，既不是美人，也不是醜八怪，因此我們身上沒有過於吸引人的東西。

至於我們的內心世界，只有我們自己才會知道。此外，我們可以多交些朋友，與他們時常往來，或者堅持幾種高強度的競技鍛鍊，最終會連根拔去那些怕人知道的心病。

自卑者全部是信心不足，一旦遇到挫折，情緒會更加低落。我們常常羞於放聲開口，連貫地表達自己的思想。

在開會上課時，不敢坐在前排，不敢在大庭廣眾下行動自如。就連敲別人門的時候，也惴惴不安。別人無心的一句話，會讓我們想上很長時間。但是，如果我們不想與大眾生活脫節，我們就該催促自己說：「不妨試試看！」

第三章　能屈能伸，是成功者的必備素養

還是不必太在意，而且不要把目標定得太高，把每一件事緩緩地做完，並適當地把旁觀者當成傻瓜。如此堅持做完一兩件事，我們就會發現，招搖過市實在不是什麼難事。

最關鍵的是，一定要讓自己明白：「錯了沒關係。」如果我們強求完美，情況會很糟，假如放棄盡善盡美的標尺，我們反而會得心應手。

小溪，從不自卑自己的淺薄，時刻堅信，只要前進，終會發現大海。小草，即使不能獻給春天一縷芳香，也要把一片新綠獻給大地。

朋友，讓我們攜起手來，向自卑說「Bye Bye」，相信美好的未來屬於我們充滿自信的新一代。

讓人三分並非懦弱

許多的美好生命並非是自然隕落，主要是失去了頑強的支撐，想用壯烈的死，讓生命之血撲放出美麗的異彩。

對於這美麗的一瞬就連我們自己也無法看到，難道我們這樣的生活值得嗎？

再說了，這不僅消耗了自身，同時還讓別人看到生命當中支離破碎時的燦爛殘片，是星星隕落時短暫而耀眼的光焰，這是一種慘烈的傷。

以自己的生命做實驗想擺脫煩惱糾纏，這種生命雖然悲壯，然而在其當中也深含悲哀的成分。

英雄並非是有三頭六臂的，英雄也並不是天生的。要想真正地成為現實生活當中的英雄，就必須要有面對問題的胸懷，以正確而又端正的心態去戰勝困難，爭取最後的勝利。因為成為英雄只是比你多堅持 5 分鐘罷了。因此，如果想使自己也成為一個英雄，那就要學會做到這幾點：

讓人三分並非懦弱

一是要練自己不生氣。要學會說「沒關係」。想到以前發怒的事，就利用鏡子技巧對自己說「沒關係」。如果發生不順心的事，遇到誤解後，就採用心理放鬆的方式，對自己說「小事一樁」。

可以試一下推遲動怒的時間，每一次比上一次多推遲幾秒，時間久了，就可以自我控制了。

當你要發怒的時候，提醒自己，人人都可以根據自己的選擇來行事的權利。請你信賴的人幫助你，讓他們每當看見你要發怒時，便提醒你。還可以寫「動怒日記」，記下時間、地點、事件，持之以恆達到自我控制。

要自愛，提醒自己即便別人做的事情是如何不好，發怒首先傷害的就是自己的身體。每當要動怒時，用幾分鐘想想你和對方的感覺。在你不生氣時，和那些常常受你氣的人談談心，相互指出容易引起自己動怒的言行。

在遇到挫折時，不能屈服於挫折，主動去迎接挑戰也就沒有空閒發怒了。時常提醒自己「生活愉快勝過金錢富有」，發怒划不來。

要學會自我解嘲，每當遊戲、比賽輸了就說是有意讓的。

二是要將職場「敵人」變成你的朋友。你的同事如果抓住你的錯誤在指責時，在你惱怒以前，不妨認為他是對你的關心。從這個角度去理解和解決問題，就一定要比無休止的爭論絕對要強得多。

你如果能挖掘對方句句帶刺的話裡隱藏的正面因素，那麼你就會大大消除出現敵對場面的可能性，也會因此減弱攻擊的心態。

不要害怕承認自己的錯誤，從另一角度去理解他的刻薄。由於江湖險惡，人心隔肚皮，職場中很多人一般都有很強的自我保護意識，一遇他人指責便認為是對自己的否定，就劍拔弩張反唇相譏。

第三章　能屈能伸，是成功者的必備素養

事實上，很多敵對關係的形成恰恰是因為過於敏感、不能接受他人正確意見的態度引起的，從而使自己在職場中的人際關係越來越差。

如果是對事不對人，會讓你減少許多存於內心之中的火氣，同時還有助於你贏得良好的認可。你如果遇到麻煩事就像個刺蝟一樣，這樣只能會影響你在辦公室裡的良好形象。

眾多經驗都表明，勇於承認錯誤往往會讓對方閉嘴消聲。我們必須要記住，這是一種製造驚人沉默的經典方法。

三是要關注對方的成績。要肯定同事的成績，即使是和工作無關的，也能夠以此成為你和他建立友好橋梁的機會。

發揮你心思細膩的特點，觀察他最得意的方面，比如：穿衣品味，興趣愛好，工作態度，還有辦事效率，甚至他那讓人羨慕的健康等，哪怕是一句不經意話，就能表明你對他的關心。

在很多時候，有些人頂撞他人只是想證實自己的能力而已。比如他說，你在電腦方面很笨，而他的確在這方面是個行家，在這時，你與其和他爭辯你在這方面絕對不行，還倒不如承認他的特長和能力，這樣不僅能會平息你們之間的衝突，也會讓對方在感覺你低調處理的同時，有所歉疚收斂。

讓人三分不為懦。退一步，即使他只想炫耀什麼，那麼適當的捧他一下，對於我們自身來說是十分有好處的。

彎曲不是倒下，也不是毀滅

生活中，我們有太多的壓力。每個人面對壓力的反應不同，有些人被壓力壓垮，有些人則借壓力開創新的生活。

彎曲不是倒下，也不是毀滅

其實當我們面對紛至而來的各種壓力時，我們要學習一下雪松的精神。當大雪來臨時，不一會兒，樹上就落了厚厚的一層雪。不過當雪積到一定程度，雪松那富有彈性的枝條就會向下彎曲，直到雪從枝上滑落。這樣反覆地積、反覆地彎、反覆地落，雪松完好無損。

但其他的樹，因為沒有這個本領，樹枝被壓斷了，只有雪松因為特殊的本領，才度過了大雪紛飛的寒冬。所以，我們對於外界的壓力要盡可能地去承受，在受不了的時候，學會彎曲一下，像雪松一樣讓一步，這樣就不會被壓垮。

確實，彎曲不是倒下，也不是毀滅。它不僅是一種生存方式，更是人生的一門藝術。

大丈夫要想成就大業，首先就要能屈能伸，忍人所不能忍，這樣才能為人所不能為。大家耳熟能詳的韓信忍胯下之辱，而圖蓋世之功業的故事，成為千秋佳話。

「燕雀安知鴻鵠之志」，就是因為一般人很難理解韓信的作為，所以，周圍的人都恥笑他。可是，如果韓信當時一氣之下捅死了屠夫，按律當斬，自然就無法再施展自己的抱負。

韓信忍辱負重，不與屠夫爭一時之短長，而毀掉自己的前程，這種忍耐精神，既不是屈服，也不是逆來順受；而是委曲求全，以暫時的退讓集聚進攻的力量。

古往今來，以忍讓求取大業者數不勝數，從越王勾踐的「臥薪嘗膽」，到魏國司馬懿的「裝病奪權」，人們講述著這些故事，也在佩服他們的忍耐精神。

如果當時勾踐和司馬懿不是以暫時的忍讓，積聚力量，磨練意志，而是採取公然對抗的做法，將無異於自取滅亡，也根本無法成就大業。

第三章　能屈能伸，是成功者的必備素養

　　堂堂七尺男兒能屈能伸，並不是就要忍氣吞聲，而是忍一時之氣能更好地成就大業。古有韓信能忍胯下之辱。何況我們忍受的只是工作上的責備和不公平的待遇。為求得到更好的發展，我們需要堅持和忍耐！這樣才能成就大業。

　　姜子牙在溪邊垂釣的時候正好遇到文王，奠定了周朝八百年的基業；諸葛亮高臥於隆中，後來幫助劉備建立蜀國；韓信忍辱鑽胯，成為興漢名將；司馬遷甘受腐刑，終於完成《史記》。這些流傳千古的人物，都是歷史上有名的能夠掌握「屈」和「伸」成功的範例。

　　陶淵明因五斗米不肯屈腰而掛印辭官還鄉，詩詞雖然留給後人不少，但他胸中治國安民的才華卻沒有施展的機會。

　　同樣是清官，鄭板橋採取的忍讓策略，用自己的智慧和那些貪官鬥爭，為天下的老百姓做了不少好事。這就是「屈」和「伸」留給後人的思考，並啟迪後人該如何面對那些「屈」和「伸」的問題。

　　人這一生中，一般人總是認為屈與伸代表著進或退，「屈」就意味失意，而「伸」則當為得意，這只是從一種表面的理解。

　　實際上，人生中的「屈」與「伸」遠遠不是這樣簡單。人這一生中的「屈」和「伸」，應該順其自然按著局勢變化，千萬不可盲目而行。

　　身為現代人應把握自己的時機，不貿然行動。如果把握住時機，則能由弱變強，由小變大。如果不能把握住時機的話，非得棄弱逞強，到時不但不能實現自己的目標，反而會輸得一塌糊塗。

　　歷來成功的從政者都知道「忍」字是傳家寶，能忍者方能伺機待時，他們知道，等到自己有足夠的力量和對手抗爭時再猛地反擊，必能一戰而勝。

　　日本人講一個「忍」字，是要培養自己剛強的毅力和堅忍的耐力。能

忍得旁人所難以忍受的東西，才能使自己能屈能伸，不斷地積蓄力量，增加忍耐力與判斷力，這樣才會為將來的成功事業累積資本。

宋代蘇洵曾經說過：「一忍可以制百辱，一靜可以制百動。」

這就是說，忍的作用可以抵抗千軍萬馬，可以說是「忍小謀大」的策略。諸葛亮對孟獲七擒七縱，忍住仇恨，況且是一忍再忍，最終以自己的忍讓制服了他們，保住了國家的安寧與和平。

孟獲是三國時南方少數民族的首領，率兵反叛，諸葛亮奉命來平定。當諸葛亮聽說孟獲不但作戰勇敢，且在南中地區的部族中很有威望，於是他想到，如果能把孟獲爭奪過來，就會使蜀國有一個安定的大後方。於是，諸葛亮下令要活捉孟獲，不許傷害他。當蜀軍和孟獲的部隊初次交戰的時候，諸葛亮故意退敗，引孟獲追趕。孟獲就仗著自己人多，只顧著向前衝，結果中了蜀軍的埋伏，大敗，自己也做了俘虜。

當蜀軍押著五花大綁的孟獲回營時，孟獲心知這次死定了，便刁鑽使橫，破口大罵。誰知一進蜀軍大營，諸葛亮不但叫人替他鬆綁，還陪他參觀蜀軍營寨，好言勸他歸降。

孟獲野性難馴，不但不服氣，反而倨傲無禮，說諸葛亮使詐。諸葛亮毫不氣惱，就把他放了回去，二人約定再戰。孟獲回去以後，重整旗鼓，又一次氣勢洶洶地進攻蜀軍，結果又被捉了起來。

諸葛亮勸降不成，再次把孟獲送出大營。孟獲還是那個倔脾氣，回去又率人來攻，並同時改變進攻策略，或堅守渡口，或退守山地，不管他怎樣都擺脫不了諸葛亮的控制。

一次又一次遭擒，一次又一次被放。到了第七次被擒，諸葛亮還要再放，孟獲卻不肯走了，他含著淚說：「丞相對我孟獲七擒七縱，可以說是仁至義盡，我打心眼裡佩服，從今以後，我絕不再提反叛之事。」孟

第三章　能屈能伸，是成功者的必備素養

獲回去以後，把各個叛亂部落都說服了，南中地區重新歸屬蜀漢控制。自此，蜀國的大後方變得穩定，南方各族人民也得以休養生息，安居樂業。

常言道，事不過三。忍讓一次兩次都可以，再三再四就會按捺不住。可是諸葛亮卻為了自己後方的穩定，而對孟獲捉了放、放了捉，忍著自己的性子，並沒有因為孟獲的行為而放棄。

諸葛亮這樣做，就是想以德服人，使孟獲心悅誠服，不再叛亂。這樣就能夠使自己獲得一個穩固安定的大後方，使百姓免受戰爭之苦，同時也能積蓄力量以對付魏、吳的覬覦和侵略。

如果諸葛亮無法忍耐孟獲的傲慢失禮和不識時務，抓住以後把他殺死，也只能出他一時的氣，反將會激起其他族人的敵意。所以忍與不忍的區別在於，不忍雖能解眼前之氣，忍卻能換來長遠利益的回報。

挫折，也是一種幸運

參天大樹的樹身上有蟲蛀的印記，小草的嫩葉上也會有踐踏的痕跡。無論一個人是大樹還是小草，總要經過挫折的歷練方可成才。如果我們在困難面前止步，留給我們的只有發黃枯萎；如果我們遇到困難勇往直前，愈挫愈勇，我們將會開出絢爛的花朵，收穫成功的果實。

是的，每個人都希望自己能夠成功，不一定要如高樓大廈般巍然屹立，即使做一顆小小的石子埋在泥土中鋪成道路亦是很好。在成功的路上，每個人或多或少都會遇到挫折，當我們面對挫折時，如何應對他們呢？是畏縮不前，還是愈挫愈勇？那當然是後者，將挫折化為前進的動力，迎難而上。

我們來看一個小女孩傲視挫折，愈戰愈勇的故事吧：

那天，我坐在琴凳上，彈一首溫馨的曲子，琴聲初始時很輕柔，好像一個仙女在翩翩起舞，我沉浸在音樂裡，彷彿那是一個一望無際，充滿生機的青草地，那裡只有我，我輕輕地閉上眼睛，啊，多舒適愜意呀！我靜靜地感受著陽光的溫暖，風，拂過耳畔，揚起髮絲的感覺。

好棒呀！琴聲一會又低沉下來，就在這一瞬間，草地突然消失，一切都消失了，怎麼了？

哦，是我中間斷了一個地方，我又彈了一遍，可惡，還是斷了！怎麼辦？指法太難了！練嗎？

我開始焦躁了，練就要耗費大量時間！算了，我從頭再來一遍，說不定能過呢？

抱著這樣的僥倖心理，我從頭開始彈了。可惡！又斷了，又是這裡！

總不能因為這一小段，壞了這一首曲子吧！「害群之馬！」我抱怨了一句，「算了，一會兒再說。」

我心煩意亂，隨手拿起書架上的書翻閱起來，不經意間，我看到了八個字「一往無前，愈挫愈勇！」，這八個字雖小卻刺痛了我的心。

唉，失敗乃成功之母啊，堅持不懈就一定會成功，這是我從小就明白的道理，怎麼忽然忘了呢？仔細想想，愛迪生在設備被一場大火嚴重毀壞，損失慘重時卻說：「災難有災難的價值，我們的錯誤全部燒掉了，現在可以重新開始。」這是何等的勇氣和胸襟啊！

瑪里・居禮（Marie Curie）在一間夏不避燥熱，冬不避寒冷的破舊棚屋內從事腦力加苦力的勞動，耗費了將近四年時間，堅持不懈，終於從幾十噸鈾瀝青礦廢渣中，提煉出十分之一克純鐳鹽，她需要怎樣

第三章　能屈能伸，是成功者的必備素養

的勇氣和毅力啊！

看看我們周邊，Baby 在面對嘲笑面對挫折時，不也一樣勇往直前，取得傲人的成績了嗎？我這點困難算什麼啊，沒有惡劣的環境，沒有冷嘲熱諷，這，這算什麼難題嗎？

多練幾次就可以解決的問題啊，我要輸給自己嗎？不！我也行！想到這些，我又堅定地坐在了鋼琴旁邊，反覆練著剛才斷了的地方，雖然有時候也還會錯，有時候還會急，但是我堅信，一定會彈好，一定會成功！

「一往無前，愈挫愈勇！」我越是失敗，就要越勇敢，更堅定！果不其然，二十分鐘後，那個我所謂的「害群之馬」就被破解了。

人的一生也許會遇見很多挫折，最簡單的辦法就是靜下心來，仔細想想該怎麼克服它；而不是去焦躁，去討厭，去把它看成一道怎麼也爬不過的牆。

這樣，你不僅不能克服它，還會讓一個個小小的挫折影響了你的一生；如果，你把挫折當做一灣淺溪，輕輕地跨越它，堅定地朝著自己的目標前進，你就會越來越有經驗，越來越有勇氣！

挫折，並不可怕。「沒有播種，何來收穫；沒有辛勞，何來成功；沒有磨難，何來榮耀；沒有挫折，何來輝煌。」佩恩如是說。每個人都有自己的夢想，有些人甚至一輩子都在為實現夢想而奔跑，青少年的夢想更是豐富多彩，千奇百怪。

可是，這條奔跑的路並不平坦，一不小心就會讓人摔上一跤，並且摔得很疼，這就是挫折。不過挫折並不可怕，可怕的是沉溺於失敗和懊喪之中不能自拔。

挫折，也是一種幸運

現如今的青少年們大多都生長在優越的生活環境中，就像參天大樹下的一株小草，從來沒有經歷過風吹雨打。所以應對挫折的抵抗力也十分微弱，學習或生活中的一點點困難就足以將他們打倒。

再加上青少年身心的發展都不成熟，不穩定，一旦被打倒就很容易出現情緒上的波動，極度地悲觀失望、自暴自棄，有些人甚至為此付出了寶貴的生命。作為21世紀的青少年，面對挫折，唯有張開雙臂，勇敢面對，越挫越勇，才能使自己永遠立於不敗之地。

挑戰人生挫折，才能讓自己更強大。挫折是一個人走向成功不能缺少的經歷，不要用「不可能」來否定自己，更不要害怕挫折，勇於挑戰艱難困苦，才能真正地改變自己的命運。青少年應該把永遠不向挫折低頭的精神運用到自己身上，要相信挫折只是暫時的，只要有勇氣去面對和戰勝它，明天依然一樣美好。

青少年肩上背負著重要的使命，更要具有一種和挫折鬥爭到底的精神。不要因為一次考試的失利，而耿耿於懷；不要因為自己的出身貧寒，而感到自卑；不要因為遇到阻礙和干擾得不到滿足，而表現出負面心態；不要在苦澀的淚水中蹉跎、惆悵、憂傷。即便前面是暴風驟雨、電閃雷鳴，只要我們有滿腔熱血、鬥志高昂，就一定能迎來東方冉冉升起的太陽。

挫折，也是一種幸運。挫折對於一個人來說，是一把打向坯料的錐，打掉的應是脆弱的鐵屑，鑄成的將是鋒利的鋼刀。對青少年來說，挫折不僅是一種磨難，更是一種學習和鍛鍊的好機會，就像那撲鼻的花香一樣，只有經歷過嚴寒才能向世人展示它的芬芳。人又何嘗不是如此呢？只要能夠保持樂觀的心態來看待挫折，希望就永遠存在，一切都可以重新來過。

第三章　能屈能伸，是成功者的必備素養

戰勝挫折，有時不是硬攻所能達到的，更需要智取。要在挫折中吸取營養，充實自己。愛迪生在研製蓄電池是說過「每當我失敗一次，就知道一種方法行不通。」在他看來，比面對四萬多次失敗的毅力更重要的是總結經驗教訓。

人生路漫漫，許多未知的挫折還在前方等著我們去挑戰，如果我們冷靜地分析後能夠勇敢地衝上前去，也許，不用破拆，這堵牆便會消失得無影無蹤。困難面前，愈挫愈勇！不服輸，就是我們的一張名片。我們應該驕傲，我們有這樣堅強的品格！

以忍為攻，後發制人

老子在《道德經》中說：

曲則全，枉則直，窪則盈，敝則新，少則得，多則惑。……古之所謂曲則全者，豈虛言哉？誠全而歸之。

受得住委屈，方能保全自己；經得起冤屈，事情才能得到伸直，低窪反能盈滿，凋敝反得新生，少取反而多得，貪多反而痴迷。其實在危難中可以保全自己的，都會懂得這個道理。以退為進，以忍為攻，這才是為人處世的最好法則。

戰國時期有位忍辱負重，奮鬥不息的傑出軍事家，他一生坎坷不平，甚至連自己的真實姓名都沒有留下，只因為曾經遭受臏刑，兩塊膝蓋骨被砍掉，因此被史書稱為孫臏。

孫臏少年的時候就下定決心要學習兵法，準備做出一番大事業。孫臏成年以後，就出外遊學，到深山裡拜精通兵法和縱橫捭闔之術的隱士鬼谷子先生為師，勤奮努力的學習兵法陣式。

以忍為攻，後發制人

鬼谷子把《孫子兵法》教給孫臏，還不到三天孫臏就能把它背誦如流，並且根據自己的理解闡述了許多精闢獨到的見解。鬼谷子為他的奇異的軍事才能而興奮地說：「孫武這下，可後繼有人了！」

孫臏有個同學叫龐涓，對孫臏的才能十分妒忌，他表面上裝作與孫臏很好，相約以後一旦得志，彼此互不相忘。

後來，龐涓先行下山，在魏國作了將軍。他派人邀請孫臏下山和他共同輔佐魏王。

孫臏到來之後，龐涓先是虛情假意地熱烈歡迎，而後委之以客卿的官職，孫臏自然對不忘舊日同窗之情的龐涓感激萬分。

而半年過去以後，龐涓卻玩弄陰謀手段，捏造罪名，誣陷孫臏私通齊國，對他施以腹刑，臉上也刺上字，目的就是從他的精神上銷蝕孫臏。

對龐涓所做的一切，孫臏起初什麼都不知道，後來當他知道龐涓就是凶手，使自己變成不能行走的廢人，下定決心要報仇雪恨。

孫臏擺脫龐涓手下的監視，暗地裡潛心研究兵書戰策，準備有朝一日要離開這裡。為了把監視他的人矇騙過去，他甚至裝瘋賣便，以糞為食，同牲畜做伴。

沒過多久，齊國使者來到魏國，暗中探訪孫臏將他藏入車中就帶回齊國。

在一次王公貴族的賽馬活動中，大將田忌把足智多謀的孫臏推薦給齊威王。在齊威王面前，孫臏暢談兵法，盡敘平生所學，便受到齊威王的賞識，就被任命為齊國軍師。從此，孫臏開始在戰國時風雲齊聚的軍事舞臺上大顯身手。

第三章　能屈能伸，是成功者的必備素養

　　西元前 354 年，魏國派龐涓率領軍隊來攻打趙國都城邯鄲，想把趙國消滅掉。孫臏與田忌商量，提出「圍魏救趙」的作戰方針。不但解了邯鄲危急，並且在次年的桂陵之戰中以逸待勞，大破魏軍。此戰，魏軍差點全軍覆滅，龐涓僅率少數兵士逃跑了。

　　桂陵之戰後十三年，魏王又派龐涓率兵攻打韓國。齊王答應救援，派田忌為大將。孫臏為軍師，攻打魏國來救韓國。

　　孫臏冷靜分析了敵我雙方的具體情況，根據魏軍悍勇輕敵和急於求成的心理，提出退兵減灶的作戰方針，增加魏軍的狂妄之氣，誘敵深入。

　　而後齊軍故意做出怯戰的樣子，減少鍋灶表示齊軍已大多逃亡，以此來麻痺敵人。魏軍果然上當，窮追猛趕，齊軍卻一味退卻，最後在山高距窄，樹多林密的馬陵設下埋伏。

　　同時，孫臏還令人將路邊的一棵大樹，刮掉樹皮，上面寫著「龐涓死於此樹之下」八個大字，並吩咐士兵說：「夜裡發現火光，就一齊放箭！」

　　天黑之後，龐涓率領兵隊馬不停蹄地追到馬陵。但見路上橫七豎八地扔著許多木頭，便命士兵下馬下車，準備開路追擊，忽然看見路邊的白色樹幹上隱隱約約有幾個大字。

　　龐涓疑心特重，便命人點火去看一看，但還沒等看完就叫不好。但已經晚了，齊軍亂箭齊發，魏軍這時大亂，四面被圍。箭如雨下，卻無法抵抗，也無路可退。

　　龐涓自己也身受重傷，眼看殘局已定，也沒有挽回的地步，只好拔劍自殺了，齊軍大獲全勝。這就是歷史上被稱為經典之戰的馬陵之戰，孫臏也因此而名揚天下。

孫臏的確是位傑出的軍事家，同時也是一個深知「忍」字的人。面對命運的不公，面對「朋友」的誣陷，他仍能忍隱不發，潛心來等待機會的到來。這不但需要有驚人的耐力，同時也要有卓越的審視力和觀察力。

南宋時期，岳飛的部將董先奉命去迎擊南侵的金兵。金兵有上萬人，而岳家卻只有幾千人。怎樣以寡擊眾，以少勝多呢？

董先忽然想出一個絕妙的妙計。他首先縱兵深入，但一和金兵交戰就全身而退，一日退百里，連退三日，手下的兵士越退越少。有些部將極不滿意，說與其現在接連退卻，還不如死在戰場上。

一直到第三天，董先眼看大家的憤慨之情都已被激發起來，這才對大家說到了拚死作戰的時候了。於是，全軍上下齊心協力，一鼓作氣打反擊，壓迫敵人步步後退。

當潰不成軍的金兵退到唐州的牛蹄、白石二地的時候，正想放下兵器吃飯，誰知董先二天前縱兵深入時埋伏在此地的軍隊，猛然地殺了出來，大敗金軍。

這又是個以退為進，以忍為攻的典型例證。

人生就好像是一條大河，不可能一直向前、直通大海，必然要根據地勢、地貌，彎彎曲曲，七拐八扭。

人生也是這樣，一般來說，當人處於逆境時，或者說，在倒楣時就應該委曲求全，收起鋒芒。這就是屈的功能。從而以屈求伸，來等待機會，再創生命的輝煌。

在形勢不利於自己發展時，必須要採取以屈求全的策略，耐心等待機會，千萬不要急躁。

古人說：「小不忍，則亂大謀。」明代馮夢龍在其著作《智囊》中，

第三章　能屈能伸，是成功者的必備素養

認為人和動物一樣，其實形勢不利的時候，就應該暫時退後，以屈為伸；否則，必將傾覆以至滅亡。

文中說：智是術的泉源，術是智的轉化。如果一個人不智而言術，那他就會像傀儡一樣，百變無常，只知道嬉笑，卻無益於事，終究不能做大事。反過來，如果一個人無術而言智，那他就像御人舟子，自我吹噓運楫如風，無論什麼港灣險道他都能通行，但實際上真的遇有危灘駭浪，他便束手無策、呼天求地，如此行舟，不翻船喪命才怪呢！蠖會縮身體，鷙會伏在地上，都是術的表現。

動物都有這樣的智慧、以此來保全自身，難道說人類還不如動物嗎？當然不是。人應該學會保護自己，以期發展自己。

古時候，「李耳化胡，禹人裸國而解衣，孔尼獵較，散宜生行賄，仲雍斷髮紋身，裸以為飾。」

不明白這個道理的人說：「聖賢之智，也有其用盡的時候。」

知其緣由的人卻說：「聖賢之術，從來也沒貧乏的時候。」

溫和但不順從，叫做委蛇；隱藏而不顯露，叫做繆數；心有詭計但不冒失，叫做權奇。不會溫和，做什麼事情都會遇到阻礙，不可能順當；不會隱蔽，便會將自己暴露無遺，四面受敵，什麼事情也做不成；不會用詭計，就難免碰上厄運。所以說，術，使人神靈；智，會使人理智克制。

馮夢龍的屈伸分寸之說，通俗易懂，古今結合，事理結合，具有說服力。縱觀歷史，該有多少像勾踐一樣的人物，為成就自己的事業、實現自己的理想，在必要時，使用了屈伸之術，從而儲存自己，等到機會一來，就可以東山再起。歷史同時也說明，善於使用屈伸之術，該屈則屈，該伸則伸，是許多歷史人物成功的重要途徑。

以忍為攻，後發制人

不與人爭一日之長短，也是「屈」的技巧。有間公司實行公務員制度，申某論學歷、論才華，在公司裡都是數一數二的；論年齡，正當年富力強，可是，每一次升遷都沒有他的份，而有些比他能力差、比他水準低、比他晚進公司的人，卻個個卻都成為了他的上司。原因在於哪裡呢？

原因就在於，申某只知道顯露才華，認為自己這比別人強，那也比別人好，處處表現出一種鋒芒太露的態度，從而卻使人產生反感，認為他儘管有能力，也有才幹，但是不謙虛，太驕傲，目中無人。

而那些善於委曲順從的人，善於處理人際關係的人，卻得到了大家一致的好評。可見，能屈能伸是一種戰術，只要把技巧和分寸掌握好了，才能勝利。

俗話說：「好漢不吃眼前虧」。但在現實生活中，有時吃點小虧反過來還可以占大便宜，所以把這話改為「好漢要吃眼前虧」。

中國人向來提倡「以忍為上」、「吃虧是福」，這是一種玄妙的處世哲學。常言道：識時務者為俊傑。所謂俊傑，並非專指那些縱橫馳騁如入無人之境，衝鋒陷陣無堅不摧的英雄，而應當包括那些看準時局，能屈能伸的處世者。

我們不妨這樣做假設：你開車和別人相撞了，對方的車只是「小傷」，甚至說根本不算傷，你不想吃虧，準備要和對方理論一番，但對方車上下來四個彪形大漢，個個橫眉怒目，把你圍住向你索賠，眼見四周荒僻，也沒有公用電話，更不可能會有人向你伸出援手。請問，你要不要吃「賠錢了事」這個虧呢？

你當然可以不吃，如果你能「說」退他們，或是「打」退他們，而且自己又不受傷！如果你不能說又不能打，由此看來也是「賠錢了事」了。

第三章　能屈能伸，是成功者的必備素養

你說他們蠻橫無理也罷，欺人太甚也罷，但你應該清楚地明白，在人性叢林裡，是不太說「理」這個字的！優勝劣汰，適者生存，哪有什麼理可說呢？因此，眼前虧不吃，換來的可能是一頓打或者是人家砸了你的車。

報警？人都快被打死了，還報警？報警不一定會有用啊！由此看來，「好漢要吃眼前虧」的目的，是以吃「眼前虧」來換走其他的利益，是為了生存和實現高遠的目標，如果因為不吃眼前虧而蒙受巨大的損失，甚至還命也丟了，哪還能談得上未來和理想？

可是有不少人一碰到眼前虧，會為了所謂的「面子」和「尊嚴」，甚至為了所謂的「正義」與「公理」，和對方拚個你死我活的，有些人因此而一敗塗地，有些人因此而獲得「慘勝」，卻元氣大傷！

現實生活是殘酷的，人人都會碰到一些不盡如人意的事情。殘酷的現實需要你對人俯首聽命，那麼在這個時候，你就必須面對現實。要知道，勇於碰硬，不失為一種壯舉。

可是，手臂撐不過大腿。硬要拿著雞蛋去與石頭鬥狠，只能說是無謂的犧牲。如果是這樣時，就需要用另一種方法來迎接生活。不妨拿出一塊心地，耽擱不平之事，閉起雙眼，權當不覺。還是那句話：忍！大丈夫要能屈能伸，人在屋簷下，一定要低頭。

第四章
剛柔並濟，掌控自己的人生

剛柔，指強弱，猶寬嚴。剛柔相推，變在其中矣。古人講究剛柔並濟，剛強和柔弱要互相補充，才能恰到好處。世界上雖說水最柔，但卻有「水滴石穿」、「以柔克剛」之說，柔忍有術，乃是人生存之道。人，太柔就萎靡，太剛就會折斷。

人如果一味憑剛性追求，就會失去柔性的功能，在思想上剛性太強，肯定會忽略柔性的作用。真正的人生應是剛柔相濟的人生，這才是人生最高的智慧。

剛柔之道，就是一種孫猴子翻不出如來掌心的「掌控之道」。這種人生大道，能夠讓我們在生活裡如魚得水，能夠讓我們在事業中左右逢源。只有把剛柔之道融會貫通、如臂使指的人，才能夠在遇事待人時：他狂任他狂，我自清風拂山崗；他橫任他橫，我自明月照大江。

在如今，剛柔並濟已經成為一種社會現象，現在的人很多都在追求剛柔並濟，在「陽剛」的同時也不落下「陰柔」，性格的偏向中性化，讓人們具備勇敢、剛毅、強悍的同時又保持文采、柔和和溫柔。

第四章　剛柔並濟，掌控自己的人生

剛柔兼備，達至大道

柔中含剛，剛中存柔，剛柔相濟，不偏不倚，是中國人處世的一種智慧。

曾國藩說過這樣一句耐人尋味的話：

做人的道理，剛柔互用，不可偏廢。太柔就會萎靡，太剛就容易折斷。剛並不是說要殘暴嚴厲，而是強嬌而已。趨事赴公，就需強嬌。爭名逐利，就需謙退。

剛柔相濟是道家的主張，道家祖師老子主張用「柔」，他曾說：「天下最柔弱的東西，可以攻入天下最堅強的東西裡面，可以說是無孔不入。」

「柔」在《道德經》一書中有多重原型意象。一是初生的嬰兒和萬物。

《道德經》第七十六章云：

人之生也柔弱，其死也堅強。草木之生也柔脆，其死也枯槁。故堅強者死之徒，柔弱者生之徒。

大意是說，人活著的時候，身體是柔軟的，死了以後身體就變得僵硬。草木生長時是柔軟脆弱的，死了以後就變得乾硬枯燥。所以，堅強的東西屬於死亡一類，柔弱的東西屬於生長一類。

「柔」的第二重意像是水。《道德經》第七十八章云：

天下莫柔弱於水，而攻堅強者莫之能勝，以其無以易之。弱之勝強，柔之勝剛，天下莫不知，莫能行。

大意是說，普天之下，再沒有什麼東西比水更柔弱的了，而攻克最堅強的東西，卻沒有什麼可以勝過水了。弱勝過強，柔勝過剛，這個道

剛柔兼備，達至大道

理普天之下的人們沒有誰不知道，然而就是很少有人能做到。

老子常「柔、弱」連用，表達與「堅（剛）、強」相對的哲學內涵。《道德經》第四十章明確地以「弱者」作為「道之用」。

「弱」既為「用」，可見「柔弱」接近於手段、方式，更準確地說是一種合於「道」的在世方式。

柔弱不是價值目標，目標是以「柔弱」的在世方式達到真正的堅強。譬如嬰兒至柔，其生命力卻很旺盛，一天比一天強大；水至柔，卻滋養、灌溉萬物，利之不盡，其用無窮。

蘇轍說：「道無形無聲，天下之弱者莫如道。然而天下之至強莫加焉，此其所以能用萬物也。」、「道虛靜無物，乃至柔至弱者，卻能功被群類，利澤萬物。」、「天下之至強莫加焉。」此謂真正的強大，是恆強。惜乎眾人生天地之間，皆知強之為強，卻莫知弱之為用，此所以失於用弱矣。

「柔弱」不是軟弱，在「剛」與「柔」的辯證關係中，「柔弱」的樞機乃在明知何為雄強，卻安於雌柔；明知何為光亮，卻甘居闇昧；明知何為榮耀，卻固守卑微。

「柔弱」不是目的，持守「柔弱」之道的目的，是使自己變得真正強大。

因此，在老子這裡，柔與剛的辯證關係必然與其他辯證範疇一樣，在具有內在對立性的同時，亦具有相互依存、相互轉化、相輔相成的一面。

老子並非從根源上或本質上捨棄「剛強」或「強大」，更準確地說法，老子非但不反對強，相反，「剛強」始終是老子哲學的終極追求。

第四章　剛柔並濟，掌控自己的人生

　　這種「剛強」並非形式上的「剛強」，而是實質上的「剛強」；並非方法上的「剛強」，而是目的上的「剛強」；並非現實中的「剛強」，而是趨向上的「剛強」；並非世俗推崇的「剛強」，而是具有超越精神的「剛強」。

　　一言以蔽之，老子哲學思想的實質，實際上是看到了萬物由弱轉強的根本趨勢，從而以「柔弱」為真正的「剛強」，或者說是倡導用「柔弱」的方式來收穫「剛強」。

　　老子以其獨特而深邃的哲學慧眼，洞察到「弱之勝強，柔之勝剛」的天之「道」，故而不主張以「剛強」為處世手段。「弱」既「勝強」，「柔」既「勝剛」，則我們所守持之「柔」、「弱」實乃真正的「剛強」。

　　老子「柔弱」的主張，主要是針對「逞強」的作為而提出的。逞強者必然剛愎自用，自以為是，也就是老子所說的自矜、自伐、自是、自見、自彰。世間的紛爭多半是由這種心理狀態和行為樣態所產生的。

　　在這種情況下，老子提出「柔弱」的主張。顯然，「逞強」並非真正的「剛強」，以「剛強」處事不是合「道」的方式。相反，它是紛爭之首、禍亂之源。

　　我們所生活的這個世界，是一個唯物的世界，唯物世界的辯證法思想告訴我們，這個世界上根本沒有什麼絕對的東西，任何事物都是相對的。

　　曾有這樣一個腦筋急轉彎的故事：用石頭和雞蛋砸頭，誰更痛？答案當然是頭痛。

　　如果是用雞蛋碰石頭的話，三歲的小孩子都知道，結果當然是不言而喻了，這就是石頭相對於雞蛋而言。

　　但是，那些看起來強大而堅硬的東西，就真的是不可戰勝的嗎？其實，這個世界上沒有不可戰勝的事物，以柔克剛，往往可以取勝。

在世人的眼中，一滴水看起來是微不足道的，然而一滴水在其漫長歲月裡，簡單地重複一個動作，就產生了滴水穿石的效果。

人們常說溫柔如水，但無窮無盡的水能構成一道勢不可當的力量，穿越萬水千山，滾滾浩蕩東流而去；人們又說柔情似水，而水裡卻蘊藏著巨大的能量，比如宏偉壯觀的三峽大壩。

將一粒種子撒播在地裡，如果沒有陽光和水的話，也許過不了多久它就會腐爛在泥土裡，根本不可能生根發芽。

但是，只要它能生根發芽，就立刻會悄無聲息地驚天動地。幼苗能力頂壓在身上的頑石，樹根能使石縫裂開讓自己扎根生長。這就是頑強而又偉大的生命，這就是看似柔弱實則偉大的生命力量。

在每個人的口腔裡面，堅硬的牙齒與柔軟的舌頭和平共處幾十年，偶爾也會發生一些不愉快的事情，然而，每一次都是以牙齒的後悔和舌頭的慘敗而告結束。

牙齒對於舌頭的強大是無可置疑的，而當人步入老年、一顆顆堅固的牙齒都不在時，唯有柔軟的舌頭依然在那裡堅守自己的職位。所以，只有剛中有柔、柔中存剛、剛柔相濟才能相得益彰，才能將自身勇敢的力量發揮到極致，才能勇往直前，從而取得勝利。

可以這樣說，柔中有剛、剛中存柔、剛柔相濟、不偏不倚才是處世之理想的最高境界。

對於這一點在太極圖上表現得最為形象：在一個圓圈中有一個白色的陽魚和一個黑色的陰魚，陽魚頭抱陰魚尾，陰魚頭抱陽魚尾，互相糾結，渾融婉轉，恰成一圓形，無始無終，無頭無尾，無前無後，無高無下。

最妙的是陰魚當中有陽眼，陽魚當中有陰眼，相互包容，相互蘊

第四章　剛柔並濟，掌控自己的人生

含，相互激發，相互轉化而又相互促生。

古人晏嬰的故事則說明了剛柔互用的重要性。

晏嬰，又稱為晏子，字平仲，春秋時齊國夷維人。生年不詳，卒於西元前 500 年。歷仕靈公、莊公、景公三世，是繼管仲之後，齊國的名相，還是古代傑出的政治家和外交家。

春秋時期，諸侯並起，風雲變幻。晏嬰頭腦機敏，能言善辯，勇義篤禮。他內輔國政，屢諫齊王，竭心盡力拯救處於內憂外患之中的齊國。在對外鬥爭中，他不僅富有靈活性，同時還始終堅持原則性，出使不受辱，捍衛了齊國的國格和國威。

在出使之時，晏嬰將剛柔並濟的處世之道發揮得淋漓盡致，從而令出使任務一次次以勝利告終。

曾經有一次，晏嬰奉齊王之命出使於楚國。楚靈王聽說晏嬰要來，便對大臣們說：「晏子是齊國能言善辯的大臣，名氣極大，然卻是個矮子，我要當面羞辱他一番，讓他領教一下我們楚國的厲害。」

於是，楚靈王命人連夜在城門旁開了一個五尺高的小門，吩咐守城的士兵，等齊國的使臣來到城門口時，就關上大門，讓使臣從旁邊的小門進城。

到了第二天的清晨，晏嬰來到了楚國的城門下，看到城門緊閉，便把車停了下來，派人去叫門。

一個守城士兵說：「聽說齊使身材矮小，可從城邊的小門入城，所以才沒開大門。」

晏嬰淡淡一笑，用手指著那個小門大聲說道：「出使狗國的人才從狗門進去。如今我出使楚國，不應該從這個門進去吧？」

楚使的禮賓官見勢不妙，無奈之下只好改道，把晏嬰一行人從大門

送進了城內。

當晏嬰到宮中拜見楚靈王之時。楚靈王只是瞥了晏嬰一眼,用一種傲慢的神情說道:「怎麼,齊國難道沒有人了嗎,怎麼派你做使者?」

晏嬰答道:「齊國的臨淄居民眾多,人們張開袖子便成了陰天,大家抹把汗一揮,就像下雨一般,街上人們肩挨肩腳碰腳走路,怎麼能說沒有人呢?」

聽了晏嬰的話,楚靈王又問道:「既然是這樣,齊景王為什麼要派你這樣的人來楚國呢?」

晏嬰回答說:「齊國派遣使者,各有各的出使對象。賢明的人就派遣他出訪賢明的國君,無能的人就派他出訪無能的國君。我是最無能的人,所以就只好出使楚國了。」

楚靈王聽了,頓時感到一種說不出的尷尬,本想發作一番,可是又知道是自己理虧,只好以禮熱情地款待了晏嬰一行人。

第二年的冬天,晏嬰又一次奉齊王之命出使了楚國。楚靈王聽說晏嬰這個矮子又要來,想起了上一年被晏嬰數落的難堪情景,因此便決定,這一次無論怎樣也要想方設法羞辱晏嬰一番,以解去年之羞恥。

晏嬰到了楚國以後,楚靈王不再像去年那樣冷漠,讓人快速地擺上了酒宴,並且親自去招待晏嬰。

酒至半酣,楚靈王忽見兩名士兵押著一個被捆綁著的男子從殿下經過。楚靈王裝作生氣的樣子斥責道:「你們這是做什麼?難道沒有看見我這裡有貴賓嗎?」

然後,楚靈王又裝作漫不經心地說:「他是哪兒的人,犯了什麼罪?」

兩名士兵裝作很慌忙的樣子答道:「他是齊國人,犯了偷盜罪。」

第四章　剛柔並濟，掌控自己的人生

「他是齊國人？」楚靈王故意把「齊國」二字說得很響亮，生怕晏嬰聽不到，然後又用眼睛斜睨著晏嬰，裝出一臉困惑的神態，問道：「難道你們齊國人都是如此喜歡偷盜嗎？」

楚靈王這樣一個小把戲，立即被聰明的晏嬰識破了，他知道這是楚靈王故意要藉機侮辱齊國。

因此，晏嬰便離席向楚靈王深施一禮，答道：「大王，我聽說橘子樹生長在淮南，它就結出橘子；如果移栽到淮北，它就結出枳子。它們的葉子雖然相似，果實的味道卻不同。這是什麼原因呢？我想，這主要是淮南淮北兩地的水土不同啊！現如今，齊國的百姓在齊國不偷不盜，然而一來到楚國就都做起盜賊來，該不會是因為楚國的水土使人變得喜歡偷盜了吧？」

晏嬰的一番話，頓時讓楚靈王目瞪口呆，無言以對。默然了良久之後，楚靈王最後只得訕訕地說：「和聖人是不能開玩笑的，寡人這樣做實在是自討沒趣啊……」

又有一次，晏嬰奉命出使吳國。

一天清晨，晏嬰來到吳國的宮中等候謁見吳王。不一會兒，侍從傳下令來：「天子召見。」

晏嬰一怔，吳王什麼時候變成天子了？當時周天子雖已名存實亡，但諸侯各國仍然將周王稱為天子，這是周王獨享的稱號。晏嬰馬上反應了過來，這是吳王在向他炫耀國威呀。於是，他見機行事，裝作沒聽見。

侍衛又高聲重複，晏嬰仍然對此不理不睬。

侍衛沒有辦法，只得直接走到他的跟前，一字一頓地說：「天子請見。」

146

剛柔兼備，達至大道

晏嬰這才故意裝作很驚詫的樣子，問道：「臣受齊國國君之命，出使吳國。誰知晏嬰愚笨昏瞶，竟然搞錯了方向，走到天子的朝廷上來了，實在抱歉。請問何處可以找到吳王？」

吳王聽門人稟報後，無可奈何，只得傳令：「吳王請見。」

晏嬰聽罷，立刻昂首挺胸走上前去拜見吳王，並向他行了接見諸侯時應行的禮儀。

吳王本來是想利用這個辦法來難為晏嬰的，結果卻自討沒趣，好不尷尬。但是他並沒有死心，還想繼續難為晏嬰。

吳王故意裝作非常誠懇的樣子對晏嬰說：「一國之君要想長久保持國威，守住疆土，該怎麼辦？」

晏嬰不假思索地回答道：「先人民，後自己；先施惠，後責罰；強不欺弱，貴不凌賤，富不傲貧。不以威力殺掉別國國君，不以勢眾兼併他國，這是保持國威的正當辦法。如果不這樣做的話就很危險了。」

自命不凡的吳王在聽完晏嬰的一番慷慨陳詞之後，就再也想不出什麼難題為難晏嬰了。晏嬰憑著自身的聰明才智不動聲色地取得了出使的勝利。

還有一次，晏嬰出使晉國。晉國的大夫叔向見晏嬰的裝束很寒酸，感到十分不解，酒席宴上委婉地問道：「請問先生，節儉與吝嗇有什麼區別？」

晏嬰明白叔向的用意，也不動怒，認真地答道：「節儉是君子的品德，吝嗇是小人的惡德。衡量財物的多寡，有計畫地加以使用，富貴時不過分地加以囤積，貧困時不向人借貸，不放縱私欲而奢侈浪費，時刻念及百姓之疾苦，這就是節儉。如果積財自享而不想到賑濟百姓，即使

第四章　剛柔並濟，掌控自己的人生

一擲千金，也是吝嗇。」

叔向聽了這番話語之後頓時對晏嬰肅然起敬，以後便不敢再以貌取人，小看晏嬰了。

晏嬰這樣一位被載入史冊的傑出外交家，既堅持原則又靈活應變，該柔則柔，該剛則剛，面對大國的淫威和責難，不卑不亢，剛柔並濟，一次又一次地化解了各個難題，出使不受辱，一次次維護和捍衛了齊國的尊嚴，與此同時也為自己在諸侯國之間贏得無比崇高的聲譽。

古代著名軍事家諸葛亮曾說過這樣一句話：

善將者，其剛不可折，其柔不可卷，故以弱制強，以柔克剛。純柔純弱，其勢必削；純剛純強，其勢必亡；可柔可剛，合道之常。

大意是說，善於做統帥的人，他在剛強的時候不可摧折，在柔韌的時候不可屈服，所以，才能夠以弱制強，以柔克剛。如果只有柔韌而沒有剛強，其戰鬥力就一定會受到削弱；如果只有剛強而沒有柔韌，戰鬥力也一定會喪失殆盡；只有當剛則剛、當柔則柔、剛柔並濟，才符合為帥之道，才能夠稱之為上策。

「剛柔互用」可稱作為古代統治思想的精華，歷代成功的帝王都深諳此道。清初康熙更是善於利用這一策略。

康熙是中國歷史上第一個學者型帝王，也是歷史上文治兼有武功的少見的傑出帝王之一。

康熙深諳柔有所設、剛有所施、弱有所聞、強有所加，兼此四者而制其宜的真諦。

康熙憑藉其遠見卓識、敏銳的洞察力和非凡的天賦，創造出剛柔互用治心之道。

剛柔兼備，達至大道

憑此大略，他把清王朝推向了天下富足的康熙盛世，使其成為世界上舉足輕重的東方大帝國。

晚清名臣曾國藩也是「剛柔互用」的高手。曾國藩認為，一個人要想自立，必須要有堅硬的「骨頭」。當然，僅有這些是遠遠不夠的，因為堅硬的骨頭只能撐起身體的骨架，還必須要有「血肉」，這樣才能成為一個充滿活力的人。

曾國藩有一副非常知名的對聯這樣寫道：「養活一團春意思，撐起兩根窮骨頭。」

這副對聯上聯意思是說，春天是柔和的，包容的，因此做人處事要講和諧、講包容，要能做到隨機應變，只有將這團「春意思」養活了，才能永遠立於不敗之地。

下聯「撐起兩根窮骨頭」，意思是人不能只是一味地「柔」，一味地「內聖」，還要「剛」。人不管身處何種境況，脊梁骨必須要撐得起，不能彎曲了。人為了事業，不能一味地委曲求全，要挺起腰桿，在困厄中求出路，在苦鬥中求挺直。

這副對聯，「柔」中顯「剛」，可進可退。正是因為剛柔相濟，方能達到自立自強！

人生常常充滿變數。有時「山重水複疑無路，柳暗花明又一村」，有時「一夜連雙歲，五更分二年」，這一切都讓我們想起了這樣一個寓言：

在山頂上生長的橡樹由於陽光雨露充足，沒過幾年便長得粗壯而又高大、挺拔威武，亭亭如蓋的樹冠遮天蔽日，昂首蒼穹。

有一日，忽然吹來一陣狂風，將聳立山頂的橡樹連根拔起，一直拋到了山下的蘆葦叢中。

第四章　剛柔並濟，掌控自己的人生

　　平白遭受滅頂之災的橡樹看著狂風中完好無損的蘆葦，感到頗為不解，蘆葦說：「因為沒有你高大挺拔的身軀，所以我們在多年的風雨中練就出了一個剛柔相濟的身子。」

　　對於生長在現代社會裡的每個人來說，也必須要練就出像蘆葦般剛柔相濟的功夫。因為在激烈的社會競爭中，決定一個人常立於不敗之地的，是其成長的抗風險能力。

　　我們需要謹記的是「站在風口浪尖上你別暈」，不要重蹈聳立山頭的橡樹的覆轍。

　　時代洪流滾滾而來，人們特別是那些想有所作為的人，已被推到了風口浪尖上。

　　在今天這個市場經濟大環境中，人生奮鬥已經不僅僅局限於經濟上的意義，還體現在多方面的資源開發能力上。如今，各個方面的資源都開始向資本這一核心進行匯聚，不論是知識、人才、文化，還是民眾、社會服務性資源，都透過資本的形式得到深層次的開發利用，而且在很多時候只有透過開發與利用，這些資源才有可能參與到推動社會進步與繁榮的總體程式中。

　　這就是當今變革時代的一個基本走向，不論如何強調這個走向都一點也不過分。當代人力量的泉源與核心，在於對掌握和運用的資本所代表的那份社會責任，是否具備充分的認知和堅定的信念，在於對社會民族力的自覺認知與承擔。

　　我們應該履行好自己的時代使命，讓自身不僅僅是市場經濟大浪的跟風者。因此，我們不妨好好學習一下蘆葦的精神，自覺練就一身剛柔互用的功夫。切莫在時代的風口浪尖上暈了頭，迷失了前進的方向。

　　剛柔相濟，剛硬與柔順相互彌補。我們要學會做到兩者兼施。過

去，這通常指施政手段、公關手法、對敵策略、做人風格，但這裡只指做人風格，可謂人生難題。

在《三國演義》中，羅貫中闡明的觀點是：「凡為將者，當以剛柔相濟，不可徒恃其勇。」這裡明確地點明剛柔相濟不是一般人的要求。

剛柔並用，和諧管理

在現代社會中，許多企業的管理方法不外乎兩種：要麼就是強調剛性管理，要麼就是強調柔性管理。實際上，成功的企業大多數都剛柔並重。

如果把管理理論比作為一輛汽車的話，那麼剛性管理與柔性管理就如同是這輛汽車的兩個前輪。正是這樣的兩個「輪子」一起滾動，目標方向相同了，追求兩方面的不斷完善，才能夠使管理在實踐當中得到不斷完善與昇華。

對於企業中剛柔相濟的綜合管理思想，指的是在企業管理當中，一定要以剛性管理為基礎，研究員工心理和行為的活動規律，使員工的個人需要與企業的意志相協調，從而達到生產效率和管理效率的全面提高。

企業中的「剛」，指的也就是嚴格的規章制度，「柔」指的就是關懷溫情體貼。

「剛」與「柔」是對立統一的兩個方面，如果沒有了「剛」，就無所謂「柔」，沒有「柔」也就更談不上什麼「剛」，「剛」和「柔」是相互依存的，缺一不可的。

企業的管理是不能離開「剛」的。企業必須要有規章制度，要有行為

第四章　剛柔並濟，掌控自己的人生

規範，工作紀律要嚴肅地對待、嚴格執行，沒有規矩就會不成方圓。

如果企業沒有嚴格的制度和紀律，各自為政，各行其是，企業就會是一盤散沙，生產任務不能完成，自然產品品質也就上不去。

企業在執行制度的時候一定要嚴格，執行紀律時一定要嚴肅。對不能自覺執行的人，企業則要嚴肅查處，絕不姑息遷就，心慈手軟。如該「剛」不「剛」，那麼就會使制度鬆弛，而且紀律鬆懈，就會失去制度應有的嚴肅性，從而導致行為失控，甚至使企業渙散。

同樣的道理，「柔」可謂是企業管理當中的重要方面。俗話說「感人之心，莫先於情」，人非草木，孰能無情，感情是做好企業管理的重要紐帶。

企業主管一定要善於用真心去做廣大員工的工作，將員工當作自己家中的親人一樣對待。用平易近人的態度去關心每一個員工的工作、學習和生活；用火熱的情感，真心誠意地為員工做好事，辦實事，幫他們排憂解難。

「投之以桃，報之以李」，上司多獻一份愛給員工，員工就能夠為企業多盡一分力。如果該「柔」的時候不「柔」，對職工不講情，不動情，冷酷無情，無情無義，如此這般，就會使員工失去對企業的溫暖感與依賴感。這樣的話，就會使企業失去應有的凝聚力與向心力。

做好企業管理的重要一條原則就是剛柔相濟。該剛則剛，堅持原則，絕不留情；該柔則柔，關懷體貼，充滿人情。企業管理者應本著親和一致、奮力進取的管理精神，把企業做得井然有序而且生機蓬勃。

剛柔相濟可以算得上是企業的一種綜合管理思想，其理論在管理理論問世的時候就已存在了。

管理學的鼻祖，也就是泰羅，大家普遍都認為在其管理思想以及著作中只強調標準化、規範化和制度化的管理，只見其「剛」，而不見其「柔」，其實這是一種誤解。

雖然泰羅沒有明確提出剛柔一定要相濟，可是其思想中已經蘊含著剛柔相濟的思想，體現的是兩個中心：一個是以事或者物為中心，另一個是以人為中心。

從企業實踐的角度來看，剛性管理與柔性管理是密切連繫在一起的。剛性管理是管理工作的前提和基礎，它為整個管理工作建構了一個骨架，規定了管理的幅度、目標、時間、空間和必要的剛性手段，使企業與個人的所有行為都在這一框架下有序地執行。

沒有規章制度的企業必然是無序而且混亂的，柔性管理也肯定會喪失掉它的立足點。

企業的柔性管理是以剛性管理的存在為基礎的。

企業缺乏一定的柔性管理，剛性管理也會難以深入。現如今，任何一個成功的企業，不管其規模是大還是小，也不管其資本是不是雄厚，其成功的背後必然會有一個共同的訣竅，那就是懂得剛柔相濟。

因此，在實際的生產管理工作中，一定要堅持「剛」和「柔」這兩個不可偏廢的原則，一定要兩個輪子一起轉。剛性和柔性一定要齊頭並進，在發展中，企業要不斷地去完善剛柔相濟的綜合管理方法。

剛性管理是企業管理的基礎，一旦離開了剛性管理，那麼企業管理就是無源之水，無本之木。

同樣的道理，柔性管理是企業管理的靈魂。離開柔性管理，企業管理就會成為一潭死水。

第四章　剛柔並濟，掌控自己的人生

許多研究者都指出，企業的管理應該將剛性與柔性有效結合，這樣管理的效率才能夠提高。

企業管理，要以尊重人為前提，發展生產和提高效率，完善各項剛性管理制度。在追求生產效率和技術進步的同時，在強化剛性管理的過程中，企業要兼顧人的自身價值的實現。

這樣，企業才可以在發展中前進，在前進中發展，從而保持良好的執行狀態。

因此，企業一定要把剛性管理和柔性管理融合為一個和諧的整體，只有如此才可以實現「人」與「物」、感性與理性、情感跟效率的和諧統一。

企業在制度管理的基礎上要逐步加強管理中的「軟控制」，做到剛柔並濟。

西方科學管理思想一開始即強調嚴格的制度管理和賞罰分明的控制手段，這是一種「硬邦邦」的控制手段。

對於今天的管理者而言，只知道依賴剛性的制度約束是遠遠不夠的：一是因為制度不是萬能的，任何看似完美的制度設計都必然存在缺陷；二是「剛強」的東西容易傷人，不但存在著制度執行中處罰不當的風險，靜止的制度本身更隱藏著無法因形勢、環境、時機等的變化而使「良法」蛻變為「惡法」的可能。

當代管理理論發展的一個基本趨勢是，在管理中加強制度建設的同時，應該更加注重文化、價值觀、情感等軟控制因素，用「柔性」的力量打動人、感染人、薰陶人、塑造人。

德國哲學家卡西勒（Cassirer）指出，一切生命體都各有「一套感受器

系統和一套效應器系統」，而人除了在一切動物種屬中，都可看到的感受器系統和效應器系統以外，還存在一個獨特的「符號系統」。因此，「人不再生活在一個單純的物理宇宙之中，而是生活在一個符號宇宙之中。語言、神話、藝術和宗教則是這個符號宇宙的各部分」。

人所擁有的這個「符號系統」使人在本質上成為「文化的動物」，「文化管理」因而成為當代管理的基本共識。

文化對人的影響是無形的，潛移默化的文化與價值觀等因素，作為一種柔性的力量在當代管理中幾乎無處不在，並在管理實踐中逐步取代傳統的剛性制度管理而占據了主導地位。

《道德經》第六十八章說：

善為士者不武，善戰者不怒，善勝敵者不與。

這裡的「不武」、「不怒」、「不與」，都強調了對暴力、剛強的警惕和慎重，而恰恰是這種不逞勇武、不施暴力的競爭與管理之道，使管理者能達至「善戰」、「善勝」的最高境界。

隋末著名大將尉遲敬德剛降唐時，因一起投降的原劉武周的將領紛紛反叛，他也遭人懷疑，被李世民部下囚禁。李世民部下主張殺掉他以絕後患。但李世民對這員猛將卻是一見如故，倍加信任。

一番推心置腹的動情溝通，李世民把情感的力量發揮到極致，耿直的尉遲敬德從此甘願為李世民肝腦塗地，南征北戰，立下汗馬功勞。今天的管理者或許應該牢記：剛性的制度使員工被迫服從；而柔性的文化則使人心悅誠服。

以柔克剛是道家辯證智慧的基本內容之一，作為一種文化基因已深深地滲入中國人的血液之中，而成為其基本的行為方式。一個最經典的

第四章　剛柔並濟，掌控自己的人生

例證就是太極拳。

以柔克剛是太極拳中最核心的法則。與對方交手時，太極拳手講究跟隨對方之勁路，隨屈就伸，借力打力。對方雖然剛勁十足，招數變幻無窮，但我方總的原則是以柔化剛，以柔克剛，讓對方的力量在我方的柔勁中消遁。

對方進入你的防護圈，會陡地發現有勁沒處使，或是勁力突然失去了方向和目標，無形中力窮勁盡。所以真正的太極高手，其內勁往往忽隱忽現，若有若無，見之有形，按之無跡，取之不盡，用之不竭。相反，剛勁則是有限的，不僅有限，而且還很容易耗損和自傷。所謂「四兩撥千斤」，實是避實就虛、以柔克剛智慧在武學上的生動體現。

管理中真正有效的控制之道，也必然是這種以柔克剛的哲學思想之體現。面對競爭對手咄咄逼人的進攻，面對人際關係激烈尖銳的矛盾，我們的管理者若能用無形的柔性方式接招拆招，則無疑可以避免出現兩敗俱傷的結局。

美國著名石油大王洛克斐勒（Rockefeller）曾在其辦公室面對一位不速之客長達 10 分鐘之久的恣意謾罵，辦公室所有的職員都感到無比氣憤，以為洛克斐勒一定會拾起墨水瓶向他擲去，或是吩咐保全員將他趕出去。然而出乎意料的是，洛克斐勒只是停下手中的事，用和善的神情注視著這位攻擊者。

對方愈暴躁，他就顯得越和善！那位無禮之徒沒有遭到抵抗，好比「打出去的拳」全打在棉花上，終於漸漸地平靜下來。

最後，他在洛克斐勒的桌子上又敲了幾下，仍然得不到回應，只得索然無味地離去。而洛克斐勒就像根本沒發生任何事一樣，重新拿起筆，繼續他的工作。

在對管理者本人的素養上，老子的剛柔辯證智慧也昭示我們：一個優秀的管理者必須時刻做到謙下不爭，虛懷若谷，不斷地吐故納新，博採眾長。

管理者要培育自己廣闊的胸襟、無私的情懷、寬宏的肚量、豁達的氣度，不但不能主觀武斷、固執己見、錙銖必較、鼠肚雞腸，而且更重要的是必須要能面對「異己」，善待「異心」，包容「異類」，聆聽「異見」。

管理者要像廣納百川的江海一樣甘居下游，集思廣益。世界上優秀的管理者，大多不是依靠什麼管理天賦，而是在後天的學習中謙下虛心、廣納兼聽、如飢似渴、兼收並蓄。

老子透過江海成為百谷之王的事實啟迪我們，管理者既不應忘記自己的「王者使命」，有成為商海領袖的抱負和理想，更不應忘記老子「善處人下」的管理箴言，「不自見，故明；不自是，故彰；不自伐，故有功；不自矜，故長」。

管理者務必避免高高在上的做派、居高臨下的訓斥、指手畫腳的命令、盛氣凌人的武斷，力戒「自見」、「自是」、「自伐」、「自矜」，領會道勢如水、自然流注、不爭而利、無為而治的哲學意蘊，以一種謙下、虛心、平和、包容的「自然」態度孕育「以柔克剛、剛柔並濟」的管理藝術。

審時度勢，巧用剛柔

在傳統觀念上，武將都可稱得上是剛強的男子漢、大丈夫，他們似乎與「柔」根本不沾邊。有的人講「柔能克剛」。其實這樣講是片面的，這隻能說明一個方面。

第四章　剛柔並濟，掌控自己的人生

　　諸葛亮曾指出：「善將者，其剛不可折，其柔不可卷。」這句話說得極為正確。一員將領，該剛時要堅強無比；該柔時，可以委曲求全。要依據其自身的需求，靈活地做到該剛則剛、該柔則柔，面對情景應付自如。

　　諸葛亮的結論是：「不柔不剛，合道之常。」確實很有見地，這從根本上是符合辯證法真知灼見的。

　　誠然，我們要想真正做到剛柔適度，做到善於審時度勢，恰當應對，這也是很不容易的。可是，一員良將，甚至一個普通人，為人處世，要想立於不敗之地，我們就一定要學會須柔時則柔、逢剛時即剛。張良曾為劉邦籌劃過許多關係大業成敗的重要謀略，在這當中以弱制強、剛柔並用的例子頗多。

　　當秦軍主力與項羽會戰之時，劉邦決定由南陽入武關攻秦，張良反對硬拚，勸劉邦以重寶招降秦將賈豎。而當賈豎同意投降時，張良又恐士卒不從，乘敵懈怠之機，一舉破之。結果他直下咸陽，擒秦王子嬰。

　　到了後來楚漢相爭，漢弱楚強，張良勸劉邦處處退讓，以柔制剛，不但避開了鴻門宴的生命危險，而且從這裡還奪取了漢中、巴蜀之地。緊接著，他又火燒棧道，使項羽屢屢上當。劉邦轉弱為強，終於以布衣取天下。

　　張良的高明謀略，據說來自黃石公所授的《三略》。《三略》並不是一味只講以弱制強，而強調剛柔強弱都要得當，從而做到「柔有所設，剛有所施，弱有所用，強有所加。兼此四者，而制其宜」。

　　一個人理想性格的最佳狀態，就是做到剛柔並濟，然而要想做到剛柔適度，確實不是一件容易的事情，而在為人處世上要立於不敗之地，又必須要學會能剛且柔。

審時度勢，巧用剛柔

有這樣一個故事，說的就是關於牙齒沒了，舌頭還在的典故。答曰：「因為舌頭的軟所以存在，而由於牙齒的硬所以沒有。」

是啊，「柔」的東西反而能夠生存，而「剛」的東西卻易夭折。在狂風來臨的時候，「柔弱」的小草俯首帖耳得以生存，而「剛強」的大樹負隅抵抗終遭摧殘。

「柔亦是剛，剛亦是柔」，「物過剛易折」。因此一時的「柔」就是為了以後的「剛」。「亦柔亦剛」，也就如同一種「大丈夫能屈能伸」的味道。

自然界中的水，有一種神祕的力量。柔時平平靜靜，「靜水深流」，很自然安詳；剛的時候翻江倒海，滾滾巨浪，好像擁有一種摧毀一切的能力。「柔不是不剛，剛不是不柔」。

在當今這個社會，學會尊重別人，是人們常常強調的，然而，人與人之間的確需要做到互相尊重，這可以稱之為「剛」與「剛」之間的尊重。

拿破崙將軍曾經說過這樣一句話，就是「善做人者，就可以贏得世人最豐厚的回報」。意思是說，一個人不管有多聰明、多能幹，家世有多好，但是如果不懂得怎樣去做人，不懂得剛柔並濟，到最後還是會失敗的。但是，如果懂了「能剛則剛，該柔則柔」這個道理，就一定會產生讓人意想不到的結果。

斯坦哈特（Steinhardt）是紐約百老匯大街證券交易所的一位十分有名的經紀人，過去他的態度嚴肅而又刻板，脾氣暴戾，以致他的僱員、顧客甚至太太對他也避之不及。後來，斯坦哈特檢點往事。他一改舊習，無論在電梯上或走廊中，還是在大門或商場裡，逢人三分笑，像普通員工那樣虔誠地與人握手，結果不僅家庭和睦，而且顧客盈門，他的生意也由此興隆起來。這就是能剛則剛、該柔則柔的良好效果。同時，這也

第四章　剛柔並濟，掌控自己的人生

是提高為人處世技巧的根本原則。

如何去做人，其本身就是一門藝術，甚至可稱得上是用畢生精力，也未必能夠勘破的特殊藝術。

生活在現實社會中，每個人必然會與別人或別的群體有著千絲萬縷的連繫。所以，在這個過程當中，我們應該如何做才能成為一個受歡迎、受尊敬的人呢？這是我們每一個人都應該正向思考的問題。

要想讓自己的一言一行、一舉一動、一顰一笑，在夫妻、朋友、同事乃至對手之間，留下一個美好的印象及回憶，帶給人愉悅，這實在是一門很難掌握的學問。這就更需要我們在為人處世的過程當中，做到該剛則剛、該柔則柔。

鳳娟是一家公司的一級女主管，作風強悍，然而她每次提出具有創意的企劃案，或每次有任務要執行的時候，總是會遭到屬下的抑制。剛開始的時候，鳳娟並不以此為意，然而時間長了難免有一種無力的感覺。後來，有人便提醒她，耿直作風雖然能贏得「小鋼炮」的稱號，但凡事不假辭色，不懂得以柔克剛之妙，則很難得到下屬的擁戴。有些吃過虧的人，便以不配合來表達對她的不滿。

由此可以看出，身為一個管理者，並不是只要有專業能力就可以了，更需要有指揮方面的才能與修養。

要想成為一個傑出的管理者，即使博學多才，聰慧過人，但這並不能保證就可成就一番事業。更重要的是，管理者要知道什麼時候該強、什麼時候該弱、什麼時候該進、什麼時候該退的處世哲學。

可以說，剛柔並濟是一個管理者必備的處世智慧。不僅要做到不柔不剛，還要做到能柔能剛，這樣才能算得上是一個傑出的管理者。

有這樣一個例子：

一位老闆接到了一大筆生意，然而令他發愁的是，這一批貨物必須在半天內搬到碼頭。時間緊、任務重、人手少，該怎麼辦呢？

老闆靈機一動，親自下廚，偷偷在每一位員工的碗底埋了一大塊油光發亮的紅燒肉，並親自替員工一一盛好，並放在桌上。

員工們不知內情，還以為老闆對自己另眼相看，特別照顧，因此，便紛紛一聲不響地端起飯碗蹲在牆角，狼吞虎嚥似的快速吃起來。吃完飯，夥計們做起事來分外賣力，一趟趟來回飛奔，一天的事一個上午便全部做完，當然老闆的這批生意做得十分成功。

還有這樣一個故事：

一次拿破崙外出打獵，忽然間看到一個落水男孩，一邊掙扎，一邊高呼救命。

面前的這條河並不是很寬，他非但不讓人下水去救，反而端起槍對著落水者就是一槍。

男孩見求救無望，反而又添了一層危險，因此便拚命地掙扎起來，終於游上了岸。

上面的兩個例子，雖然激勵方式不同，但各有妙處。試想一下，如果這碗紅燒肉不是老闆偷偷地放在每個人碗裡，而是放在桌子上讓大家共享，那麼員工們做起事來還會這麼賣力氣嗎？同樣幾塊肉，同樣幾張嘴，只是變了一個方法，卻能夠產生令人意想不到的效果。

如今，很多老闆已經意識到了激勵機制的作用，並把它作為提升企業效率的一柄利劍來使用。然而他們在具體運用的過程中，卻往往拿捏不好激勵的尺度。

第四章　剛柔並濟，掌控自己的人生

對於糊塗一點的老闆，要麼一味地信奉物質利益的魅力，吃饞了的貓兒不捉鼠，如果貓鼠為奸，即便是鮮魚擺在眼前，也無法發揮出足夠的誘惑力；要麼一味亂揮大棒，似乎只有槍擊、推拉才管用，結果是落水者死了，永遠不能上岸，對誰也沒好處。

聰明一點的老闆，一會兒給你甜豆，一會兒又給你黃連湯，叫你嘗盡苦盡甘來的滋味。那麼如何才能正確地激勵員工，讓激勵這柄利劍發揮出它應有的威力呢？老闆們不妨這樣做：

首先，老闆們不要太「實在」，必須要適當地運用一些小技巧，這樣才能夠發揮讓人意想不到的效果。

某飲料企業的一名銷售主管，在很短一段時間裡取得了不俗的業績，年終時，公司總經理把他叫到辦公室，對他說：「由於你工作業績突出，公司決定給予你 10 萬元的獎勵，以此來鼓勵你繼續努力。」

主管聽了之後十分高興，總經理此時又突然問道：「今年你陪你妻子多少天？」

這位主管回答道：「今年我在家的時間不超過 10 天。」

總經理在驚嘆之餘，拿出了一萬元放在主管的手上說：「這是獎勵你妻子的，衷心地感謝她對你工作的支持。」然後，總經理又問：「你兒子今年多大了，今年你與兒子在一起共同度過了多少天？」

這位主管回答說：「我兒子今年剛 6 歲，今年我根本就沒時間管理他。」

總經理又激動地拿出一萬元說：「這是獎勵你兒子的，告訴他，他有一個偉大的爸爸。」

這位主管頓時便熱淚盈眶，總經理又問道：「今年你和你的爸爸媽媽

見過幾次面?」

這位主管又難過地對他說:「一次面也沒見過,僅僅只通過幾次電話。」

總經理感慨地說:「我要和你一塊去見伯父、伯母,感謝他們為公司培養了這樣優秀的人才,我代表公司送給他們二老一萬元。」

同樣是 13 萬元,試想如果老闆直接把這些錢發給這名銷售主管,效果又會如何呢?

誠然,對待那些自覺性比較差的員工,一味地為他創造良好的工作環境和好的待遇,並不一定能激發他的熱情,有很多時候還是需要學學拿破崙,朝他開一「槍」,使他振奮起來。

偶爾利用老闆的權威對員工進行適當的「威脅」,能及時制止員工消極散漫的情緒,以此激發他們發揮出自身的潛力。

自覺性強的員工也會有滿足、停滯的時候,適當的批評與懲罰,能夠幫助他們明確地認清自我,重新激發出他們的鬥志。

總之,老闆要做到「知人知面又知心」,不僅不能一味地嘻嘻哈哈、討好員工,也不能面沉似水、冷若冰霜,必須要做到軟硬兼施。該剛則剛,該柔則柔。如能這樣,你的員工才能充滿激情,你的企業才能保持永久的生命力。

剛柔之間,恰到好處

有個成語叫:「四兩撥千斤。」講的正是以柔克剛的道理。俗語說:「百人百心,百人百性。」有的人性格內向,有的人性格外向,有的人性

第四章　剛柔並濟，掌控自己的人生

格柔和，有的人則性格剛烈，各有特點，又各有利弊。

然而縱觀歷史，我們不難發現，往往剛烈之人容易被柔和之人征服利用。太國於囂張的民族，往往越容易被低調的民族所征服。

冒頓是匈奴單于頭曼的太子，頭曼後來又喜愛別的妻子生的小兒子，於是就想廢掉冒頓而立小兒子為太子。冒頓知道後便殺掉了頭曼，自立為單于。

當時東胡強盛，聽說冒頓弒父自立，內部形勢不穩定，乘機挑釁，派使者到冒頓那裡，索要頭曼的一匹千里馬。

冒頓問左右大臣，大臣們都說：「千里馬是匈奴的寶馬，絕不能送給他。」

冒頓沉吟著說：「東胡索要千里馬不過是個藉口，假如我們不給，他就有理由攻打我們，就要發生戰爭。」

左右大臣都攘臂憤慨地說：「寧可和他們拼一生死，也絕不可示弱送馬。」

冒頓說：「打起仗來就要損失幾千幾萬匹馬了，人死得更要多，不值得為了一匹千里馬付出如此大的代價，況且都是鄰國，在乎一匹千里馬也顯得過於小氣。」冒頓便派人把千里馬送給東胡。

過了不久，東胡又派人來索要閼氏。閼氏是單于的妻子。冒頓又問左右大臣。左右大臣都義憤填膺，說：「東胡太沒有道義了，竟敢索要閼氏，是可忍，孰不可忍，請您下令發兵攻打他。」

冒頓說：「為了一名女子和鄰國大動干戈，損失人馬牲畜無數，太不值得了，況且和人家鄰國友好，何必吝惜一名女子。」便又把東胡索要的閼氏送了出去。

剛柔之間，恰到好處

東胡王見所求輒獲，意氣驕橫，根本瞧不起冒頓單于，又派使者見冒頓，說：「你我兩國邊境之間有塊空地，有一千多裡，你匈奴也到不了那裡，把這塊地送給我吧。」

冒頓又問左右大臣該如何。左右大臣們說：「這本來就是塊無用的土地，給他也可以，不給也可以。」

冒頓聞言大怒，說道：「土地是國家的根本，怎麼能把土地送給別人？」

凡是說可以把地給東胡的大臣都被他斬首，然後下令國中，集中兵馬，有敢遲到者一律斬首，便親率大軍襲擊東胡。

東胡素來輕視匈奴，全然不加防備，冒頓一舉消滅了東胡，把東胡的百姓和牲畜占為己有。

冒頓弒父自立，雖屬自保，也顯露出他凶猛殘忍的天性，然而面對東胡的無理要求，卻一忍再忍，而且忍常人所不能忍，這是因為他要成就常人所不能成就的事業。

當時東胡最為強大，東胡勇於提出無理至極的要求也是倚仗自己的實力，索要千里馬和閼氏不過是想挑起事端，以便自己出師有名，假如此時冒頓不答應請求，正式開戰，一定占不到上風。

冒頓偏偏都忍住了，要馬給馬，要人給人，就是不給你開戰的理由。另外也以謙卑懦弱的姿態達到驕敵、愚敵、痺敵的目的，同時用所受到的恥辱來激發國內鬥士的血性，「知恥近乎勇」，恥辱常常會增強鬥志。

東胡見所求無不獲，心滿意足，既不把匈奴放在眼裡，也不願積極備戰了，卻不知「驕兵必敗」，在表面的勝利中，已經輸掉了最關鍵的戰爭要素。

165

第四章　剛柔並濟，掌控自己的人生

　　冒頓戰勝東胡的智慧，正是以老子「天下之至柔，馳騁天下之至堅，無有入無間」為指導思想才成功的，或者說是一種退一小步而進一大步的勝利。

　　倘若東胡是一塊巨石的話，那麼冒頓就必須要讓自己成為一堆棉花，而不是同樣硬的岩石，因為棉花與巨石相碰，則會很輕鬆地將其包在裡面。而如果巨石與巨石相碰，必然會兩敗俱傷。

　　至柔治剛的智慧，並非讓我們在面對強者時，一味退縮、忍讓，而是讓我們適時地避開鋒芒，與別人巧妙的周旋，最終達到致勝的目的。歷史上最有名的以柔克剛的事例莫過於〈將相和〉，藺相如正是善於使用柔術，不但避免了窩裡鬥，還使廉頗自己意識到錯誤、主動請罪的。

　　「兵來將擋，水來土掩」和「滴水穿石」，論證了剛與柔之間的相互作用和相互轉換。剛來柔制；柔來剛對。剛柔相生相剋的道理，常常運用於政治和軍事當中，古今中外「以柔克剛、以剛制柔」的案例層出不窮。

　　老子的「天下之至柔，馳騁天下之至堅」智慧，我們其實並不難於理解：天上的風是最柔的，但是卻能通過肌膚，拔堅倒屋，再小的孔隙也能通過；電是最柔弱的，但它能通過金石，通過鋼鐵。

　　為何能至柔治剛呢？從物理的角度來看，剛性越大，物體的脆性就越大，抗打擊的能力也就越低，鑽石的確是自然界最硬的東西，但又有誰注意到，鑽石甚至比玻璃更易碎呢？而硬度極差的鉛，柔韌性卻極好，你甚至可以用錘子把它砸的像紙一樣薄，但仍然不能將它砸為兩半。

　　陽剛是年輕人的象徵，然而處事過於陽剛就不明智了。遇到問題應該以冷靜的心態去對待，在某些不能直接解決的問題上不妨退一步，以一種柔弱的態度轉到另一個方向去解決，這就是那些會辦事的人，通常採取軟硬兼施手段的原因了。

在磨練中學會堅韌

不經歷困境挫折的人,不知道自己有多強大。面對它時只要你能拿出勇氣去努力面對,你就能把它變成你成功的墊腳石。正如法國作家巴爾札克(Balzac)說的:

挫折就像一塊石頭,對於弱者來說是絆腳石,讓你卻步不前;而對於強者來說卻是墊腳石,使你站得更高。

中國有句古話:「艱難困苦,玉汝於成」。這句話向我們詮釋了一個道理:只有經受住各種考驗,才會取得自身的不斷進步。縱觀古今中外,我們所知道的那些成功人物,那些為人類進步、社會發展作出過貢獻的人,沒有一個不是從殘酷的考驗中走過來的。

《史記‧報任安書》中記載:文王被拘禁在裡時推演了《周易》;孔子在困窮的境遇中編寫了《春秋》;屈原被流放後創作了〈離騷〉;左丘明失明後寫出了《國語》;孫臏被砍去了膝蓋骨,編著了《兵法》;呂不韋被貶放到蜀地,有《呂氏春秋》流傳世上;韓非被囚禁在秦國,寫下了〈說難〉、〈孤憤〉;《詩經》三百篇,也大多是聖賢們為抒發鬱憤而寫出來的。

由此可見,困苦並不能成為我們放棄自己的藉口,只要努力奮發,我們也能取得成功。

朋友們,讓我們來看一個真實的故事吧:

明代著名的文人宋濂小時候家裡非常窮,想看書都沒錢買。但在其幼小的心靈中,始終有一個讀書的信念在支撐著他。他常向藏書的人家借,親手抄錄,計算著約定的日期送還。

天氣酷寒時,硯池中的水凍成了堅冰,手指凍得不能彎曲伸展,仍堅持不懈。求學時,他行走在深山大谷之中,嚴冬寒風凜冽,大雪深達

第四章　剛柔並濟，掌控自己的人生

幾尺，腳上的皮膚受凍裂開都不知道。

面對如此逆境，宋濂並沒有放任自流。相反的，他憑藉著超乎常人的忍耐力，克服重重困難，終於有所成就，實現了人生價值。

宋濂家裡條件不好，可以說比我們現在許多青少年家裡差多了。但是這一切都不能阻止他求學的腳步，在寒冬的風雪和困苦的折磨中，實現了自己的夢。

「人生不如意都十之八九」，總有走入困境，面對困難的時候。而當這一切來臨的時候，有的人陷入恐慌、焦慮、悲痛等心理困境之中無法前行。

但有的人卻相信總有一條路是屬於自己的，不拋棄，不放棄，努力地走了下去。也只而勇往直前的人，才能在努力後得到成功，駐足的人只能一直在原地痛苦著。

如果沒有雙臂，你會做什麼？如果失去了一條腿，你能走多遠？如果只有一隻眼睛，你的世界又會怎樣⋯⋯這些不幸的人生假設，臺灣傳奇畫家謝坤山都遇到了。

16歲那年，他因觸高壓電而失去了雙臂和一條腿，後來又在一次意外中失去了一隻眼睛。然而，就是這樣一個看似極端不幸的人，卻成了全臺灣家喻戶曉的快樂明星、他的故事被拍成了電視劇，美國《讀者文摘》雜誌（Reader's Digest）也用十幾種語言向全世界的人們介紹他的事蹟和經歷。

謝坤山用自己「傳奇般」的磨難經歷，向世人闡釋一個道理：不管遭遇到什麼，其實我們擁有的永遠比失去的多！所有的困難都是暫時的！

天有不測風雲，人有旦夕禍福，每個人都會遭遇「困難」，但在困難面前，每個人走出的路卻是千差萬別的：有人的路會越走越窄，有人的

路卻越走越寬。

那麼，當你的眼前出現困難時，你該以怎樣的態度去駕駛生命的小舟？是讓它迎風破浪，駛向彼岸呢？還是讓它卻步不前？

當然是盡你所能的向前進！用一種堅忍的意志，拿出你的非凡的勇氣，以百折不撓的精神去面對。只要你能做到，相信你終會在山重水複疑無路中又柳暗花明又一村的，做到這些，你不僅會衝出困境，還會目睹會當凌絕頂，一覽眾山小的壯觀。

青少年朋友們，你們應該知道，每個人都會有困難，不管是在工作上，還是生活上，關鍵要看我們如何去面對，怎麼去克服。要獲得成功，就要學會勇敢地面對，就要在困難當中找方法，找出路。有思路，才會有出路；有思路，才會取得更大的發展。

青少年朋友們，一定要記住，困境面前不是沒有路，而是你沒有發現，如果你能盡己所能的衝過去，那麼你就會驚奇地發現原來出路就在自己的腳下。

一個成功的人並不是生下來就很聰明，很能幹，而是在困境中仍對未來抱有希望，對自己不失信心，不斷努力，不斷奮鬥，自強不息的結果。

大發明家牛頓（Newton）上小學的時候，老師總是認為他很笨，他的同學也總是嘲笑他。但他卻對自己非常有信心，他不相信自己比別人差，下決心一定要比別人做得更好。於是他發奮努力，最後終於取得了成功，發明了萬有引力等，為科學做出了巨大的貢獻！

當我們遇到困難的時候，應該學會剖析困難，學會尋找突破口，而不應該瞻前顧後，更不要一蹶不振。

第四章　剛柔並濟，掌控自己的人生

　　臥薪嘗膽，勾踐能養精蓄銳，暗藏殺機，最終反敗為勝；福爾摩斯（Holmes）笑面疑案，運用新穎的逆向推理法破解了數百件疑難案件，贏來了前無來者後無繼者數世人的崇仰。

　　可見，困難在他們心中，並不能站住腳，就好像一個瓶子，哪怕它再堅硬、再密封，也會有瓶口；矛再利，盾再堅，也有被攻破的時候。因而只要我們固守自信，尋著了突破口，也就向成功邁近了一步。

　　我們要學會自我引導，告訴自己只有勇於突破才有坦途，只有勇於面對才能成功。自己的人生自己做主，不給自己退縮的機會，激發自己的鬥志，用一顆奮發向上的心去努力前行。這樣的你一定能突破一個個困境走向成功。

　　當你走過後，你會覺得困境中的自己是那麼的可愛，那種打拚的勁頭是多麼的讓人驕傲。這時的你會感謝困境，是它讓你看到了自己的力量是多麼的勢不可擋，是它讓你證明了自己的能力。

　　我們要學會努力挖掘自己。困境中是最能激發自己鬥志、挖掘自己潛力的時候。那時的你是多麼的渴望證明自己，而這會讓你拚命的努力要證明自己。在這樣的努力中，人的潛力會被一點點地挖掘出來。而這時的我們是不是也該感謝困境和挫折？是它們讓你發現了自己的潛力原來還有這麼多！

　　總之，只要有堅忍的意志，有堅定的信心，有不屈不撓的精神困境就不可怕。困境面前盡己所能的去衝，說不定你就能衝破它。

　　努力讓自己在困境面前也是一樣的強，讓所有的困境都在你的努力下化為虛有，讓你成為一個在挫折面前也勇往直前的強者。笑對一切，感恩一切，用努力把挫折一個個沖走，那時成功之光就會灑向你。

以柔克剛，巧妙取勝

人的骨頭是硬的，需要柔軟的皮肉來包裝，這樣才不怕外界物體的踫撞；烏龜裡面的肉是軟的，要有外殼來保護。

硬的物品，要用軟布、泡綿包裝，這樣才不怕損壞；精細柔美的物品，要用木盒、鐵篋來包裝。柔軟的水，必需要用硬的容器來盛裝；硬的鑽石黃金，需要用軟柔的棉絮來包裝，由此可以看出剛與柔並不衝突，而是相輔相成的。

馬皇后通常都會在朱元璋大發雷霆、揚言要殺大臣的時候，對他柔和勸諫，從而救了許多的大臣；波斯匿王在將要殺御廚的時候，也是末利夫人以柔和的方式救了御廚。

剛強的波斯匿王可以聽從柔和的末利夫人勸諫，威武殺人的朱洪武可以在馬皇后之前屈服，這一切都是因為她們採用了「以柔克剛」的策略。

阿闍世王有一次執意要弒母，剛直的耆婆醫生拍桌斥曰：「歷史上從未有兒子殺害母親的案例，若王執意弒母，我只有去國一途。」耆婆的義正詞嚴，終於使得剛強的阿闍世王改變了主意。

曾有一個「四兩撥千斤」的成語，所講的就是以柔克剛的道理。俗語說：「百人百心，百人百性。」有的人性格內向，有的人性格外向，有的人性格柔和，有的人則性格剛烈，他們各有各自的特點，且各具利弊。

縱觀歷史，我們就可以發現，常常那些性格剛烈的人，很容易被柔和之人征服利用。為職者更需要做到以柔克剛。一塊巨石一旦落在一堆棉花上，就很容易會被棉花輕鬆地包裹在裡面。以剛克剛，兩敗俱傷；以柔克剛，則馬到成功。

第四章　剛柔並濟，掌控自己的人生

大多數性情剛烈之人，其情緒極容易激動，情緒激動則很容易使人失去理智。僅憑一股衝動去做或者不做某事，可以說是剛烈人的優點，但恰恰又是其致命的弱點。俗話說得好：「牽牛要牽牛鼻子，打蛇要打七寸處。」

一個人要做到以己之所長，克己之所短，對待那些剛烈之人如果以硬碰硬，就很容易使雙方一起失去應有的理智，從而頭腦發熱，做出不計後果的事，到最後兩敗俱傷，事情也必然會弄砸。

如果我們以柔和的態度，對待那些性情剛烈火暴之人，就必然會出現另一番局面：恰似細雨之於烈火，烈火熊熊，細雨濛濛，雖然說不能快速地將火撲滅，卻能夠有效地控制住火勢，並一點點地將火撲滅。但若暴雨一陣，火雖然滅去，但會出現洪水氾濫之災，一浪剛平又起一浪，這樣往往得不償失。

「貴柔」是《道德經》的基本觀念之一。老子指出，最柔弱的東西裡面蓄積著人們看不見的巨大力量，使最堅強的東西無法抵擋。「柔弱」發揮出來的作用，在於「無為」。水是最柔的東西，但它卻能夠穿山透地。所以，老子經常以水來比喻柔能勝剛的道理。

「柔弱」是「道」的基本表現和作用，它實際上已不局限於與「剛強」相對立的狹義，而成為《道德經》概括一切從屬的、次要方面的哲學概念。

老子認為，「柔弱」是萬物具有生命力的表現，也是真正有力量的象徵。如果我們更深層次地去思考，就會發現老子要突出的是事物轉化的必然性。他並非一味要人「守柔」、「不爭」，而是認為「天下之至柔，馳騁天下之至堅」，即柔弱可以戰勝剛強。這是深刻的辯證法智慧。他所說的「柔弱勝剛強」，其核心應該是「勝」字，這才是「無為而無不為」的境界。

《道德經》第三十六章說：

將欲歙之，必固張之；將欲弱之，必固強之；將欲廢之，必固興之；將欲取之，必固與之。是謂微明，柔弱勝剛強。魚不可脫於淵，國之利器不可以示人。

意思是說，想要收斂它，必先擴張它；想要削弱它，必先加強它；想要廢去它，必先抬舉它；想要奪取它，必先給予它。這就叫做雖然微妙而又顯明，柔弱戰勝剛強。魚的生存不可以脫離池淵，國家的刑法政教不可以向人炫耀，不能輕易用來嚇唬人。

這裡談到若干對矛盾雙方互相轉化的問題，主要講了事物的兩重性和矛盾轉化辯證關係，同時以自然界的辯證法比喻社會現象。例如，「物極必反」、「盛極而衰」等，都可以說是自然界運動變化的規律，同時以自然界的辯證法比喻社會現象。

「合」與「張」，「弱」與「強」，「廢」與「興」，「取」與「與」，這四對矛盾的對立統一體中，老子寧可居於柔弱的一面。

在對人與物做了深入的觀察研究之後，他了解到柔弱的東西裡面蘊含著內斂，且往往富於韌性、生命力旺盛、發展的餘地極大。

相反，看起來似乎強大剛強的東西，由於它的顯揚外露，往往會失去發展的前景，因而不能持久。在柔弱與剛強的對立之中，老子斷言柔弱的呈現勝於剛強的外表。

《道德經》第四十三章中說：

天下之至柔，馳騁天下之至堅。無有入無間，吾是以知無為之有益。不言之教，無為之益，天下希及之。

意思是說，天下最柔弱的東西，騰越穿行於最堅硬的東西中；無形

第四章　剛柔並濟，掌控自己的人生

的力量可以穿透沒有間隙的東西。我因此意識到「無為」的益處。「不言」的教導，「無為」的益下，普天下少有能趕上它的了。

這裡講了「柔之勝剛，弱之勝強」、「是謂微明」之術，講了柔弱可以戰勝剛強的原理。

柔弱勝剛強。老子向來主張貴柔、處弱，他從直觀的認知角度，看到了人初生之時，身體是柔弱的，死了以後就變得堅硬了，草木初生之時也是柔弱的，死了以後就變得枯槁。這種直觀的、經驗的認知，可以說是老子處弱、貴柔思想的認知根源。

老子對社會與人生有著深刻的洞察，他認為世界上的東西，凡是屬於堅強者都是死的一類，凡是柔弱的都是生的一類。因此，老子認為，人生在世，不可逞強鬥勝，而應柔順謙虛，有良好的處世修養。

老子的這種思想來自對自然和社會現象的觀察和總結。這裡，無論柔弱還是堅強，都是事物變化發展的內在因素在發揮作用。

這個結論還蘊含著堅強的東西已經失去了生機，柔弱的東西則充滿著生機。老子在這裡所表達的思想是極富智慧的，他以自然和社會現象形象地向人們提出奉告，希望人們不要處處顯露突出，不要時時爭強好勝。

事實上，在現實生活當中，有不少這樣的人，這種例子不勝列舉。當然，這也符合老子一貫的思想主張。

《道德經》第七十八章說：

是以聖人云：「受國之垢，是謂社稷主；受國不祥，是為天下王。」正言若反。

意思是說，有道的聖人這樣說：「承擔全國的屈辱，才能成為國家的

君主；承擔全國的禍災，才能成為天下的君王。」正面的話好像在反說一樣。

老子所講的軟弱、柔弱，並不是通常人們所說的，軟弱無力的意思。此處，老子闡揚卑下屈辱的觀念，實際上反而能夠保持高高在上的地位，具有堅強的力量。

《道德經》第八章講：

上善若水。水善利萬物而不爭，處眾人之所惡，故幾於道。居善地；心善淵；與善仁；言善信；政善治；事善能；動善時。夫唯不爭，故無尤。

意思是說，最善的人好像水一樣。水善於滋潤萬物，而不與萬物相爭，停留在眾人都不喜歡的地方，所以最接近於「道」。最善的人，最善於選擇地方（居所），心胸善於保持沉靜而深不可測，待人善於真誠、友愛和無私，說話善於恪守信用，為政善於精簡處理，能把國家治理好，處事能夠善於發揮所長，行動善於把握時機。最善的人所作所為，正因為有不爭的美德，所以沒有過失，也就沒有怨咎。

老子的貴柔思想在後世得到廣泛運用。春秋戰國時期，鄭國的宰相子產在治理國家上，採用的正是以柔克剛的策略。子產為政剛柔並濟，以柔為上，善於以柔制剛。

鄭國是一個非常小的國家，國力甚弱，要想在眾多的大國中求得生存的空間，那麼對於增強國家的實力，實在是一件刻不容緩的事情。子產提倡振興農業，興修農事；同時還對徵稅做了重新的調整，從而確保有足夠的軍費供應和給養。

在新稅徵收的開始階段，民眾怨聲四起，沸沸揚揚，甚至有人揚言要殺死子產，朝中也有很多朝臣站出來表示反對。然而子產卻絲毫不去理會，也從不做過多的解釋，只耐心等待事態的發展。

第四章　剛柔並濟，掌控自己的人生

他說：「國家利益為重，必要時自然需得犧牲一點個人利益，服從國家利益。我聽說做事應當有始有終，不能虎頭蛇尾。有善始而無善終，那樣到最後必然就會一事無成，因此，我決定一定要堅持把這件事做完。」

新稅仍然照常徵收，而由於他還採取了振興農業的辦法，很快農業得到了快速的發展，民眾由怨到贊，眾人便對他另眼相看。

子產在各個地區還遍設鄉校，鄉校言論自由，所以有一些對政治不滿的人，常常把鄉校作為論壇談一些政治活動。此時有些人擔心長期這樣下去會影響到統治，所以就建議取締。

子產卻說：「這是根本沒有必要的，百姓民眾勞累一天，到鄉校中發發牢騷，論談政治實乃正常。我們完全可以把它作為參照，擇善而從，鑑證得失。若強行壓制，豈不如以土塞州，暫時可能還會堵住水流，可是又必然將招來更猛的洪水激流，沖決堤壩。到了那時，恐怕就無力迴天了，還不如慢慢地加以疏導，引水入渠，分流而治，這樣才能更好。」眾人為他講的這些話深深地折服。子產正是採用了以柔克剛之法，才取得了好的效果。

在企業管理方法的區別上，女性企業家比男性企業家更能突出一個「柔」字。

有這樣一個例子：

在電線廠，有一個員工剛從監獄出來，老婆孩子都棄他而去，家裡只剩下兩個需要照顧的老人。為了能讓他正常地養家，女管理員替他安排了一個比較輕鬆的職位，一個月能拿一千多元。

可是，令人想不到的事情發生了，這個員工竟然三番五次地到廠裡偷電纜賣。

以柔克剛，巧妙取勝

「我連續教育了他幾次，他也保證了好幾次，然而這樣的事情還是發生了，我託人把他從派出所保出來，讓他繼續工作，但是可能因為他覺得對不起我吧，第二天就不辭而別了。」

女管理員為此表現得很大度，她是在用人與人之間的情感，努力地經營著自己的事業。然而，這樣的做法卻為很多的男性管理者所不能理解。「當時很多人說我管理不善，但我總覺得他也不容易。」

女人就是這樣的情感化，在經營管理自己企業的時候，的確與男性大不相同，她們在當中考慮得更多的是人性和人情。而男性管理者給人最深的印象則是「鐵面無私」。

相關專家在企業管理方面提出這樣的一個觀點：男女性別的管理劃分為兩大傾向性，即工作的導向性與人際關係的導向性。

男性偏重於工作導向性，女性則偏重於後者。然而形成這兩大傾向性的原因就是，男性多喜歡自主、獨立、競爭，獨立的判斷。而女性更注意人際間的關係與交流，相互依存，合作成事。

這些區別具體地表現在一個企業中，就是女企業家在企業中，比男企業家更善於溝通和引導。

一個普遍現象是，在女企業家所經營管理的企業當中，員工對於企業的滿意度，遠遠要高於男企業家所管理的企業的滿意度。這就是以柔克剛所發揮的作用。

行銷管理是企業與市場的連結點。在當今如此多變的市場中，需要多種多樣的經營策略。

老子曾經說：

以無事而治天下，吾何以知其然哉？以此，天下多忌諱，而民彌貧；

第四章　剛柔並濟，掌控自己的人生

朝多利器，國家滋昏；人多伎巧，奇物滋起；法令滋彰，盜賊多有。

其實也就是說，忌諱之事越多，就越能夠束縛民眾的手腳，人民就越貧困；國家統治的工具越是先進，社會也就會越加混亂難治；人越是機謀奸詐，新奇古怪的東西就越多；法律制度越是完備，犯罪的人也就越會增加。因此，老子主張：「無為而民自化，好靜而民自正。」

總而言之，老子所提倡的正是「無為而為」。也就是說，做任何事都要懂得以柔克剛。

扮弱有時更能激起保護欲

在生活中，許多時候，我們都習慣性地把自己當作強者，或者說是假裝堅強，感覺自己帶著堅強的光彩前行，這樣做人做事才會有充足的底氣。

因而面對學業的壓力、就業的殘酷以及生活中的各種困境，從前是「男兒有淚不輕彈」，現在是「男女有淚不輕彈」，不管心中有多苦多累，臉上總是要永遠掛上燦爛的笑容；不管腳步多沉重，人前卻依然要蹦蹦跳跳，若無其事。

似乎只有做到這樣才能獲得自身的尊嚴。當然生活在這個世界的人們喜歡堅強的總是要多於軟弱的。

可是卻不知，壓制情感對於劇烈的心理落差只能支撐短暫的一時，長此以往，總有一天要崩潰的。畢竟一個人的心理承受能力是有限的。那麼在這個時候就要學會示弱。

實際上，學會示弱，並不是要人用一種軟弱的人生態度面對眼前的

生活，而是要你改變一貫的強者姿態，試著柔軟自己的心靈與大腦，去接受別人的關愛與幫助；是要你放低自己一貫高昂的頭，試著謙虛自己的言行與舉止，去讚美別人的成功，承認自己的脆弱。

太極拳就突顯了以柔克剛、以弱勝強的觀念，這也就是弱者致勝的法寶。太極拳有它獨特的思考方式和運作方式：太極拳不是硬碰硬、實打實、針鋒相對、以死相拚的做法，而是以小勝大、以柔克剛、避實擊虛、曲線靈活，借力化勁以「四兩撥千斤」。所以，太極拳常常能取得以柔克剛、以弱勝強的結果。

《道德經》第四十三章說：

天下之至柔，馳騁天下之至堅。無有入無間，吾是以知無為之有益。不言之教，無為之益，天下稀及之。

至柔者水，至堅者石。水能貫堅入剛，無所不通。水滴石穿，柔能克剛。老子從中了解到了「無為」的作用。

人生含和氣，抱精神，故柔弱也。人死和氣竭，精神亡，故堅強也。天下萬物一草一木，活著的時候都很柔軟脆弱，死了以後就乾枯變硬了。所以，堅硬剛強總是與死亡相伴，柔軟弱小總是和生命為侶。因此，樹木剛強了，就要折斷。

老子說：「天下莫柔弱於水，而攻堅強者莫之能勝，其無以易之。弱之勝強，柔之勝剛，天下莫不知莫能行。」天下沒有比水更柔弱的東西了，但水能穿透堅強的岩石，任何東西都比不過它。恐怕沒有東西能代替水吧？

所以，弱小的能戰勝強大的，柔軟的能戰勝剛強的。天下人沒有不明白這個道理的，但卻沒有多少人能按照這個道理去做。

第四章　剛柔並濟，掌控自己的人生

「知其雄，守其雌，為天下溪」，在一定條件下，雄與雌、剛與柔卻是可以相互轉化的。

內心剛強，外表卻要柔弱而不與人爭，這是道家「和光同塵」的處世態度，這也是道家無為而治的剛柔觀。

強者的生活可能多的是鮮花和掌聲，但背後浸滿孤獨；弱者的生活可能平淡而簡單，但其後滿是溫暖與陽光。

當然，學會示弱，並不意味著你自己與強者無緣，恰恰相反，正是因為你的示弱，身邊才會有無數雙帶著暖意的眼睛關注你、支持你，這樣你前進的步伐才會更加的輕鬆有力，到最後出現「無心插柳柳成蔭」的效果。

面對有風有雨的日子，學校裡的畢業生們一定要學會示弱，以一份平和的心態去面對眼前的壓力，然後再作積極的努力。

其實，真正的強大是你是否懂得示弱，善於示弱。那種不鳴則已、一鳴驚人的感覺是不是更爽呢？

留點餘地給別人，充分地去尊重別人，這樣你得到的不僅僅是別人的認同與尊重，還能經營好人與人之間的人際關係。最重要的是更有利於自己的進步。

這種示弱是積極的，同時也是聰明的，是一種主動掌握生活的自信與從容。然而在取得成功的時候，你千萬不可過分謙虛，那樣對手以為你在輕視他！

任何一種行為，在其背後都有一種心態的支撐。試想，一個人在生存競爭中處於劣勢地位，他往往會對處於優勢的人產生一種嫉妒心理，甚至是報復心，常常表現為言語上的挑釁、行為上的暴力。

然而，如果你是處於優勢的人，能夠放低你的優勢，淡化你的成就，是不是能夠緩解嫉妒之人的嫉妒心呢？能得到成就又得到他人的尊重何樂不為呢？

所以，有些時候我們不妨適當糊塗一下、示弱一下，這也算是一件好事啊！佛家有云：「一念天堂，一念地獄。」

可能我們每個人都有這樣一個體會：打拳擊時，你是不是要把拳頭縮回來再伸出去才有力量呢？如果你的手直直地、一味地窮追猛打，那受傷的就必定是你。

其實，對於一個人的示弱也如出一轍。只有你能夠收，才能夠展示出你更強的力量。因此，如果你想當智者，那麼你就一定要先懂得示弱。

真正強大的人常常喜歡示弱。記得有這樣一位朋友，他走入文壇已30多年，童話、小說、散文都寫得很漂亮，獲了不少獎。

然而，這位長者與人為善，說話細聲細氣，對同行態度極其謙遜。圈子裡的人提起他，都說他是個好人。

這位朋友交做人的方法可以概括為一句話：善於示弱。也就是在自己明顯占有優勢的情況下，淡化自己的光芒，不讓自己鋒芒畢露，充分地去尊重別人的感受。這種示弱並非真正的弱小，而是一種主動地去掌握生活的自信與從容。

示弱可以讓我們很容易就得到更多友好的朋友。人與人相處，愉悅是最為重要的。你可以不在物質上幫助人家，也可以不對別人事業的發展承擔什麼樣的義務，然而你卻不能不讓別人愉快。如果人家跟你在一起，心情老是鬱鬱寡歡的，大概不會有與你長久相交的念頭。

第四章　剛柔並濟，掌控自己的人生

示弱也十分有益於成就我們的事業。一個人要想做成事業，第一要靠自己幫忙，第二要靠別人幫忙。所謂要靠自己幫忙，那就是我們自身必須要擁有成就事業的才華、學識、氣魄、毅力；所謂要靠別人幫忙，就是必須具備良好的人際關係，盡可能減少前進過程中的「摩擦係數」。

我們要有意識地做到在生活中示弱，這樣別人不僅不會認為你的成功妨礙自己的幸福，反而會把它看作使自己快樂的一個重要環節。你在向前方「進攻」的時候，就自然會免去後院的失火之憂。

太剛則折，太柔則廢

從古至今，為人處世的評價標準就一直非常繁複。老子、孔子多半都是從道德與仁、義、禮、智、信的角度來講的，而流傳下來的眾多家書與家訓也都有其不同的標準，其大多數是緊緊圍繞封建禮教來論證的，精華與糟粕都有。

《資治通鑑》有云：「太剛則折，太柔則廢。」

從《論語》中可以看出，孔子實際上對剛柔的恰當結合十分關注。據載，孔子為人「溫而厲、威而不猛、恭而安」，這句話的意思是說，溫和而嚴肅，威嚴又不凶猛，莊重又安詳。這是孔子做人的標準。很顯然，他在力求一種剛和柔之間的恰當平衡。

在對國家政事的主張中，孔子極側重於「柔」。他說：「道之以政，齊之以刑，民免而無恥；道之以德，齊之以禮，有恥且格。」意思是說，用政策來管理百姓，用刑罰來約束他們，百姓只能暫時免於犯罪，但不知道犯罪是可恥的；用道德來教化百姓，用禮教來制約他們，百姓不但有羞恥之心，而且自己還能改正錯誤。

可見，從為人到治理國家上，孔子始終致力於追求一種平衡狀態。雖然對國家的禮教強調得更多一些，然而也並非完全否定刑罰的作用。後來，孔子思想經過漢代董仲舒的發揮，形成古代「德主刑輔」的法治思想，從而對後世產生極為深遠的影響。

「剛」乃人生本性，任何人都渴望成為事物的主宰者，成為他人心中的陽光，成為隨心之所欲者，但真正能讓自己剛性起來的卻不多。自從呱呱落地的那一刻開始，我們就會感受到自己的剛性被抹殺掉了，也就是當要求人們都來關注自己時，卻沒人理睬；當飢餓調皮地衝擊自己而發出呱呱聲時，有多少次是遂合自己的心願。剛性的原本逐步為他人他物所抹殺，而且還伴隨著人的成長過程而逐漸在欲之不達中消融。

一個人從上學時候開始，往往想透過努力學習讓自己變剛、變強，但任何為剛性而努力的奮鬥都會有所遺漏。在某方面有所得時，卻往往在另一方面備受打擊，而不知多少次這都讓自己失去了尊嚴。

一個人當把學習轉換成任務思想時，總想使喚其他人為自己做作業，但被老師發現，時卻又摧毀自己剛剛壘起的剛性堡壘；你在學習上累積起來的剛性，卻在下課時被其他學生消滅。

工作後，當工作上的剛性業績讓你自以為傲時，你卻被競爭對手或同事打敗了。剛成為同事們的陽光領袖時，然而很快你卻在老闆那裡失去了繼任的權力。

剛柔相濟才能辦成大事，當同事們的眼光充滿妒忌時，你要用柔性的策略來處理，要不然剛性太足就很容易折斷。

例如，你和王某初次談判，如果你剛性十足地強調自身的利益，給人一種咄咄逼人的氣勢，你就會失去和諧。如果你一味軟求硬泡，你就會失去剛性的機會。

第四章　剛柔並濟，掌控自己的人生

　　如果你軟硬兼施，那麼你不僅能夠維護自身的剛性品牌，同時還能夠長期地保持合作的機會。做人要做到柔中有剛、剛中有柔，這是能成大事的基本條件。

　　生活中，通常可以看到這樣一種人：當他一味剛性十足時，失敗的教訓會讓他柔順一會；當他一味柔順時，你也會見到他剛性十足的一刻。

　　正所謂剛乃陽，陽氣太盛就會傷及體膚，波及周圍更廣的地方。柔乃陰，陰氣太旺又會傷及內臟，損壞自身的機體。

　　從陰陽協調的角度來看待剛柔相濟，我們就可以縱向地去分解這樣一個問題：從人的個體本身來看，即人的性格也需要剛柔相濟，從人的營養飲食的角度上看，人體更要剛柔相濟。

　　熱量高、脂肪高的食品與含有維生素的食品，搭配進食有利於人體生長發育，如一味大補特補，就會使身體機能無法協調發展，從而危及自身的健康。

　　做人也需要剛柔相濟。一個人如果一味地剛性做事，那麼就會失去柔性的思想，不利於自身發展。

　　在古代，一個成功的將帥必須具備剛強的性格。剛烈但卻不固執己見，溫和、柔和但不軟弱無力，這就是通常所講的剛柔相濟。

　　單純一味地柔和、軟弱，就會使自己的力量被削減，以至於最後失敗；單純一味地剛烈、剛強，又會導致剛愎自用，也注定要失敗。因此，要做到溫和而又剛強、剛柔並濟，這才算是最好的狀態，才是一個人最為理想的性格特點。

　　剛柔相濟是剛和柔的結合，是剛中含柔、柔中見剛。吳起是戰國時期的魏國大將，他愛兵如子，「卒有病疽者，起為吮之」，在用兵的時

候，可以令士卒「交兵接刃而樂死」。

依靠士兵的支持擁護，吳起縱橫捭闔，揮師千里，常立於不敗之地。其剛柔相濟的帶兵之道，就特別值得現在的人借鑑。老子也一直強調為人處世的「柔」的作用，而且對之陳述頗多，對剛則不甚推崇。

在待人處世中，直言直語是一把傷人傷己的雙面利刃。喜歡直言直語的人通常都具有正義傾向的性格，其言語的爆發力和殺傷力都很強，所以有時候這種人會被別人當槍使。待人方面，少直言指陳他人處事不當，或糾正他人性格上的弱點。

無數個事實證明，這不是愛之深責之切，而是在和他過不去。每個人都有一個內心堡壘，將自我縮藏在裡面。你的直言直語恰好把他的堡壘攻破，把人家從裡面揪出來，讓人家難受。因此，能不講就不要講，要講就委婉一點，點到為止。

生活中，經常會聽到「對事不對人」。所謂「對事不對人」，這只是說說而已。事是人計劃的、人做的，批評事也等於批評人了。因此，我們始終要記住這句話：太剛則折，太柔則廢。

第四章　剛柔並濟，掌控自己的人生

第五章
進退有度，開闢屬於我們的天地

　　進退的意思是：知道取捨，明白所處的環境，懂得失，知進退。人生固然需要進步、進取、進入、出發，但很多時候，我們還需要學會「退」。進和退如陰陽之行，是隨時處在運動變化之中的。退中有進，進中含退。退時當思進，進時當思退。

　　在進的時候，我們不能一味地高歌猛進，而要為自己想一想退步的餘地；在退的時候，我們也不能畏怯地一退到底，而是以退為進，為自己留下再次前進的「橋頭堡」。

　　有句經典臺詞說：「我們今天的撤退，就是為了明天能夠大踏步地前進。」在進退之間，我們才能打出一片屬於我們自己的天地，才能顯示出自己的瀟灑。

第五章　進退有度，開關屬於我們的天地

懂得退讓，獲取更多

你知道嗎？你所有的思想支配著你的言行，塑造了你的整體形象。為他人提供良好的服務，善意地對待他人，對自己一定會有所幫助；斤斤計較，吹毛求疵，處心積慮地傷害別人，自己也得不到內心的寧靜。

在狹窄的路上行走，要留一點餘地給別人走；山間小道上兩個人互相通過時，如果爭先恐後，兩人都有墜入深谷的危險。在這種情況下先停住腳步讓對方過去，才是有禮貌、最安全的。

遇到美味可口的飯菜時，要留出三分讓給別人吃，這樣才是一種美德。路留一步，味留三分，是提倡一種謹慎的利世濟人的方式。在生活中，除了原則問題須堅持外，對小事，個人利益互相謙讓就會帶來個人的身心愉快。

一天，一戶人家來了遠方造訪的客人，父親讓兒子上街去購買酒菜，準備請客，沒想到兒子出門許久都沒回來，父親等得不耐煩了，於是自己就上街去看個究竟。父親快到街上的便橋時，發現兒子在橋頭和另一個人，正面對面地僵持站在那兒，父親就上前詢問：「你怎麼買了酒菜不馬上回家呢？」

兒子回答說：「老爸你來得正好，我從橋這邊過去，這個人堅持不讓我過去，我現在也不讓他過來，所以我們兩個人就對上了。看看究竟誰讓誰？」

父親聽兒子的一席話，就上前聲援道：「孩子，你先把酒菜拿回去給客人享用，這裡讓爸爸來，看看究竟誰讓誰？」

在社會上，無論說話也好，做事也好，好多人不肯給別人一點餘地，不願給別人一點空間，到處有這對父子的影子，往往只為了「爭一

懂得退讓，獲取更多

口氣」，本來沒有什麼大不了的瑣事，非要大費周章，堅持己見互不讓步，結果小事變大事，甚至搞得兩敗俱傷，真是何苦？

人在世間若是不能忍受一點閒氣，不肯給人方便，讓人一步，往往使自己到處碰壁，到處遭逢阻礙。如果一個人平常為人在語言上讓人一句，在事情上留有餘地，肯讓人一步，也許收穫就能更大。讓人，多發生於競爭情境，由於讓人行為出現而使矛盾化解，爭鬥平息，對手變手足，仇人變兄弟。因此，讓人是避免鬥爭的極好方法，對個體也具有一定價值。

得理不讓人，讓對方走投無路，有可能激起對方「求生」的意志，而既然是「求生」，就有可能是「不擇手段」，這對你自己將造成傷害。好比把老鼠關在房間內，不讓其逃出，老鼠為了求生，會咬壞你家中的器物。放牠一條生路，牠「逃命」要緊，便不會對你的利益造成破壞。

對方「無理」，自知理虧，你在「理」字已明之下，放他一條生路，他會心存感激，來日自當圖報。就算不會如此，也不太可能再度與你為敵。這就是人性。

得理不讓人，傷了對方，有時也連帶傷了他的家人，甚至毀了對方，這有失厚道。而得理讓人，卻是一種積蓄。

人海茫茫，卻常「後會有期」。你今天得理不讓人，哪知他日你們二人不會狹路相逢？若屆時他勢旺你勢弱，你就有可能吃虧！「得理讓人」，這也是為自己以後做人留條後路。

人情翻覆似波瀾。今天的朋友，也許將成為明天的對手；而今天的對手，也可能成為明天的朋友。

世事如崎嶇道路，困難重重，因此走不過去的地方不妨退一步，讓對方先過，就是寬闊的道路也要給別人三分便利。這樣做，既是為他人

第五章　進退有度，開闢屬於我們的天地

著想，又能為自己留條後路，多一個朋友多一條路。

要做人圓融會變通，就要學會「讓」的藝術，讓人一步有時能獲得讓你意想不到的好效果。

生命苦短，有所捨才會有所得，如果得到後變張狂必將會大失。因此，修養是人們所必然需要的一種超越物質的追求。

爭強鬥狠是一生，節制謙和是一生。所以，清心節欲可以營造出一種張弛有度、進退自如的節奏感。

對於生意人來說，商業本質是一種交易，而交易的本質是一種妥協，而妥協就是一種適時進退的策略。因此，生意在做到一定程度的時候，就必須要適時放下而不是把它緊緊抱在懷裡。游離到生意之外，像靈魂一樣站在高處看自己，讓自己有所為有所不為，讓自己清心寡欲。讓重大決策擺脫情緒影響可以用清心，讓自己不放縱而避開風險可以用寡欲；謙和可以最大限度地培養愛心和服務意識，節制會讓你杜絕非理性的盲目擴張。

良好的修養，能使我們坦然面對生老病死，平靜地對待錢多錢少。知道「分一杯羹給天下人」，知道「魚和熊掌不可兼得」，知道天的外面還有天，知道還有比事業和金錢更加重要的東西，讓有需求的人們去分享你的福利，這也許是一些有錢人的終極追求！

「退」不是認輸，是為了進

人們一般都認為退縮是弱者的行為，前進是強者的行為。事實並非都是這樣，很多時候，前進只是蠻幹，而退縮卻是另外一種前進，是一種為未來著想的方法。古語有云，世事如棋。生活中人與人之間充滿著

「退」不是認輸，是為了進

競爭和對抗，每個人如同棋手，其每一個行為，如同在一張隱形的棋盤上布一個棋子，精明慎重的棋手們相互揣摩，相互牽制，人人爭贏，下出諸多精彩紛呈、變化多端的棋局。

我們要學會「退」，退是為了進，待時機成熟，便可以以退為進，從而獲得成功。人，確實是應當勇於打拚，但這個打拚是建立在清楚了解自己能力上的。如果不了解自己的能力，只會是以卵擊石，白白葬送自己，這是莽夫的行為。

有一位登山運動員，在一次攀登聖母峰的活動中，在 6,400 公尺的高度，他漸感體力不支，停了下來，與隊友打個招呼，就下山去了。

事後有人為他惋惜：「為什麼不再堅持一下，再攀點高度，就可以跨過 6,500 公尺的死亡線啦！」

他回答得很乾脆：「不，我最清楚，6,400 公尺的海拔，是我登山生涯的最高點，我一點都不感到遺憾。」

聰明之人，懂得知難而退，懂得怎樣去打拚。正如故事中的這位登山運動員那樣，該退的時候就毫無遺憾地退下來，不要害怕別人會笑自己。其實，我們的生活也正是如此。進步就好比是在向上攀爬，但是不論我們準備得多麼充足，精力多麼充沛，總會有達到極限的那一刻。到那時，與其耗盡力氣向看不到終點的山峰走去，倒不如懷著一份輕鬆開適的心情，回過頭，後退一步，觀賞一會兒身後的風景。

努力打拚固然是不可缺少的精神，然而這世上有太多的事是人力所不能控的，無謂的努力還不如暫時放棄，說不定會有什麼意想不到的效果，也許你能從此得到更多美麗的事物。

但是，這一歇，並不是停滯不前，而是養精蓄銳，為了更好地向前；這也不是一味妥協，而是理智忍讓，為了給自己留有餘地；更不是無條

第五章　進退有度，開闢屬於我們的天地

件地放棄，而是有意地迂迴，為了能更堅定地站立。

小溪放棄平坦，是為了回歸大海的豪邁；落葉離開枝幹，是為了期待春天的燦爛；蠟炬燃燒完美的軀體，是為了擁有一世的光明。在人生的旅程之中，有太多的誘惑，不懂得放棄，只能在誘惑的漩渦中消沉；有太多的欲望與奢求，不懂得放棄，就在人生的軌道之中消失方向；有太多的享受，不懂得放棄，只能沉浸在短暫的享受之中。

人們常常把追求的目光盯在遙不可及的遠方，而近在咫尺的寶藏卻視而不見，寧願歷盡千辛萬苦去尋找虛無縹緲的成功，也不願意看見身邊唾手可得的財富。幻想再美也只是幻想，只有選擇放棄才是一種理智的體現！鋸子一直向前，會有到頭的那刻，適時退回，鋸子才能再次發力；弓始終繃緊，會有拉斷的時候，適時將弦放鬆，才能讓箭快速離弦。

成功人生不在於一時的得失，因為「拳頭收回來，打出去才更有力量」！退不是放棄的藉口，不是認輸的理由，更不是成功後的滿足。能以退為進者，才能真正走上成功路。

在某些特定的時間裡、環境下，採取以退為進的方法，也是一種積極的人生策略，而並非是消極退讓。正如一位成功家所說：「用心計較般般錯，退步思量事事寬；有心栽花花不開，無心插柳柳成蔭，此之為成事之理也。」能以退為進者才能走得更穩。在攀登珠峰的路上，面對潛在的危險，26人選擇向前，換來永遠安息於此的結局。只有克洛普利獨自堅持返回大本營。一年後，他成功登頂，實現了隊友們已不可能完成的心願。

榮譽會衝破理智，但當弦崩斷的瞬間，箭也將應聲落地。不是所有的退都意味著放棄，有時成功也少不了冒險，但若冒的是生命的險又怎麼等得來成功？留下一串扎實的腳印，才是一段穩步向前的成功

路。退，不是放棄，而是成功路上必經的抉擇。能以退為進者才能走得更遠。

在賽道上，他轉身離開，途經旁人不理解的目光，帶著我們無法體會的傷痛和無法想像的壓力。但在此時若不退，更加嚴重的腳傷，只會成為他體育生涯永遠的牽絆，我們不會有機會看到黃金大獎賽上劉翔完美的復出，甚至他的身影也不再會出現在賽道的那頭。

淡出人們的視線，離開相伴十幾載的跑道，治療、復健才使他有機會蓄勢，才有待發的可能。腳步有進有退，只因人生有起有落，能在落時釋然退下，只為待起時再次奮勇先前。退，不是認輸，而是待發前的蓄勢。

不再退時，隨心所欲地停下，這是進的毅力；不再進時，止步向前，這是退的智慧。多一層理智後，再多一個目標；多一個目標後，再多一成壯志。腳步有進有退，可只要始終向著一個方向走，終會有走到目的地的一天。有時候，退一步，得到的往往是海闊天空。讓我們學會理智地面對生活中的困境，懂得「以退為進」。

不可盲目遷就和善良

一個人出門去旅行，走啊走，走得腳都起泡了。腿開始大聲向主人提出抗議：「停下來！為什麼受累的只有我，你為什麼不試試讓手走路？」

「可是手本來就不是用來走路的呀！」主人為難地說，但在腿的堅持下，他只好趴在地上，用手艱難地往前走，不一會兒手就磨破了，手也朝主人發起火來，正在這時，一個騎著馬的人從後面趕來，看到走路人

第五章　進退有度，開闢屬於我們的天地

的窘狀，就說願意把馬讓給路人騎，但希望路人送他一條腿，那個人本來堅決不同意，但在手和腳的勸說下，他還是割了一條腿，當然從此以後他再也不能從馬上下來走路了。

一個人總要有自己的原則、自己的立場，不能只一味遷就別人，一點主見也沒有。這裡的原則既包括辦事的方法，也包括日常生活中為人處世的立場、原則，少了哪個都會帶給你困難，並將影響你的生活。

工作辦事沒有自己的方法，只聽命於他人，別人怎麼說自己就怎麼做。如果別人說得對還好；假若別人說得不對，而自己又不動腦筋，走彎路、浪費時間不說，有時難免要犯錯。

舉個簡單的例子：

某個人想挖魚池養魚，有人建議坑底要鋪上一層磚，這樣既乾淨又會節省水；又有人建議說，不能鋪磚，鋪了磚魚就接觸不著泥土，對魚的生長不利；還有人說……於是，這位養魚者開始犯難了，左也不是，右也不是，不知該聽誰的好。其結果是，事情就此擱了下來，最終放棄了計畫。

當然，這只是個簡單的例子，生活中有許多事情要複雜得多，而且有些事情沒有猶豫的時間，這就更需要我們有自己的方法。既然別人的意見也不一定正確，為什麼不試試自己的辦法呢？

老劉沒別的毛病，就是天生的耳根子軟，別人說什麼他聽什麼，妻子一生氣就罵他是「應聲蟲」。比如說中午訂餐，同事問老劉吃什麼，他猶猶豫豫地想了一會兒說：「吃揚州炒飯吧！」

同事一聽，說：「揚州炒飯有什麼好吃的，就吃魚香肉絲蓋飯吧！」

老劉趕緊點頭：「行，行，行！」

不可盲目遷就和善良

不但生活中這樣，工作中也是這樣，他從來也提不出什麼像樣的意見，什麼事都聽人家的，所以公司裡開會時，老劉永遠是坐在角落裡發呆的那一個。

前不久，妻子回娘家了，說是要跟他離婚，起因就是一卷壁紙。妻子嫌臥室裡的壁紙太舊了，想換新的，正巧身體不舒服，就讓老劉一個人去買。走之前一再囑咐他按照家具的顏色搭配著買，但老劉卻禁不住售貨小姐的慫恿，買了一種深藍色直條紋的桌布，貼上以後，妻子總覺得自己是睡在監獄裡。

她覺得老劉這人太沒用了，很多同事都利用他的好說話占他便宜，上司把他當軟柿子捏來捏去⋯⋯現在一個售貨小姐居然也把他當「冤大頭」，日子再也沒辦法過了，妻子憤怒地收拾東西離開了這個家。老劉則坐在沙發上唉聲嘆氣，看來他「耳朵軟」的毛病是改不了了！

社會太複雜了，過於遷就別人的人很容易就會吃虧，多少人排隊等著算計這種老實人呢！辦事沒有原則，有時就表現為一味地遷就、順從別人。由於自己沒有立場，所以很容易被他們所誘惑或利用。

遷就別人，表面看來是和善之舉，但實際上則是軟弱的表現。軟弱到一定程度就會逐漸失去自信力，而沒有自信力的人是很難成就什麼大事業的。

有時，性格上的自卑和懦弱，也表現為沒有自己的立場和觀點。自卑，就會覺得處處不如別人，怯懦則往往會導致卑微。時時看著別人的臉色行事，怎麼能走自己的路呢？其實，這樣做是大可不必的。

著名漫畫家蔡志忠講過這樣一句話：「每塊木頭都是座佛，只要有人去掉多餘的部分；每個人都是完美的，只要除掉缺點和瑕疵。」正是如此，每個人都有他自己的長處，為什麼非要去迎合別人的口味呢？沒有

195

第五章　進退有度，開闢屬於我們的天地

原則的人還往往禁不住他人的誘惑，什麼事情，最初還能遵循自己的原則，但經別人三言兩語一勸，馬上防線就崩潰了。

舉個日常生活中最簡單、最普遍的小例子：拿喝酒來講，幾個朋友坐在一起，常常要推杯換盞，邊喝邊聊。幾杯酒下肚之後，本來規定自己只喝三杯，開始時方能堅持，但沒多久，在朋友的再三勸說之下，腦袋一熱，什麼三杯原則，五杯又能怎麼樣？於是，原則丟在腦後，放開肚子喝了起來。其結果常常是酩酊大醉，誤了其他的事不說，對自己的身體損害極大。這是多麼不合算的事啊！所以，做什麼事情都要有個度，不能過度，否則就是沒有原則。什麼事情都沒有原則，只會帶來不良後果，而不會有什麼好的結局。

據一本古代寓言書記載，誰能解開奇異的高爾丁死結，誰能注定成為亞洲王。所有試圖解開這個複雜怪結的人都失敗了。後來輪到了亞歷山大（Alexander）來試一試，他想盡辦法要找到這個死結的線頭。結果還是一籌莫展。後來他說：「我要建立我自己的解結規則。」於是，他拔出劍來，將結劈為兩半，他成了亞洲王。

這當然是傳說，但這則故事告訴我們，亞歷山大之所以成功地做了亞洲王，就是因為他有自己的方法，創立了自己的規則。他絕不是沒有主見、沒有辦法之人。因此，做什麼事情都要動腦筋，不要輕易聽從他人的，要有自己的一套規則。這樣做，有時會使你收到意想不到的效果。

不要輕易遷就別人，每個人都有自己的立場和方法，做事時應該多堅持自己的意見，不要輕易改變立場。在堅持原則的基礎上，我行我素，「你有千條妙計，我有一定之規」，「走自己的路，讓人家說去吧！」這樣，你就可以抵制那些企圖誘惑你、改變你的人！

抓住機遇即是成功的一半

中國自古便有一句至理名言：「謙受益，滿招損」。是的，謙虛是種美德，用來提醒人們做人一定要保持謙虛，不能太高傲。

誠然，「謙虛」的精神是每個人都應當擁有的。沒有一個人有能夠驕傲的資本，因為任何人即使在某一方面的造詣很深，也不能夠說他已經徹底精通，徹底研究全了。

「生命有限，知識無窮」，任何一門學問都是無窮無盡的海洋，都是無邊無際的天空。因此，無論何時何地，保持一份謙遜的態度都是人們所提倡的。

但凡事總有兩面性：忍讓過度就是懦弱；謙虛過度就是虛偽；自信過度就是自大。作為一種含蓄的智慧，謙虛當然是必要的，謙虛一旦過了度，結果就會背離人們的初衷，往往會適得其反。

特別是我們青少年朋友，在面對良好的機遇的時候，往往更需要毫不客氣地去爭取，而不是一味地謙讓。如果你總是在謙讓，那麼大好的機遇就會與你擦肩而過。

這裡有一個因為謙虛而與機會失之交臂的故事，朋友們，我們來看一看吧：

那一夜我和失眠相伴到天亮，我如花的升遷夢想伴隨狂風暴雨而凋零。電石火花間，我明白了所有的一切。我不僅沒利用好謙虛這個工具，更沒有掌控好讓謙虛來表明我良好的態度。我升遷的希望被埋進了墳墓。

我大學學的是行銷，因此，畢業後不久，就透過人力銀行應徵到一家食品企業從事銷售工作。

第五章　進退有度，開闢屬於我們的天地

兩年來，我兢兢業業，恪盡職守，不僅吃苦耐勞，勤於付出，而且勇於出大力、流大汗，一直扎根在市場一線，與經銷商同甘共苦，並肩作戰。

天道酬勤，我的這些辛苦沒有白費，當時，我的個人業績也總排在 100 多名業務員中的前 10 名。

根據當時的情況，我是公司上上下下都普遍看好的「準經理」，當然，我也幻想著機會有一天會垂青於我。

不久機會來了，某個區域經理由於內部職位轉換調走了，該職位留下空缺。

這時公司上司想到了我，但當負責銷售的行銷經理找我談話時，不知怎麼，我卻一時靦腆並異常謙虛起來。

原來鼓足的自信和勇氣一下子就不見了，只記得當時我說需要學習的東西還很多，還需要繼續進行鍛鍊和提高，當區域經理現在還不適合，時機也不成熟。

當時，我能明顯地感覺到，我的這一番話讓上司頗感意外，他想說的一些話，全被我連正面都不敢看他的眼神阻擋了。

後來，我不知道是怎麼離開行銷經理辦公室的，大腦一片空白、冷汗直流，好像做了一件錯事，卻又不知道錯在哪裡。

後來，空缺區域經理的職位最後確定下來了，可以想見，那個人肯定不是我，而是一個銷售業績遠不如我，但闖勁和魄力遠比我強的，同一年畢業的同事。

這位本來不如我的同事，經過公司的職位技能培訓以及在上司經常替他補充「營養」和「面授機宜」的薰陶下，成長極其迅速。

一年後，這位同事升任大區經理，享受著企業給予的比我高 3 倍的薪酬待遇和更高的職位挑戰，而我卻還在原來的銷售區域繼續做著我的業務代表。

作為一種含蓄的智慧，謙虛當然是必要的，但善於正視自我、相信自我、表現自我是才是更重要的。一旦謙虛過度，結果就會背離人們的初衷，往往會適得其反，正像故事中的女孩一樣，白白喪失了良好的機遇，個人才能不能得到發揮。

謙虛不是錯，過度謙虛肯定就不對了。這在與國外的對比中，更可以看出來。在中國，謙虛一般是很值得表揚的，但在其他國家謙虛可能會一事無成。

有部電視劇講了一段這樣的故事：

廚藝非常好的巧雲在莫爾家幫忙煮飯。有一天，莫爾太太請了她最好的朋友雪莉吃晚飯。他們對巧雲燒的菜讚不絕口。

一會兒，巧雲又上了一道菜，莫爾太太對巧雲說：「你燒的菜太好吃了，我從來沒有吃過這麼好吃的菜。」

巧雲道：「燒得不好，湊合著吃吧。」

莫爾太太的兒子弗蘭克聽到後問巧雲：「你為什麼讓我們吃燒得不好的菜？」

巧雲啞口無言。

莫爾太太馬上回答：「我不明白你為什麼這麼謙虛。你明明燒的菜很好吃，卻說讓我們湊合著吃。本來我認為真是這樣，後來我才發現中國人都是這樣過度謙虛的。如果你在美國，是不會獲得任何工作機會的。你應該去美國最大的飯店領最高的薪水，告訴他你燒的菜是最好吃的，

第五章　進退有度，開闢屬於我們的天地

你的廚藝是任何人比不上的，要學會有自信。」

如果巧雲聽取莫爾太太的話，那麼她可能早已經是中國最棒的廚師了，她也是人們最受歡迎的廚師了。她也讓人人都享受到了美味的菜餚。對他人有利，也對自己有利，這不是很好嗎？為什麼要過度謙虛呢？過度謙虛只會讓機會一次次地喪失，讓自己的人生變得越來越黯淡。

美國前總統小布希（Bush Junior）在告別演說中有一句話耐人尋味：「如果再給我一次機會，我將有不同做法。」對小布希這句感慨，世界許多媒體紛紛在顯著位置予以突出報導，眾說紛紜。

「如果再給我一次機會，我會如何如何……」這也是我們經常聽到的話。說這種話的人，大多是失意者，也算是事過之後的一種醒悟。

有句老話：「天下沒有賣後悔藥的。」機會一旦失去，很難再找回來，與其後悔，不如當機立斷，抓住機會，而不是在那裡紅著臉謙虛。

有一位青少年，儘管他有很多愛好，如唱歌、繪畫，但他卻認為比自己強的人還有很多，所以不敢出聲。結果，被了解自己的好心同學打了小報告，老師把他叫到面前，詢問他的愛好和特長，他還是一直謙虛地說自己這不行、那不行。老師只好認為他真的不行，就放棄他了。

然而，當他看到比自己差得好遠的同學在畫黑板，擦了又畫，畫了又擦，眼看把黑板糟蹋了時，他實在忍不住了，就過去幫忙。結果他輕輕鬆鬆就做好了。

當老師看到他的「傑作」後，臉上不但沒有笑容，反而批評他，說他不支持老師以及班上的工作，讓他非常委屈。到後來，老師讓一個不如他的同學做班級幹部，而要他協助對方，也就是說，工作他來做，功勞則全是那位同學的。

最終他得出了一個經驗教訓：過分謙虛，只會讓自己的機會白白流失。

你再優秀，再聰明，但沒有發揮才能的平臺和機會，又怎能得到別人的認可？想當年，諸葛亮如果不是出山輔佐劉備，給了證明自己軍事才能的機會，不僅成就不了劉備的霸業，也只能空有滿腹經綸而不為世人所知，諸葛亮的名字也就不可能在歷史的紀念冊上占有一席之地。

自己有實力也要證明給別人看，謙虛不是何時都是一種美德。自己有能力只有自己知道，把能力充分發揮出來，別人才會知道，才會得到大家的認可。

善用語言化解危機

裝作不知道，就是指裝作沒有聽到或沒有聽清楚別人的話，以便避實就虛、猛然出擊的說辯方式。

這種說話的特點是：說辯的鋒芒主要不在於傳遞何種資訊，而是透過打擊、轉移對方的說辯興致，使之無法繼續設定窘迫局面，而化干戈為玉帛，並能夠寓辯於無形，不戰而屈人之兵。在人際交往中，很多場合都使用這種方式。

故作不知，可用於挽回「失語」所造成的尷尬局面。「馬有失蹄，人有失言」，在語言交際中難免發生的就是偶爾的失語，但許多矛盾發生和激化的根源往往是失語。因此，換回失語，在語言交際中是很有必要的。有這樣一個事例：

實習期間，一位實習生剛把幾個字寫在黑板上，學生中突然有人叫起來：「老師的字比我們李老師的字好看！」

第五章　進退有度，開闢屬於我們的天地

真是語驚四座，稚嫩的學生哪能想到：此時後座的班主任李老師是怎樣的尷尬！

對於這位實習生來說，初上職位，就碰到這般讓人難堪的場面，的確使人頭痛，以後怎麼與這位班主任共度實習關呢？轉過身來謙虛幾句，行嗎？不行！

這位實習生靈機一動，裝作什麼都沒有聽到，繼續往下寫了幾個字，頭也不回地說：「不安靜地看課文，是誰在大聲喧譁！」

此語一出，使後座的李老師緊張尷尬的神情，頓時輕鬆多了尷尬局面也隨之消除。

這裡就是巧妙地運用裝作不知道，避實就虛，即避開「稱讚」這一實體，裝作什麼都沒有聽見，而攻擊「喧鬧」這一虛像。

既巧妙地告訴那位班主任，「我」根本沒有聽到；又打擊了那位學生的稱讚興致，把他誤認為老師沒有聽見的可能避免了，再稱讚幾句從而再次造成尷尬局面。

故作不知，可用於對付別人的詭辯。「事實勝於雄辯」，戰勝對手的有力法寶就是掌握充分的事實依據。但是令人遺憾的是，在許多情況下，面對巧舌如簧的人，總是讓人難堪至極，因為明知對方是謬論，卻又無法還擊。

有一次，兩位青年農民為玉米施肥時，因豬糞離莊稼遠近而爭執起來。

甲說：「豬糞離莊稼近，便於莊稼吸收，莊稼肯定愛長。」

乙說：「讓你這麼一說，應該把莊稼種到豬圈裡，一定更愛長。」

甲說：「你這是不講理。」

善用語言化解危機

乙說：「怎麼不講理？你不是說離豬糞近，莊稼愛長嗎？」

這時，一位中年農民湊過來說：「我看你們倆誰說得都不對。豬尾巴離糞最近，沒見過豬尾巴長得有多長……」

一句話，使那兩個青年農民哈哈大笑。中年農民似乎連常識也不懂了，但一語中的地點破了甲、乙兩人的詭辯，更兼具強烈的幽默感。

故作不知，可以用於處理、制止別人的中傷、調侃。雖然朋友之間很要好，有時也會因開玩笑過頭，而大動肝火，傷了和氣。對於這種情況，不妨巧妙地運用「裝作不知道」，給他一個丈二和尚摸不著頭緒的怪問。

袁兵因身體有點肥胖，同班的趙強、王明「觸景生情」，「冬瓜」長、「冬瓜」短地做起買賣來，並時不時對袁兵扮鬼臉。

面對拿別人的生理「缺陷」來開過火的玩笑，讓袁兵實在氣憤。欲要制止，這是不打自招；如不管他，心中的怒火卻又按捺不住。怎麼辦呢？

此時袁兵把躁動的情緒穩了穩，緩緩地走過去，拍著二人的肩膀，輕言細語地問：「趙強，聽說你有180公分高，恐怕沒有吧。」接著又對王明說：「你今天早上吃飯沒有？」

聽到這般溫柔怪誕的問話，興奮中的二人愣住了，大眼望小眼，如墮五裡霧中。全班同學沉寂了幾秒鐘，隨即迸發出哄堂大笑，二人明白被愚弄了，再也沒有興致繼續下去剛才有聲有色的「買賣」。

故作不知，可以有效制止別人的挖苦、諷刺。挖苦、諷刺，都是一種用尖酸刻薄的語言，辛辣有力地去貶損、揶揄對方的行為，極易激怒對方。為避免大動肝火，兩敗俱傷，也可巧妙地運用裝作沒聽明白的方式見機而行。

第五章　進退有度，開闢屬於我們的天地

丈夫不停地抽菸，菸缸裡已經有一大堆菸蒂了，其中大部分的還在冒煙。妻子驚呼：「天啊！難道你找不到更好的自殺方式了嗎？」

妻子出於愛護丈夫，對於丈夫抽菸非常惱恨，於是就把抽菸比作「自殺」，用語異常辛辣。作為男子漢的丈夫，雖然自知不對，但對於這樣的挖苦，卻也有些難以忍受。

但是如果直接反擊的話，那又會傷了彼此的和氣。此時，聰明的丈夫裝作什麼都沒有聽明白道地：「親愛的，我正在抽菸思考這個問題。」

這樣一個沒好氣的、似是而非的回答，令人啼笑皆非。丈夫也因為幽默了一次，心理獲得了平衡把心裡的怒氣消了，妻子已經把自己的不滿發洩了出來了，已不太在乎丈夫聽到沒有，因此對丈夫也不再言語。

故作不知，可以適時補救說話中的錯漏、失誤。進行即興演講，有時這樣的情況就會出現：演講者自己也不知為什麼，竟說錯一句話，而且馬上就意識到了。

怎麼辦呢？倘若遇上這種失誤，演講者不妨裝作不知道，然後採用調整語意。改換語氣等續接方式予以補救。反應只要敏捷，應變及時，就可以收到不露痕跡的糾錯效果。

有一位公司經理在開業典禮上發表即興演講，他這樣強調紀律的重要性：「公司是統一的整體，它有嚴格的規章制度，這是鐵的紀律，這是每一個員工都必須自覺遵守的。上班遲到、早退、閒聊、亂逛、辦事推諉、拖沓、消極、懈怠，這些行為都違反紀律了。這些現象我們允許存在，就等於允許有人拆公司的臺，我們能夠這樣做嗎？」

這位經理有很強的反應能力和應變能力。當他意識到自己把本來想說的「這些現象我們絕不允許存在」一句話中「絕不」二字漏掉之後，裝作不知，馬上循著語言表達的邏輯思路，續補了一句揭示其後果的話，

同時結束的時候用了一個反問句，增強了演講的啟發性和警示力。這樣的續接補救，真可謂順理成章，天衣無縫。

每個角度都能看到花開

一個人如果總是從壞的角度看問題，就會抑制你的進取心，侵蝕你的健康。而如果換個角度看問題，情況就會大大不同。我們要堅信，每個角度，都有花開，總有一處會是你嚮往的風景。

一場大水，把一個女人家的泥屋沖垮了，家具和衣物也都被捲走了。洪水退去後，她坐在一堆木料上哭了起來：為什麼她這麼不幸？以後該住在哪兒呢？表姐帶了東西來看她，她又忍不住跟表姐哭訴了一番。沒想到表姐非但沒有安慰她，還斥責她：「有什麼好傷心的？泥房子本來就不結實，你先租個房子住段時間，再蓋磚瓦的就好了！」

故事中的女人是生活中的悲觀者的代表，他們遇事總是拚命往壞的一面想；自找煩惱，死鑽牛角尖；不問自己得到了什麼，只看自己失去了多少；結果情況越來越糟糕，心情越來越低落。其實任何事情都有壞的一面和好的一面，如果能從正向的方面看問題，那麼就會有一個截然不同的結果，做起事來也就會更加得心應手。

有這樣一則民間故事：

有位秀才第二次進京趕考，住在一個以前住過的店裡。考試前一天他接連做了兩個夢：第一個夢是夢到自己在牆上種高粱；第二個夢是下雨天，他戴了斗笠且還打著傘。這兩個夢似乎有些深意，秀才第二天就趕緊去找算命的解夢。

算命的一聽，連拍大腿說：「你還是回家吧，你想想，高牆上種高粱

第五章　進退有度，開闢屬於我們的天地

不是白費力嗎？戴斗笠還打雨傘不是多此一舉嗎？」

秀才一聽，心灰意冷，回店收拾包袱準備回家。

店老闆非常奇怪，問：「不是明天才考試嗎，你怎麼今天就回鄉了？」

秀才如此這般解說了一番，店老闆樂了：「咳，我也會解夢的。我倒覺得，你這次一定要留下來。你想想，牆上種高粱不是高種（中）嗎？戴斗笠打傘不是說明你這次是有備無患嗎？」

秀才一聽，覺得店老闆的話比算命的更有道理，於是精神振奮地參加考試，居然中了榜眼。

角度不同，對問題的看法各有所異，有人積極，有人負面。負面思考者只看壞的一面，對事物總能找到負面的解釋，最終他們也將得到負面的結果。而正向思考者卻更願意從好的方面考慮問題，並透過自己的努力，得到一個正向的結果。所有這一切正如叔本華（Schopenhauer）所言：「事物的本身並不影響人，人們是受到對事物看法的影響！」

佛教講「無常」，凡事可以變好，凡事也可以變壞。悲觀的人永遠都是想到自己只剩下百萬元而擔憂，樂觀的人卻永遠為自己還剩下一萬元而慶幸。面對金黃的晚霞映紅半邊天的情景，有人嘆息：「夕陽無限好，只是近黃昏。」也有人想到的卻是：「莫道桑榆晚，晚霞尚滿天。」不同的人對同一件事有不同的心情，不同的心情必然有不同的結果。

我們每個人都有自己的生活，都有選擇精彩人生的機會，關鍵在於你的態度。態度決定人生，這是唯一一件真正屬於你的權利，沒有人能夠控制或奪去的東西就是你的態度。如果你能時時注意這件事實，你生命中的其他事情都會變得容易許多。

蘇東坡在被貶謫到海南島的時候，島上的孤寂落寞，與當初自家的賓客如雲相比，簡直判若兩個世界。但蘇東坡卻認為，宇宙之間，在孤島上生活的，也不只是他一人；大地也是海洋中的孤島！就像一盆水中的小螞蟻，當牠爬上一片樹葉，這也是牠的孤島。所以，蘇東坡覺得，只要能隨遇而安，就會快樂。蘇東坡在島上，每吃到當地的海產，他就慶幸自己能到海南島。他甚至想，如果朝中有大臣早他而來，他怎麼能獨自享受如此的美食呢？

　　所以，凡事往好處想，就會覺得人生快樂無比。人生沒有絕對的苦樂，只要凡事肯向好處想，自然能夠轉苦為樂、**轉難為易**、**轉危為安**。

　　海倫‧凱勒說：「面對陽光，你就會看不到陰影。」正向的人生觀，就是心裡的陽光！

　　負面的人多抱怨，正向的人多希望。負面的人等待著生活的安排，正向的人主動安排、改變生活。而正向的心態是快樂的起點，它能激發你的潛能，愉快地接受意想不到的任務，悅納意想不到的變化，寬容意想不到的冒犯，做好想做又不敢做的事，獲得他人所企望的發展機遇，你自然也就會超越他人。而如果讓負面的思想壓著你，你就會像一個要長途跋涉的人背著沉重而無用的大包袱一樣，使你看不到希望，從而失掉許多唾手可得的機遇。

善於妥協，進退自如

　　一個人一生中做得最多的事恐怕就是妥協。人生就是一個不斷的妥協的過程；處理人際關係更是需要一種妥協，有時還是沒有商榷餘地的妥協。

第五章　進退有度，開關屬於我們的天地

年輕氣盛時，不願正視妥協，以妥協為恥。殊不知，妥協不僅是複雜的現實人生中一種需求，也是一種理性、一種策略、一種社交智慧。如果我們把發展看成是人生的硬道理；那麼，妥協便是發展的一種助推劑。

19 世紀中期的美國，在木材行業中，經營規模很大而又獲得成功者卻為數很少，其中經營得最好的莫過於弗雷德里克‧韋爾豪澤 (Frederick Weyerhaeuser)。

1876 年，韋爾豪澤意識到，如果沒有伐木的權利，木業公司就會衰落，於是他就開始實行一個大規模購買林地的計畫。他從康乃爾大學買進 5 萬英畝土地，後來繼續買進大量土地，到 1879 年，他管轄的土地大約有 30 萬英畝。而正在此時，一個重要的木業公司密西西比河木業公司吸引了韋爾豪澤的注意。該公司具有很多的土地及良好的木材，由於經營者方法不對，導致公司效益不好。於是韋爾豪澤決心收購該公司。在經過雙方的接觸後，對方同意這一買賣。

在收購該公司的價錢上，雙方展開了一場激烈的談判。按該公司的要求，出價為 400 萬美元，而韋爾豪澤則千方百計想把價錢壓得低一點。於是他派了一名助手直接與該公司談判，要求只給 200 萬美元，態度異常堅決。

在經過雙方一段時間的激烈爭執後，韋爾豪澤閃亮登場，以一個中間人的身分出現，建議二者都做出一些讓步，並提出自己的方案，宣告：若就此方案也達不成協議，你們不必繼續談判。

賣方正在苦惱之時，有些「鬆動的」跡象，自是欣喜。這樣，只作了小的修改即達成協議，而買方所得的條件也比原來料想的好得多。最終以 250 萬美元成交。

他的「妥協」收到的效果是顯而易見的。從此，韋爾豪澤的事業如虎添翼。20世紀初，弗雷德里克·韋爾豪澤透過對木材業的各方面的控制，使他的公司發展成為一個強大的木材帝國。

妥協與讓步是在談判中最常見的一種現象。妥協與讓步不是出賣自己的利益，而是為了獲得更大利益放棄小利益，可見讓步往往是必要的。但是，妥協與讓步也要講究原則與尺度。不要過早妥協與讓步。太早。會助長對方的氣焰。待對方等得將要失去信心時，你再考慮讓步。在這個時候做出哪怕一點點的讓步，都會刺激對方對談判的期望值。

你率先在次要議題上做出妥協與讓步，促使對方在主要議題上做出讓步。在沒有損失或損失很小的情況下，可考慮妥協與讓步。但每次讓步，都要有所收穫，且收穫要遠遠大於讓步。

讓步時要頭腦清醒。知道哪些可讓，哪些絕對不能讓，不要因妥協與讓步而亂了陣腳。每次讓步都有可能損失一大筆錢，應掌握讓步藝術，減少你的損失。

每次小幅度妥協與讓步，獲利較多。如果讓步的幅度一下子很大，並不見得使對方完全滿意。相反，他見你一下子做出那麼大的讓步，也許會提出更多的要求。若你是賣者，做出的讓步幅度太大，也會引起買者的懷疑。

學會妥協，是人生的大學問。其實妥協，就是以退為進的智謀。古人很懂這個道理，他們總是以表面上的退讓、割捨和失敗來換取對方的利益認可，從而在根本上保證了我們自己更長遠或更大方面的利益。

第五章　進退有度，開闢屬於我們的天地

以退為進，巧妙說服

富蘭克林在自傳中說：「除非你有把握，你最好不要說：我確認如此。」是一種反對講話絕對、反對強烈斷言的觀點。換言之，講話要留有餘地，不要前進得太滿。

最好能養成一種習慣：忍受其他人講話中的矛盾，並且小心地控制自己的斷言。甚至要抑制自己的言語，比如考慮會表現出固定意見的每個字或每個措詞的語氣，如「當然」、「毫無疑問」等等。

而要試著用「我認為」、「就我了解」、「我想」、「目前對我而言是這樣的」之類的話。當認為別人的判斷錯誤時，並不要立刻反駁他的矛盾點，或者指出他敘述中的荒謬處。你會發現這種態度的改變是明智的，會使你參加的談話更愉快的進行。

越是謙虛地提出意見，別人會越容易接受你的意見，同時自己也越不容易陷入自相矛盾的境地。更重要的是，這將更容易說服別人放棄己方的成見和錯誤的觀念，來贊成或接受自己的意見。

這是事實：人們總是比較珍惜難於得到的東西。

你的對手不會欣賞容易得到的成功。所以假如你真的想讓對方快樂，就讓他們爭取每樣能得到的東西。除了不要太快讓步外，也不要太快便提供給對方額外的服務、允諾快速送貨、由己方負責運費、遵照對方的規格要求、提供有利的條件或者降低價格。即使要做這些讓步，也不要做得太快。千萬不要輕易讓步而令對方從容取勝。

古人曾提出過，要如流水般的抵抗。水流在壓力下被迫流入不熟悉的河道時，總是暫時引退。等到合適的時候，再慢慢地滲透，起先是緩慢的，然後逐漸成為一股很大的衝擊力。

當對方固執己見的時候，我方應聰明地學習水流的抵抗方式，先後退，繼而傾聽、思考，而後再慢慢地向前移動，所以措詞要留有餘地。

關於「以退為進的說服方式」，一位行家曾經有過如下的親身經歷：

有個計畫要實施，必須說服經理同意。對於這個計畫，部門主任也很感興趣，願意在說服經理時在旁支援。於是我們倆到了經理室，首先由我做了大致的述說時，經理思考片刻，就問主任：「你覺得怎麼樣？」誰知道主任的回答語出驚人：「呀，兩邊都好！」我不由得懷疑自己的耳朵，他明明答應做我的後盾，怎麼變卦了？這究竟是怎麼回事？於是經理只答應「考慮、考慮」，結果這個計畫被冷凍起來了，就差一步而已，當時只要主任鼎力相助肯定會通過的。

「真是個不守信用的人」我在心裡對主任很有意見，但是後來才知道，這全是我的誤解。第三天下午，經理表示同意了。原來主任表示出什麼都好的態度，然後再說服了經理。如果主任和我一起鼓起如簧之舌說服經理，經理會做出什麼決定，就難以預料了。或許他不同意的原因就在於以為我們倆串通一氣來逼他就範。

對說服的內容不關心，給人似乎反對這種方法的感覺和印象，但事實上就能抓住了對方的心理。對方易於將你視為決策的參謀。

在這世界上有你說右他說左、你說向上他偏往下的人，如果有這些怪癖的人是你的說服對象，那麼說服這種人最好利用反對式的說服。如果你想讓他說右，與其說你贊成右，倒不如明示贊同左，此時他會說：「應該是右邊才對呀！」這樣他就在不知不覺中掉入了你的陷阱裡。

以退為進的說服法，是人人可學的。一個頑固的對手，常常就在你故示軟弱的態度中，毫不傷感情地被擊倒了。

第五章　進退有度，開關屬於我們的天地

那麼，以退為進的說服法，具體地講，有哪些要領呢？下面要介紹的，就是幾個常用的基本「戰術」。

(1) 使用「是，但是」法

這是經常被使用，且具有極大效果的方法。無論對方說什麼，都應回答說「對、對……」，接著再找機會心平氣和地對他說：「可是，還有一些問題，我們還得慎重考慮。」

任何人在當面被反駁時，都會產生排斥對方意見的反映，即使明知對方有理，卻仍會如此。

因此，先回答「對、對……」的目的，並不是表示贊成對方的意見，只是向對方表示「你所說的話我懂」的意思罷了。

使用「是，但是」法則，必須特別注意以下兩點：

①以態度表示了解對方的意見

例如，身體稍向前傾，凝視對方的眼睛，並點頭示意，接著將對方聽說的內容整理一番，說「你想說的是……」

②表示與對方有相同的感受

先體會對方的心情，然後對他說：「你就是為了這件事而感到焦急吧？」諸如此類。

只要你表示出能體會對方心情的態度，對方便會喪失攻擊的能力。尤其當他感情用事時，聽到你這麼說，他很快就會冷靜下來。而且透過雙方進一步交換意見後，對方通常也會發現自己的錯誤。

當然，「是，但是」法還可用於辯論，這就是「我方是對的，但對方錯了」的說法。

其具體運用例項如下：

「現在的年輕人的確如你所說的一般，不指示他們去做事，他們便不動。但是，只要適當地加以指示，他們就會很熱心地去進行，而且他們也非常熱衷於自己所喜歡的工作。所以說他們提不起幹勁是錯誤的。」

你所說的定義，已不合乎現代的潮流。只要你以新的定義為觀點去看，將會發現他們是幹勁十足的。

「姑且認為你的意見是對的，以便讓你對這些新的事實作個說明。現在，請開始說吧！」

是以退為進的戰術，對方以為你退讓了一步，其實你已前進了兩步。

使用「是，但是」法的要訣，是當你說「但是……」時，不可直接攻擊對方的弱點。你必須口氣溫和，最好是設法讓對方自己發現錯誤。

(2) 無孔不入地滲透

首先提出微不足道的要求。由於對方通常會心想：「這一點點要求……」，因此很容易便會答應。接著，你應該立即提出稍大的要求。像這樣，接二連三地使對方答應你的要求，成為既定的事實。

最初，對方大都會擺出強硬抵抗的姿態。然而，一旦允許以後，便只好以「管它是大事還是小事，反正已經答應了」為藉口，來安慰自己。

這一招，是西方業務員經常使用的：

「對不起，太太，請幫忙填三份表格。這種問卷調查表很簡單，只要十分鐘……」

等對方答應了，業務員就等於獲得了站穩腳跟的機會。至於問卷調查，這已經變成無關重要的事了。其目的只是推銷商品。這時對方便不太好意思馬上趕他走，因此不得不聽他講一番話。如果彼此談得投機，

第五章　進退有度，開闢屬於我們的天地

或許業務員能待上半個小時。

要想會見忙碌不堪的人時，也可使用此方法。你可以先請求對方說：「只要十分鐘就夠了。」當然，對方也會叮嚀一句：「以十分鐘為限。」但隨著談話的展開，即使你多拖延些時間，對方也無可奈何。

上面所說的是有求於他人時的情形。下面介紹的，則是在辯論或會話中使用此方法的情況。

A：「你贊成對進來的人員進行嚴格的訓練吧？」

B：「當然贊成。接受稍微嚴格的訓練，對他們而言，只有好處。」

A：「但是，負責訓練的人選，也應該慎重考慮。」

B：「對，管理人員也要加以訓練，好讓他們對部下進行更理想的管理。」

A：「完全贊成。聽你這麼說，我大有自信。然而，主管他都忙得不可開交，哪有機會進行主管的訓練呢？」

B：「但為了好好地訓練新進來的人員，也別無他法。」

在這個例子裡，最先由對方所接的話題「新進人員的訓練」談起，接著適當透匯出此次談話的重點－主管的訓練。這是由小處著手，而逐漸達成目的的戰術。

(3) 請教對方

當自己的主張受到強烈的反對，以至於寸步難行時，不妨請教對方：「如果是你，請問你會怎麼辦？」

汽車業務員經常使用這種方法。當客戶回答：「目前不準備換新車」時，業務員便滔滔不絕地向對方說明在此時換新車有多麼適合。當然，客戶會聽得厭煩不堪，最後只好以「沒有錢」為藉口。於是，業務員又開

始提出貸款買車的方法，鍥而不捨地進行推銷。這種做法對客戶而言，未必能接受。

因此，業務員最好是請教對方：「你喜歡什麼車子？」或「這又是為什麼」，如此進行，不管生意能否做成，但客戶是會有問必答的。此外，遇有工作上的問題必須加以解決時，不妨請教他人：「這究竟是什麼原因造成的呢？我真搞不懂，你是否可以指點我？」

這時，對方通常會得意洋洋地為你上一課。

任何人一聽到對方先說出自己所熟知的事，或一直以為是自己最先發現、最先想到的事時，必定會加以評論。相反地，自己若站在施教的立場上，則變得非常寬容，凡是自己所知道的，無不和盤托出。

這類方法之所以能產生效果，主要是因為對方的自尊心在發揮作用，使對方產生優越感，最後，對方答應為你所做的事，往往會遠超過你所期望的。

以此方法對待小孩尤其有效。當然，對付成年人也無不應驗。

(4) 放氣球看看情況

想要正確地判斷現在是否應後退，要後退到何種程度，以及要後退到哪裡再前進，都必須使用以下辦法。

這時，只要找個適當的時機，放出一隻語言的探測氣球就行了。如果覺得風的阻力太強，便站住，不可魯莽行事。但若聽到大家都發出歡迎的聲音，則大可放手去做。

只是表現的方式要慎重選擇。在此要遵守兩條原則：第一必須能掌握對方的反應。第二眼見快要受到攻擊時，應立即將氣球拉下收回。

「你認為如果使用這種方法，結果會怎樣？」

第五章　進退有度，開闢屬於我們的天地

「例如，像××公司就是採用了這種方法，不知是否也適用於本公司的情況？」像這樣，不使用斷然的說法，也不要讓對方抓到語言上的小辮子，使他無機可乘。

凡是成功的人，都不是視野狹窄的人，他們不僅了解自我，而且還能深知他人。從某種意義而言，弄清楚對方的觀點，是說服中先退一步的又一形式，在此基礎上說服他人，則更增加了勝利的把握。

他們的共同特點是在陳述自己的意見及計畫以前，先盡力去留心別人的觀點，研究別人的觀點，進而尋找各種做這種工作的最有效方法。另外，如有可能，還得先預測別人的需求，趁對方未正式表達之前，做到心中有數。

許多人急於說服別人，卻常常苦於自己的意見不被別人採納，其實是由於自己沒有明瞭「怎樣才能被採納」的方法，於是欲速則不達。

有很多人在說服中採用這樣的價值取向，情願犧牲個人的虛榮心，而求自己的主張能被採納並付諸實行。他們所高興的，只是要得到一個，使別人對他們的任何主意都完全信任的機會。

有一位工廠的廠長就是這樣的人。當他在工人中施行一個毫無風險的計畫時，他常常到少數工人及管理人員中，播種他的所謂「意見的種子」，讓他們先開不拘形式的討論會，以至於最後使人以為這是工人自己提出來的計畫，而後他再按部就班地去施行。

許多有能力的人，常懷著一種隱祕的技術，以去品評他人的性情。這種技術人們以為奇妙，其實並不深奧，只不過對於人們所忽略的瑣碎處，都非常細心注意罷了。他們所依靠的，就是先退而聽其言，觀其行，研究人們在不經意下的真實流露，把他們在一定環境下的行為觀察出來，後面的事也就有了一個好的基礎。

當我們觀察一個人時，他的精神貫注的是什麼？他所忽略的是什麼？他的喜怒哀樂是什麼？他震驚害怕的是什麼？他驕橫的原因是什麼？他膽怯的原因是什麼？他過去做過什麼？現在正在做什麼？將要做的是什麼？倘若我們不急於去說服他人，而是退而先問若干「什麼」，那麼就易於摸清楚對方的情況了。

美國歷史名人朗華士，他在辦公室中接見客人時，就是用這個方案來進行的：他和每一個客人低聲地談話時，他傾聽客人說話的時候最多，常常有許多人告訴他許多事情，使他獲得了很多的知識和消息。

有時，來訪的客人不善辭令，木訥不語，他總是設法將談話的內容擴大，廣泛地牽涉到許多話題，直到從中搜錄出那個客人所想到最有興趣的題目，於是他就靜悄悄地坐著，傾聽客人的話了。

專家在談到說話技巧時也提出，在與不認識的人談話時，應當多用試驗的語句，以種種暗示為誘導，直到對方找到使他特別感興趣的題目為止。

只要把自己置於一個有背景的地位，就可以顯示你對別人是有至誠的興趣，使他很樂意滔滔不絕地講出他的想法。其實這是一個十分簡單的方法，但是許多人總常常忽略了。當別人興高采烈地談到自己有興趣的話題時，並不能也同樣喜形於色，反露出使對方覺得乏味的神色，這種做法就是沒有明白傾聽對方的重要性，結果自然容易失敗。

還有一種人，常常喜歡對聽眾的事務或癖好表示意見，這反而會使聽眾反感。因為他以為要迎合聽眾的意見，所以就不說關於自己的事情或癖好，以為這樣就能用所思所想贏來聽眾的好印象。這種辦法笨就笨在沒有引導聽眾到他們真感興趣的問題上。

還有一點，如果遇到不願多說話的人怎麼辦？你不妨試舉一些熟悉

第五章　進退有度，開闢屬於我們的天地

的事情，而故意發表一些有明顯錯誤的見解，這也是引導別人談話的最好方法。因為不引起對方談話，不能明瞭對方的意見，就沒有方法使人對你表示至誠和佩服。

第六章
方圓之道，通向成功之路

　　我們要有做人之本，也就是要有做人的道德和原則。比如誠實正直、光明磊落、襟懷坦蕩、質樸守信、謙遜勤勉、言行一致、忠厚善良、寬容大度等美好人品，這些是一個人立世的根本。

　　在具有了以上特質後，我們還要懂得人情世故，學會與人相處的技巧和處世之道，特別是要學會與人相處的靈活性。我們在做事情和與他人相處當中，要講究策略、方法、技巧和藝術性。要積極與他人進行良好的溝通，要善於與人相處與合作。

　　我們中華民族信奉的是中庸之道，當然不是虛偽的圓滑，而是中國幾千年優良傳統文化積澱的人文精粹，是中國最具社會良知的傑出代表的一種人格體現。方圓之內，這是一條最能夠通往成功的道路，只要我們能夠很好地繼承和弘揚，使之為己所用，並應用自如，成功必然觸手可及。

第六章　方圓之道，通向成功之路

世界讚譽的「方圓」智慧

「方圓」之說源於古代的錢幣，一枚銅錢，外圓內方，樸實無華，但古代先賢卻在這小小錢幣中悟出許多的道理。

古代把「內外相應，言行相稱」的人稱做「方者」；而「圓」則具有圓滑世故、言虛行偽的意思。《論語》中說：「仁者可謂方也矣。」

柳宗元因嚴正剛直，藐視貴族，直言抨擊官場醜惡，顯得鋒芒畢露，以致遭到種種報復和打壓，最後流放南方，方才覺悟：

吾子之方其中也，其乏者，獨外之圓者。固若輪焉，非特於可進，亦將可退也。

《淮南子·主術訓》中說：「智欲圓而行欲方」。這是說，一個人既要中庸、圓滑，同時又不能失正氣、骨氣和品德，要在堅持原則情況下保持獨立的個性。釋義方為做人之本，圓為處世之道。

唐代醫學家孫思邈主張「治事合乎至德」。所謂「至德」就是「膽欲大而心欲小，智欲圓而行欲方」，「智圓行方」被古人當作境界極高的人生道德和智慧。

《曾國藩家書》：「立者，發奮自強，站得住也；達者，辦事圓潤，行得通也。」

洪應明《菜根譚》：「處治世宜方，處亂世當圓，處叔季之世當方圓並用。」

「方」，方方正正，有稜有角，指一個人做人做事有自己的主張和原則，不被外人所左右。「圓」，圓滑世故，融通老成，指一個人做人做事講究技巧，既不超人前也不落人後，或者該前則前，該後則後，能夠認

清時務，使自己進退自如、游刃有餘。

一個人如果過分方方正正、有稜有角，必將碰得頭破血流；但是一個人如果八面玲瓏、圓滑透頂，總是想讓別人吃虧，自己占便宜，也必將眾叛親離。因此，做人必須方中有圓，圓中有方，外圓內方。

外圓內方的人，有忍的精神，有讓的胸懷，有貌似糊塗的智慧，有形如瘋傻的清醒，有臉上掛著笑的哭，有表面看是錯的對……

「方」是做人之本，是堂堂正正做人的脊梁。人僅僅依靠「方」是不夠的，還需要有「圓」的包裹，無論是在商界、仕途，還是交友、情愛、謀職等等，都需要掌握「方圓」的技巧，才能無往不利。

「圓」是處世之道，是妥妥當當處世的妙計。現實生活中，有在學校時成績一流，進入社會卻成了打工的；有在學校時成績二流，進入社會卻當了老闆的。

為什麼呢？就是因為成績一流的同學過分專心於專業知識，忽略了做人的「圓」；而成績二流甚至三流的同學卻在與人交往中掌握了處世的原則。

正如卡內基（Carnegie）所說：「一個人的成功只有15%是依靠專業技術，而85%卻要依靠人際關係、有效說話等軟科學本領。」

做人不可喪失原則，無德、失德、缺德之人，即內圓之人則為社會所不齒，被他人所唾棄。這種人即使能夠得逞，終究也還是沒有好下場的，清朝和珅便是一個典型。現實生活中，人們對無德、失德、缺德之人也是嗤之以鼻、棄而遠之的。

有方正道德的人在與他人相處當中，同時還要懂得「外圓」，講靈活性、策略性、藝術性。否則會處處樹敵，事事碰壁，步步荊棘。與人相

第六章　方圓之道，通向成功之路

處的「外圓」是人際關係中的潤滑劑。

第一，「外圓」可以有效地減少人際間的摩擦和內耗，增加彼此間的理解和相融。

拿破崙在征服義大利的一次戰鬥中，夜間親自巡崗查哨，發現一名哨兵倚著樹根睡著了。他沒有喚醒哨兵，卻自己拿著槍替哨兵站了半個多小時的崗。哨兵從睡夢中醒來，發現替自己站崗放哨的竟然是最高司令官，十分恐慌與絕望。

拿破崙卻和藹地對他說：「朋友，這是你的槍，你們艱苦作戰，又走了那麼長的路，你打瞌睡是可以諒解的。但是目前，一時的疏忽就可能斷送全軍。我正好不太睏，就替你站了一會兒，下次可要小心。」

拿破崙在處理哨兵睡覺事件上的圓潤，避免了官兵間可能產生的矛盾，此舉不僅感動了哨兵，也感動了全軍。如果拿破崙非常嚴肅地處理哨兵睡覺事件，情理上雖然能說得過去，可是卻肯定會傷害艱苦作戰、極度疲勞的士兵的感情，從而影響到部隊的戰鬥力。

「揮淚斬馬謖」，諸葛亮「斬馬謖」是為了嚴肅軍紀，「揮淚」則是對馬謖憐惜不捨的情感，因為「揮淚」，使得「斬馬謖」有了濃濃的人情味。

諸葛亮處世的圓潤既嚴肅了軍紀，發揮了殺一儆百的作用；又獲得了眾將領的理解，避免了上層之間和上下層之間可能發生的摩擦與內耗。

第二，「外圓」還可以避免過於激烈或對抗行為的發生。例如，二戰期間，為了替戰爭籌集到足夠的資金，美國內閣會議決定發行綠背鈔票。但財政部長蔡斯認為，這個決定違反憲法，因此拒絕執行。

作為當時國家總統的林肯（Lincoln）沒有用權力去壓服蔡斯。林肯找

蔡斯聊天，並談起這樣一個故事：

義大利有一位船長駕駛的船觸了礁，船底被撞破了一個洞。船長命令船員們抽水，而他自己則跑到船頭的聖母瑪麗亞像前禱告。可是從漏洞湧進來的水越來越多，眼看這條船連同船上的一切都要沉入海底了。

最後，船長因禱告毫無靈驗，不禁火冒三丈，盛怒之下，一把抓起聖母瑪利亞的塑像扔進了水中。突然，船不再漏水了。船員們抽乾了船艙的水，把船安全駛進了港。當船駛進船塢修理時，人們才發現是那尊聖母像堵住了船的漏洞。

林肯推心置腹地對蔡斯說：「只要對維護聯邦有利，在非常時期，不管是否符合憲法，都應當得到執行。」

林肯真誠的態度及那一番令蔡斯心服的道理，打消了蔡斯的牴觸和對抗情緒，綠背鈔票得以順利發行。

發行綠背鈔票，這是必須要做的，是大原則，否則戰爭的經費無法得到保證。但是如果用命令式的工作方法就可能會引起激烈的對抗。因為蔡斯的反對是有道理的，也是能站住腳的，發行綠背鈔票畢竟違背了美國憲法。

林肯處理問題的圓潤卻很輕鬆地化解了對抗和牴觸，使發行綠背鈔票的決定得以實施。

第三，「外圓」可以使你的意見比較容易得到採納。

齊景公酷愛打獵，非常喜歡餵養捉野兔的老鷹。一天，燭鄒不當心，讓一隻老鷹逃走了。景公知道後大發雷霆，命令將燭鄒推出斬首。

晏子知道此事後，急忙上堂對景公說：「燭鄒有三大罪狀，哪能這麼輕易就殺了呢？等我公布完他的罪狀後再處死不遲。」景公點頭同意了。

第六章　方圓之道，通向成功之路

　　晏子指著燭鄒說道：「燭鄒，你為大王養鷹，卻讓鷹逃走了，這是你的第一條罪狀；你使得大王為了鷹的緣故要殺人，這是你的第二條罪狀；把你殺了讓天下人都知道大王重鳥輕士，這是你的第三條罪狀。」

　　宣布完三大罪狀後，晏子對景公說：「好啦，大王，請處死他吧！」

　　景公聽了滿臉通紅，半天才說：「不殺了，我懂你的意思了。」

　　晏子要堅持不能濫殺無辜的原則，如果選擇很直接的批評方式，很可能達不到目的。

　　晏子先是順著景公的思路，宣布殺燭鄒的理由，然後將不能殺燭鄒的道理正話反說，娓娓道來，其高超的思想和語言藝術使景公幡然猛醒，並採納了他的意見。

　　第四，「外圓」能夠獲得他人的包容、理解和支持。

　　蘇聯衛國戰爭初期，德軍長驅直入。在此生死存亡之際，曾在國內戰爭時期馳騁疆場的老將們，如鐵木辛哥、伏羅希洛夫等，首先挑起前敵指揮的重擔。但面對新的形勢，他們漸感力不從心。

　　時勢造英雄，一批青年軍事家，如朱可夫、什捷緬科等，相繼脫穎而出。但老將對年輕人是有懷疑的。戰爭進行業中，元帥鐵木辛哥受命去波羅的海，協調一、二方面軍的行動，什捷緬科作為他的參謀長同行。

　　什捷緬科當然知道這位元帥的厲害。在出發的火車上，一場不愉快的談話開始了，鐵木辛哥先發出一通連珠炮：「為什麼派你跟我一起去？是想來教育我們這些老頭子，監督我們的吧？白費力！你們還在桌子底下跑的時候，我已經率領著成師的部隊在打仗，為了替你們建立蘇維埃政權而奮鬥。你軍事學院畢業有什麼了不起！革命開始的時候，你才幾歲？」

這番話，已經近乎侮辱了。但什捷緬科卻老實地回答：「那時候，剛滿十歲。」接著又平靜地表示對元帥非常尊重，準備向他學習。

鐵木辛哥最後說：「算了，外交家，睡覺吧。時間會證明誰是什麼樣的人。」

應該說，「時間證明論」是對的。他們共同工作了一個月後，在一次晚間喝茶的時候，鐵木辛哥突然說：「現在我明白了，你並不是我原來認為的那種人。我曾想，你是史達林專門派來監督我的……」

後來什捷緬科被上面召回，鐵木辛哥親自向大本營提出要求，調這個晚輩來共事。

什捷緬科為顧全大局，在受辱之時和之後所表現出來的圓潤，過了鐵元帥的懷疑關，獲得了鐵元帥的相容、理解和信任。

第五，「外圓」能夠有效減少自己在人生道路上不必要的麻煩。

唐朝的郭子儀就十分通曉內方外圓的藝術。那時，郭子儀已經封王，卻經常會有一些心術不正的小人來見他，縱然這些人的地位很卑微，但郭子儀也一定會接見，而且一定坐得很端莊，穿上禮服來表示尊重。有很多人覺得奇怪，就問他：「許多達官貴人來見你，你都很隨便，為什麼這些小人物來見你，你這樣嚴肅？」

郭子儀回答道：「這些人心術不正又很聰明，還很會巴結，不能得罪，萬一他將來做了大官，得了志，我們得罪他，他懷恨在心、必會報復。」

郭子儀的話後來果然應驗，擅長於巴結的這些人，很容易討得主子的歡心，凡是得罪小人的人，在小人得志的時候都不會有好結果，有仇必報。郭子儀一生能夠平平安安度過，得益於他的外圓。

第六章　方圓之道，通向成功之路

　　為人處世，「內方」及「外圓」應當兼而備之。去過廟堂的人都知曉，進了廟門，迎面而見的是彌勒佛，滿面慈祥，笑容可掬。而在他的北面，則是黑口黑臉的韋馱。但相傳在很久以前，他們並不在同一個廟裡，而是分別掌管不同的廟堂。

　　彌勒佛熱情快樂周到，所以來的人非常多。但他什麼都不在乎，丟三落四，不好好管理帳務，所以入不敷出。而韋馱雖然管帳是一把好手，但成天陰著個臉，太過嚴肅，弄得人越來越少，最後香火斷絕。

　　佛祖在檢查工作的時候發現了這個問題，就將他們倆放在同一個廟裡，由彌勒佛負責公關，笑迎八方來客，於是香火旺盛。而韋馱鐵面無私，錙銖必較，則讓他負責財務，嚴格把關。在兩人的分工合作中，寺廟顯現出一派欣欣向榮景象。

　　為人處世，我們應當把韋馱的「方」和彌勒的「圓」有機地統一起來。在現實生活中，「方」和「圓」也並非一定要截然分開，通常它們總是結合在一起，方中有圓、圓中有方，難分彼此，二者相輔相成。

　　唐代柳宗元曾以車為喻，來闡釋為人處世「內方」與「外圓」的關係。柳宗元認為，車廂不方則無法載人；車輪不圓，則難於行動。不懂得「外圓」的藝術，你的「內方」會屢屢遭到挫敗，你的人生會遭遇重重阻力，你的理想抱負難以施展。

　　為人，應當主動修身養德；處世，應當懂得靈活變通。方正之人要學會溫和機敏地與人相處。在如今這樣人事紛繁的社會裡，該方則方，該圓則圓，方圓結合，方圓有度，才是最好的處世之道。

　　真正的「方圓」之人是大智慧與大容忍的結合體，有勇猛鬥士的威力，有沉靜蘊慧的平和。

　　真正的「方圓」之人能對大喜悅與大悲哀泰然不驚。

真正的「方圓」之人，行動時幹練、迅速，不為感情所左右；退避時，能審時度勢、全身而退，而且能抓住最佳機會東山再起。

真正的「方圓」之人，沒有失敗，只有沉默，是面對挫折與逆境積蓄力量的沉默。

在強大對手的高壓下，在面臨危機的時候，採取藏巧於拙、裝糊塗，扮作「老實」的樣子，往往可以避災逃禍，轉危為安。

面臨險境，或遇到突發事件而裝傻發呆。這比臨危不懼和視死如歸的壯烈要明智得多。留得青山在，不怕沒柴燒，以「拙笨」與對手周旋，確實不失為一種高明之術。

當然無論是「內方」還是「外圓」都要掌握好分寸，要知道凡事物極必反。「內方」太過，那會導致刻板、迂腐，會傷害到自己和他人；「外圓」太過，那會導致圓滑、世故，必使他人心生疑慮，處處提防，因此，都是不可取的。與周圍人們相處「圓潤」，又能使道德高尚的你獲得良好的人際關係和眾多的朋友，何樂而不為呢？

中庸之道與和而不同

人是生活在特定的社會環境中的，而社會環境並不以人的意志為轉移。因此，在不可確定的外在環境中如何擁有自己確定的心性，如何以確定的心性處世立身，是人生在世必然會碰到的重大課題。

思想家孔子曾大量論及這一課題，他主張以「內方外圓」的處世智慧，達成個人心性與社會環境的「和而不同」，塑造出松柏常青的理想人格。

何謂方圓處世？這是一個不難回答的問題。稍通人事的人都明白，方圓處世往往能夠一順百順，如果做不到，就會事事難辦，直至窮途末

第六章　方圓之道，通向成功之路

路。可見，「方圓」之間存在有莫大的智慧。

學過歷史的人都知道，武王伐紂後封天下諸侯，姜尚封於齊，改革舊制，變易風俗，剛過半年就政通人和，百姓安居樂業。

而周公之子伯禽到魯地上任，政令繁瑣，無意改革，三年政局初定。明眼的周公聞此嘆曰：魯國日後服北面事齊。果然齊國躋身春秋五霸。魯國卻被人稱之周禮盡在魯矣。這從另外一個方面對「方圓」做了最好的註釋。

孔子把一個人的屬性，歸結為內在特質和外在現象兩方面。內在特質是人的長期行為所形成的德行，屬於人本質的東西；外部現象主要表現為一個人所擁有的物質財富和社會地位。

孔子認為，內在特質非常重要，人應當重點塑造自身的優良德行。對於人內在的德行塑造，孔子逐層提出了「直」、「正」、「剛」的準則。

首先，要求「直」；「直」包含無隱、無偽。孔子肯定「直道而行」的品格，表白自己「吾無隱乎爾」，認為「人之生也直，罔之生也幸而免」。

人在世上生存是因為直；欺罔的人也能生存，那是僥倖避免了災禍。對不直的隱匿性格，孔子則持貶斥態度。他把「直」視作人生基本原則的一條底線。

其次，提倡「正」。「正」是對擔任一定社會治理責任的人的進一步要求，指人的品行端正、行為正派。

孔子對前來討教政務治理的季康子說：「政者，正也。子帥以正，孰敢不正？」在他看來，只要「君子」們率先垂範，就一定能對普通民眾的德性行為產生正面影響。

再次，讚賞「剛」。「剛」表示一個人理想、目標和原則的堅定性和

不可移易的特徵。孔子提出：「剛、毅、木、訥，近仁。」「剛」是第一位的品格。

孔子認為：「志士仁人，無求生以害仁，有殺身以成仁。」一個人為了保持內在的信念，生命也可以放棄，可見其剛強程度。他又認為「三軍可奪帥也，匹夫不可奪志也」。

無論如何，一個人的意志是不能被征服的。這裡的「剛」應該是踐行「仁」時的意志堅定，不可侵奪，表現為堅貞不屈、捨生忘死的內在品格。

在追求德行塑造的同時，孔子認為對外部表象可漠然置之。他認為人的外在環境是不由人主觀選擇的，不可勉強，因而主張人們與時相應、可進可退。他明確表示自己的處世是「無可無不可」的態度。

面對清濁不定、無法掌握的外在環境，孔子認為應以靈活的方式應對，以求和睦相處、存身待時。在他看來，人的處世並沒有非如何不可的固定方式。

對此，他做了多方面的論說。孔子曾經認同「深則厲，淺則揭」的生活方式，即河水深時就和衣蹚過，水淺時就撩衣過去，不主張固執一端。

孔子生活中堅守的四條原則是「毋意、毋必、毋固、毋我」。其中的第二、三條就是不絕對肯定，不固執，表達了一種靈活的處世風格。他曾說自己「疾固也」，即不贊成生活中的固執。

關於如何處理與朋友、君上和世道的關係，孔子的觀點是：「忠告而善道之，不可則止，毋自辱焉。」、「天下有道則見，無道則隱。」在孔子看來，人們對父母、朋友、君主和社會環境應該忠誠以待，但當這種忠誠不能得到理解，甚至會帶給自己羞辱或危險時，則不可勉強而為。

第六章　方圓之道，通向成功之路

孔子讚揚蘧伯玉「邦有道則仕，邦無道則可卷而懷之」的君子風格，教育學生們要根據不同情況採取靈活的處世方法。孔子的這種處世方式表現出其外在的柔順和圓潤。

孔子要求人們著力於塑造內在品格的正直與剛強，同時主張以進退適宜的方式達到外在的柔順圓潤，這是一種外柔內剛、內方外圓的人格。

孔子理想的人格模式，既要求人們具有堅貞不屈的意志和品格，又要求人們具有良好的修養和柔順圓通的處世方式，保持外在的和合局面。

孔子曾讚揚衛國大夫寧俞說：「甯武子，邦有道則知，邦無道則愚。其知可及也，其愚不可及也。」

寧俞的過人之處，不在於能在政治清明時施展才智，而在於在政治黑暗時，愚鈍得使人渾然不覺，從而保全自身，也巧妙地保持了自己內在方正的特質。

孔子一方面反對只講處世圓滑而品行不正的行為，如他多次表明對「巧言令色」之人的反感，認為外表偽善的人很少有仁德。另一方面，他也認為，不知靈活變通，就難有人格的完滿。

孔子在回答一位學生關於什麼是恥辱的問題時說：「邦有道，穀；邦無道，穀，恥也。」

國家政治由清明變得黑暗了，一個人還不知變通地在做官食祿，而不能與政治決裂，這就是恥辱。這是外在的「不變」傷害到了其內在的方正。

在這種意義上，孔子認為，鄙陋的人做官從政，是難以做到人格完滿的：「其未得之也，患得之。既得之，患失之。苟患失之，無所不至矣。」

中庸之道與和而不同

沒有得官時擔心得不到，得到後又擔心失去它。如果擔心失去官位，就什麼事情都做得出來。在孔子看來，事情的要害就在於這些人處世方式上缺乏可進可退的圓順性，知進而不知退，必然喪失本我應有的方正。

孔子進一步把理想人格的設定與社會和合的需求結合起來，提出了「君子和而不同」的人生理念。意思是說，作為君子，要善於調和各種矛盾，要善於跟別人和諧相處；但與此同時，當自己的意見不同於別人的意見時，要尊重別人的意見。

「和」如五味的調和，一定要有醬、醋、糖、鹽等各種不同的作料，才能調和滋味。「和」也如八音的合奏，一定要有高下、長短、疾徐等各種不同的音調，才能使樂曲和諧。

而所謂「不同」，就是說「不苟同」，有自己獨立而不移的中心思想，並且能夠溝通調和左右矛盾的意見。如果人生想要方圓於世，「和而不同」的觀念是一定要存在。

孔子最先提出了「和而不同」的觀點，作為處世之祖，他認為：君子，既要善於與人相處，又要有不同於別人的獨立見解。

這裡的「不同」，是指人內在的方正、剛強和個性差異；這裡的「和」，是指人們以圓通柔順的處世方式實現與外在事物的和諧。所謂「禮之用，和為貴」。這裡的「和」，正是指在堅持「禮」的原則時與外界事物的和諧關係。

「和而不同」，構成一種較高境界的人生哲學。孔子對內方外圓的理想人格曾作過生動的比喻：

不曰堅乎，磨而不磷？不曰白乎，涅而不緇？

至堅者磨而不薄，至白者用黑色染料也染不黑。它們能適應外部環

第六章　方圓之道，通向成功之路

境，即使在不利的境遇中，也能保持自己堅硬和潔白的本色。

孔子還把這種理想人格比作松柏：「歲寒，然後知松柏之後凋也。」眾木紛雜，只有松柏才能在嚴寒季節保持青綠之色。它能圓潤地應付有利和不利的生存境遇，從而堅守自我本性，真正做到內方外圓、外柔內剛，成為和而不同的典範。

孔子的堅白之論與松柏之喻，展示了他所提倡的理想人格的本質特性，標示了一種高尚的人生哲學。自此以後，堅韌不拔、堅貞不屈、潔白不染就成了深受人們讚頌的優秀品行，松柏常青更成了志士仁人自我塑造和一生追求的崇高精神風範。

孔子的思想，在中國的文化結構中是根深蒂固的，中國的歷史上，「和而不同」的例子不勝列舉。也許曹雪芹筆下的人物能給我們代表性的答案。

看過《紅樓夢》的人都知道，林黛玉生性多愁，憤世厭俗，不屑於世間的俗套，始終堅持她忠貞不渝的愛情，但卻不能「和而不同」，她與世間是格格不入。所以，賈府的下人們很少有人喜歡她。最終，她落了個鬱鬱而終，後人稱之為紅顏薄命。

相反的，能夠「和而不同」的寶釵做得就非常好。雖然，她的命運算不上好，但是她在賈家的人緣卻非常不錯，得到老太太的寵愛，做了賈家的媳婦。同時，也惹得眾多讀者都喜歡她的溫柔賢淑。

以古喻今，現代社會上的林黛玉們當然不在少數，他們或隨波逐流、或肆意妄為，與這個飛速發展的社會已經嚴重脫節，他們當然不可能成為成功的一群。

生活中，如果不能做到「和而不同」，就會被「人人喊防」，從而事事不順，痛苦的只會是自己。在多數人都關心的職場中，如果不能夠做到

中庸之道與和而不同

「和而不同」,後果可能會更加嚴重,一定會被上司以大局為重,把你逼到無「立足之地」,走人了之。

其實,「和而不同」存在於每時每刻間、其思想隨處可見。世界最大型的超級市場,美國沃爾瑪連鎖超市曾經做過一個這樣的決策:把啤酒與嬰兒尿片放到同一貨架販賣。

這個把飲用食品與生活用品放於同一地方販賣的做法,在世界所有超市中實屬首例。結果,啤酒與嬰兒尿片的銷量同步上升,惹得同行經營者羨妒與不解。

其實,原因很簡單,沃爾瑪的行銷人員用一年時間做了份調查,很多美國媽媽經常會叫丈夫下班後去買嬰兒尿片,把尿片放在丈夫們必然記得買的啤酒旁邊,二者的銷量能不上升嗎?

不用大肆宣傳,不用和同行打價格大戰,導致惡性競爭,「和而不同」的思想,令這所全世界最大型的超級市場在優勝劣汰中處於不敗之地。

日本的作家川端康成,多少人說他文章空洞無文,多少導師要他「不寫三歲小孩的玩意」,他都以一笑而報之。終於,他的散文集《花未眠》轟動了世界,淺淺的一句「凌晨四點鐘,發現海棠花未眠」感動了多少心靈。

在這個不斷變化的社會當中,我們需要「和而不同」,更需要做到「和而不同」。這就要求我們要有自己的主見,在遇到一些事情時,應該積極而認真地去思考、去分析。在最關鍵的時候,一定要按照自己的想法去走自己的路,完成好自己應該做的。

第六章　方圓之道，通向成功之路

巧用方圓，無往不利

圓通周到，是為人處世方面一條重要的原則，就是對不同的人能說不同的話，用不同的策略應對。正如太極的道理一樣，借力打力，不管遇到什麼樣的情況都能夠靈活應對。

生活中不免會接觸到一些油滑的人，常常是「見人說人話，見鬼說鬼話」。對於這些人，人們既羨慕他們在別人面前游刃有餘的能力，同時也討厭他們的油滑。那麼怎樣看待這種人呢？

其實，兩百多年前乾隆年間的紀曉嵐已經做過很好的解釋。他認為做人要「處世圓滑，內心中正，不同流合汙而為人謙和」，即外圓而內方。

「方」，就是人格獨立、靈魂正直，是立世之本，為人應該在「內方」上下功夫。

「圓」，就是圓滑世故，融通老成，既不超人前也不落人後，該前則前，該後則後，能夠認清時務，使自己進退自如、游刃有餘。

外圓內方，並非老於世故、老謀深算者的處世哲學。圓，是為了減少阻力，是方法；方，是立世之本，是實質。

一個人如果過分方方正正、有稜有角，必將碰得頭破血流；但是一個人如果八面玲瓏、圓滑透頂，總是想讓別人吃虧，自己占便宜，也必將眾叛親離。

外圓內方是微妙的、高超的處世藝術，是人們對科學的處世方法的概括和總結。正確的處世方法，是人們走向成功的起點。為人處世既要真切誠懇，也要圓活通變。變則通，通則順；誠則信，信則友，友則天闊地廣。

總之，人生在世，運用好「方圓」之理，必能無往不勝，所向披靡；無論是趨進，還是退止，都能泰然自若，不為世人的眼光和評論所左右。

在《資治通鑑》中記載著這樣一個故事：

魏王攻陷了一座城池，大宴群臣。

宴席之上，魏王問文武百官：「你們說我是明君還是昏君？」

大多數的官員都是趨炎附勢之人，紛紛說：「大王當然是一代明君了。」

正當魏王飄飄然時，問到任座，正直的任座卻說：「大王是昏君。」

魏王如被潑了一盆冷水，問：「何以見得？」

任座回答說：「大王您獲得了勝利，攻下了城池，沒有按順序分給您的弟弟，而是分給了您的兒子，可見您是昏君。」

魏王大怒，馬上下令，將任座趕出去聽候發落。接著問下一個臣子，這位大臣說：「大王是明君。」

魏王心中暗喜，忙問：「何以見得？」

這位大臣說：「有古言說，明君手下多是些直臣，現在大王手下有像任座這樣的直臣，可見大王是明君！」聽罷，魏王趕快把任座重新請進來赴宴。

在這個故事中，出現了三種人。第一種是那些趨炎附勢的大臣，他們說魏王是明君，完全是出於保全自己與升官發財的私心，是圓滑。這樣做只會更加助長魏王的昏庸無道。

第二種是任座這種剛正不阿之人，勇於不畏權勢，直言進諫，非常了不起。但是這種人卻因為剛正有餘圓滑不足，觸犯了魏王的君王威信

235

第六章　方圓之道，通向成功之路

和顏面，不但沒發揮作用，反而自己被趕出去。

最後一種人便是救回任座的大臣，顯而易見，他所有的不僅是剛正，而且是大智慧。其實，他很清楚魏王是昏君，但是直言不諱，必將會獲得像任座那樣的下場，為了使魏王能夠納諫，他順從了魏王的心態，先說他是明君。

因為這位大臣的初衷是想要幫助魏王的，所以他說出這句話與那些趨炎附勢之徒有本質區別，發揮的作用也就不同。然後他在解釋中婉轉地告訴了魏王他就是個昏君，明君應該如何做。這樣說就發揮了一箭雙鵰的作用，不僅糾正了魏王的昏君所為，也解救了任座。

這個故事告訴了我們一種處世之道，外圓內方。船頭，為什麼不是方形而總是尖形或圓形的呢？是為了劈波斬浪，更快地駛向彼岸。人生也像大海，處處有風浪，時時有阻力。

在面對這樣的人生時，我們是與所有的阻力拚個你死我活，還是變通取勢，去爭取最後的勝利？這就需要考驗我們每個人的為人處世之道。

在這方面，古代的銅錢給了我們極好的啟示，那就是內方外圓。「方」是做人之本，「圓」是處世之道。圓有餘而方不足，則缺乏支撐的筋骨，易成見風使舵的人物；圓不足而方有餘，則稜角分明，剛脆易折，不免易成四處碰壁的腐儒。因此，做人必須方中有圓，圓中有方，外圓內方。

人總是要有一些應該堅守的東西的，比如信念，比如尊嚴，這些東西都是高於生命的。方，是人格的自立，是自我價值的體現，是對人類文明的孜孜以求，是對美好理想的堅定追求。這是一種底線，是生命中堅不可摧的一道城牆。

一個成熟的人，無論處在人們可以想像還是無法想像的困境中，他都矢志不移、義無反顧地追求自己的人生目標，以求對人類對社會的最大貢獻。這便是方，是人之義。

然而，生存於世間，各種關係如蛛網般糾結纏雜，一個人不可能對抗來自社會的種種打擊與磨礪。所以，要學會入世，以一種「圓」的姿態和方式融入社會大潮。

大到一個企業的發展，在面對瞬息萬變的市場環境和激烈競爭的態勢時，只有自覺地融入市場，根據環境的變化及時調整發展模式和經營方式，才能有出路。如果一味地堅持所謂的原則，必將被時代發展的潮流所吞噬。

生活中的種種經歷告訴人們，不是所有的事情都要斤斤計較，否則就可能「壯志未酬身先死」。正如卡內基所說：「一個人的成功只有15%是依靠專業技術，而85%卻要依靠人際關係、有效說話等軟科學本領。」

「圓」，不是老於世故、老謀深算，而是一種高超的處世藝術。「圓」是一種豁達、一種大度、一種寬厚、一種善解人意、一種與人為善。但是，只圓不方，那只能是一個八面玲瓏、滾來滾去的「蛋」，那就是圓滑了。所以，「圓」要張弛有度、掌握分寸。

人與人之間的交往最終還是需要心與心之間的交流的。所以我們在處世圓滑的同時，一定要記住一個根本：為人誠實，誠信為本，既要執著，又會變通。

在生活中，我們要以「外圓」應付各種阻力，而以「內方」保持本色。真正的「方圓」之人是大智慧與大容忍的結合體，有勇猛鬥士的威力，有沉靜蘊慧的平和。

他們或雅人深致，或詠絮之才，將鋒芒連同鴻鵠之志深藏於心；形

第六章　方圓之道，通向成功之路

於外則是發自內心的尊重和真誠。

一枚銅錢是有形的財富，但如果我們擁有外圓內方的處世性格，就是一種無形的財富，而且是一種用之不盡的財富。

用方圓之術攻心

如果把方圓之術運用到說話中，那麼讚美和表揚別人屬於「圓」，而批評和規勸別人，就相當於「方」。所以在和別人談話時，也應當融方於圓，先揚後抑。

《韓非子》中有一段話的大意是：要適當地讚美別人的優點和長處。這是正確處理朋友之間，乃至人與人之間的關係的一條重要而實用的法則。任何人都樂意聽好話，聽別人讚美自己的長處和優點，而不願意聽別人直說自己的短處和缺點。

俗話說：「打人不打臉，罵人不揭短。」如果想讓對方接受你的觀點或想法，則必須先讓對方能夠靜心傾聽你的想法。如果對方連聽都沒有聽進去，又何談接受不接受呢？而要對方傾聽，則不可使對方產生反感。

談話時採取先揚後抑的辦法，往往會收到理想的效果。說話時要注意真誠地讚美對方的優點、長處，使對方心情愉悅，拉近雙方的距離，消除隔閡。然後再一步步地將自己的想法和盤托出，這樣，就會用話語巧妙地引領對方一層層地聽清楚你要說的話，而不至於沒聽幾句便火冒三丈，不歡而散。

我們說要適當地讚美別人的優點長處，這種讚美必須是誠心的，而不是為了阿諛逢迎而故意誇大的虛假的讚美。交友時，說話如果能很好

地動用這一條，對於朋友間的和諧大有裨益。《論語》說：「人告之以過則喜。」實際上，這恐怕只有孔子等大聖人才有如此雅量，一般情況下，普通人都不可能做到這一點。

大家常說：「良藥苦口利於病，忠言逆耳利於行。」但真正能聽得進逆耳忠言的人卻並不多。所以說話時應當靈活，不妨適當說些恭維話。

或許，大家都以為恭維人乃是小人所為，大丈夫光明磊落，行正身直。事實上，我們都應該清楚一個道理，那就是槍炮或毒藥可以殺死無辜的百姓，是因為它們被壞人利用了，而不是它們本身有什麼不好。

正如鴉片會使人喪命，是因為販毒者利用了它，而在藥店裡，鴉片則又可成為很好的麻醉劑和鎮靜劑，可以用它來解除病人的痛苦。明白了這個道理，我們就應該承認，恭維作為一種說話的方式，我們有權使用，而且如果我們用得恰當，會取得意想不到的效果。

恭維話並不是隨便恭維，要注意對象和內容。任何人都在心底有一種希望，年輕人的希望是他自己，老年人則把希望寄託在年輕人身上。

年輕人當然希望自己前途無量，宏圖大展，所以恭維時便須點出幾條，證明他是有潛力的。而老年人自知年老力衰，一切都已成為過去，所謂「好漢不提當年勇」，他們只希望後輩人能超過自己，創出更好的前程。所以，對老年人恭維時，不妨將著眼點放到他們的晚輩人身上，並將老年人與其晚輩比較，指出後輩的長處。這樣抑老揚少的做法，不但不會引起老人的反感，相反地他會很高興。

對於不同職業、不同文化程度的人，恭維也應有所區別。對待商人，如果恭維他才高八斗、學富五車顯然不行；而對文化人說他如何財源廣進、財運亨通更是不妥；對於官吏，你若說他生財有道，他定以為你是罵他貪汙受賄，搜刮百姓。因此要注意區別，同時也還要注意掌握

第六章　方圓之道，通向成功之路

好恭維的分寸。有一則古老的笑話：

有一個拍馬屁的專家，連陰間的閻王都知道了他的姓名，他死後來到森羅殿見閻王，閻王一見到他便拍案大喝：「聽說你是拍馬專家，專好拍人馬屁。哼，我最恨像你這樣的！」

他趕緊跪地叩頭說：「冤枉啊，冤枉，閻王爺有所不知，那些世間之人都喜歡別人拍他馬屁，我不得不這樣。如果世上之人都能像大王您這樣明察秋毫，公正廉明，那我哪裡還敢有半句恭維？」

閻王高興，直說：「諒你也不敢拍我馬屁。」

讓人拍了還自鳴得意。

這則笑話雖是說的拍馬之道，但也說明了說恭維話要學會掌握分寸，即不能恭維不足，更不要言過其實，流於諂媚。將恭維的分寸掌握好，使對方不知不覺地接受了你的說法，而又不會因為你的恭維而別樣視待於你。

直意批評是為「方」；婉轉含蓄是為「圓」。方圓之道如果離開勸人向善的目的便毫無意義。

轉個彎解決問題

克勞斯是天生的做生意者，他說：「我從小就討厭從事一個普通的職業，因此一直沒有工作。而我說過，其實我能做任何工作，甚至做冰淇淋。」

克勞斯是賓夕法尼亞大學的學生，入學後不久，他就在宿舍裡做起了冰淇淋。後來，同校的兩個夥伴科恩和希爾頓也加入了。於是，克勞斯賣掉大部分債券自己投資，並拿出他高中時挨家挨戶上門推銷淨水器

時賺的 6 萬美元，和他們合夥開了這家公司。

經過市場調查，克勞斯發現，冰淇淋的口味已經 20 年沒有變化，他敏銳地覺察到，這是為他們創業提供了──個很好的空間。他採納了啤酒商薩繆爾·亞當斯的建議，使用啤酒釀造技術製作口味奇特的冰淇淋，他與當地的乳酪廠連繫，由他們提供特製的乳酪。

由於口味的創新，使這家小型的冰淇淋公司很快吸引到了風險投資。結果新產品一上市就供不應求。它的風味很快就成為一種飲食時尚，風行歐美及世界各地。

克勞斯的美國傑里米冰淇淋公司生產的口味獨特的超級冰淇淋，1999 年銷售額達 500 萬美元。

克勞斯談到自己的成功時說：「事業成功的最大祕訣就是創新。我們年輕人應該是一個行業中的創新者，而不是一成不變的製造者。因為年輕的本質特徵就是新異和充滿朝氣。」

兒童一般都天真爛漫，他們不知道什麼可能和不可能，所以會問一些幼稚的問題，嚮往一些不可能的事情。

成人一般就學乖了。他們知道什麼可能和不可能，所以不問愚蠢的問題，不嚮往不可能的事情。對孩子充滿好奇心的問題，他們草草一句「事情就是那樣」，就把他們打發了。

其實，事情未必是「那樣」。成人同樣能夠去問：為什麼看不到跟你打電話的人？為什麼人造革趕不上動物皮革輕柔、耐用和有彈性？為什麼不乾脆把人體缺損或致病的基因換掉？這類「愚蠢」的問題，正是圓滿做事的一種表現，是開啟新的競爭空間的鑰匙。

瑞士工程師顧問尼古拉·哈耶克（Nicolas Hayek）就問過這樣一個愚蠢問題：瑞士既然有世界上成本最高的鐘錶生產基地，製錶商為什麼不

第六章　方圓之道，通向成功之路

能從精工和西鐵城這樣的日本對手手中，重新奪回瑞士「低階」鐘錶的市場呢？

1980年代初，瑞士實際上已完全退出低階錶市場。瑞士製造的低階錶占0%，中階錶占3%，豪華錶則占97%。實際上，他們已被納入該行業低成長的一個角落。

1985年，尼古拉‧哈耶克購買了瑞士微電子設備與製錶公司的控制股權，成立帥奇公司。該公司是兩年前在哈耶克的建議下，由瑞士最大的兩家製錶商合併而成，當時這兩家公司均處於破產邊緣。

這個觀念的產生，不是經過精心財務分析，而是由於重振瑞士鐘錶業的雄心壯志。這一目標對任何一位瑞士公民或親歐者顯然具有感情吸引力。

既然以此為目標，它所生產的低價錶，就一定要有亞洲競爭對手不易模仿的特色，即一種體現歐洲人品味和智慧的東西。

起初，銀行都不願借錢給這一企業，因為他們認為，在高成本勞動力環境中執行的瑞士公司，不可能爭得過擁有低成本亞洲資源平臺的日本競爭對手。

然而尼古拉‧哈耶克以圓滿做事為志向，他有一個夢想：「無論哪兒的孩子都相信夢想。他們問著同樣的問題：為什麼？為什麼有的事情是某種樣子的？為什麼我們要以某種方式行事？我們每天也問自己這些問題。」

人們可能會笑瑞士一家巨型公司的總裁竟會講天方夜譚。可是那卻是他們所做一切的真正奧祕之所在。

哈耶克的愚蠢問題「我們為什麼不能與日本人競爭」，需要一個聰明的回答。要想生產出一種式樣時新、平均售價幾美元的錶，就需要在設

計、製造和銷售方面進行徹底革新。

帥奇公司極富創新精神的製造過程，將勞動成本削減到製造成本的10%以下，只及零售價格的1%。哈耶克自豪地說，即使日本工人把他們的工時白白奉獻了，帥奇照樣能賺取可觀的利潤。

孟德斯鳩（Montesquieu）曾說過：「大智若愚才能成功。」正與中國處世哲學中的方圓處事不謀而合。

本來就笨的人什麼事都不能做，根本無法成功；具有中等智慧的人，抱著堅定的信念，可以學到專門知識，加上努力，便會成功；太過聰明的人，往往處處想找竅門，時時想走捷徑，結果往往因基礎不牢、努力不夠而難以成功。

人們常說：「要成為一名科學家，腦袋必須要聰明。」在某種意義上講，的確是這樣的。另一方面，「科學家的腦袋還必須笨」，在某種意義上講，這也是對的。

乍一看，這是兩個截然相反的命題。實際上，它表現出一個事物的，既對立又統一的兩個不同側面。為了不失去邏輯鏈條上的任何一個環節，為了在一片混亂中，不至於顛倒部分和整體的關係，這是需要有正確而又縝密的頭腦的。

處在眾說紛紜，可能性交織的岔路口時，為了不把應該選擇的道路弄錯，必須具有洞察未來的內察能力和直觀能力。這就是做人的「圓」。

在這個意義上講，科學家的腦袋確實要聰明。可是，要想從平常被人認為是極普通明瞭的事物中，從那些就連平常所說的腦袋笨的人，也容易明白的日常小事中，找出它的不可思議的疑點，問個為什麼，並極力要闡明其原委，這對科學教育者自不待言，就是對於從事科學研究的人來說，也是特別重要的，不可或缺的。

第六章　方圓之道，通向成功之路

　　在這點上，科學家必須是比普通腦袋笨的人，更顯得腦袋不開竅死心眼的人。也是在方圓做人中不可缺少的「方」。

　　所謂腦袋聰明的人，可以說他們如同腳程快的遊客。雖然他們可以捷足先登地到達他人尚未涉足之處，可是他們恐怕會遺漏觀賞路旁的重要東西。

　　腦袋笨的人，猶如走路慢的人，一直緩步在後，往往毫不費力地把那珍寶拾在手中。腦袋聰明的人正是因為他們敏於推測，可以縱觀路途上所有的難關險阻，所以，常常容易挫傷自己進取的勇氣。

　　腦袋笨的人，由於他的前途籠罩了一層雲霧，反而易持樂觀態度。即使是遇到難關，他也會格外地努力，脫出困境。這是因為無論如何也闖不過的難關是極為罕見的緣故。

　　腦袋聰明的人，恐怕會過於信任自己的腦力。其結果，當自然顯示給我們的現象與自己想的不一致的時候，大概就會這樣想：是不是自然錯了？

　　另外，當出現了與自己所想像的相同的結果時，恐怕會把這件要緊的事忘掉，反覆思索自己所思考出的結果，是不是由於別的原因而偶然產生的呢？

　　腦袋笨的人，往往特別努力地去做那些，被腦袋聰明的人一開始就斷定行不通的嘗試。好容易才明白了那事做不成的時候，可是他也抓住了一些並不是行不通的其他線索。這些線索也是那些一開始就不敢進行嘗試的人無法接觸到的。腦袋聰明的人適合做批評家，卻難成為見諸行動的人。

　　一切舉動行為裡都伴隨著危險。怕受傷的人成不了木匠，怕失敗的人成不了科學家。科學就是在腦袋笨，不怕死的人的屍體上築成的宮

殿，也是血河之畔開著鮮花的花園。關聯著自身的利害，腦袋聰明的人是很難成為戰士的。

腦袋聰明的人容易著眼於別人工作上的缺點，別人的工作自然就顯得拙劣，這樣常會陷入高人一等的錯覺之中。其結果導致上進心鬆弛，也就滯步不前了。

對於腦袋笨的人來說，別人的工作總是顯得卓越出色。同時也感到大人物的工作，自己也似乎可以做得到。因此，很自然地刺激著自己的上進心。腦袋聰明，而且又自命不凡的人，即使能成為人之師，卻成不了科學家。

覺悟到人的腦力是有限的，把愚笨、赤裸裸的自身拋在大自然面前，又決心傾聽大自然的直接教誨，只有這樣才能成為科學家。這就是說，腦袋要笨，同時，腦袋還要聰明。

這是需要從事科學研究的人們慎重反省和觀察的，並不僅僅局限於科學研究，實際上每個想圓滿做事，成就事業的人，都需要注意這一點。

欲擒故縱的技巧

所謂「欲擒故縱」，它的意思是指：「為了更好地控制對方，故意先放鬆一步，使其放鬆警惕。不作防範，於無知覺中入圈套。」

先秦時期的老子說過：「如欲抑之，必先張之。」同樣，將欲擒之，必先縱之。在此計中，「擒」是目的，「縱」是手段，手段是為目的服務的。所以說，縱不是放虎歸山，而是有目的地放鬆一步，以防狗急跳牆，垂死掙扎或反撲，這是一種高明的方圓處世智慧。

第六章　方圓之道，通向成功之路

古語有云：

逼則反兵，走則減勢。緊隨勿迫，累其力氣，消其鬥志，散而後擒，兵不血刃。

它的意思是說，把敵人逼得無路可走了，他們就會拚命反撲，讓敵人逃跑可以減弱敵人的氣勢；追擊敵人時，緊緊地跟蹤敵人，但不要過分地逼迫他們，以消耗他們的體力，瓦解他們的鬥志，待敵人士氣沮喪、潰不成軍時，再擒之，就可以避免流血。待敵人心理上完全失敗而信服我們，就能贏得光明的戰爭結局。

在這裡，「擒」是目的，「縱」是手段，而手段又是為目的所服務的。因此說，「縱」不是放虎歸山，而是有目的地放鬆一步，網開一面，以達到「擒」的最終目的。

諸葛亮七擒七縱孟獲就是一個絕妙的「欲擒故縱」的戰例。諸葛亮對孟獲的七擒七縱，就是透過「縱」這種手段，來達到降服少數民族的目的，最終使孟獲心悅誠服，表示再不反覆。

三國之後的兩晉末年也有一個著名的「欲擒故縱」的例子：

統治幽州的都督王浚日趨坐大，就企圖謀反篡位。這個時候，晉朝的一代名將石勒聽說這件事後，就想著一定要消滅王浚。

可當時的王浚軍事實力非常的強大。石勒實在沒有把握一戰而勝之，更怕一旦失敗，後果不堪設想。最後，他決定採用「欲擒故縱」之計，麻痺王浚。

在一個溫暖的天氣，石勒派自己的門客王子春帶著大量珍珠寶物，敬獻王浚，並寫信向王浚表示擁戴他為天子。信中說只有王浚才有資格稱帝。門客王子春也不辱使命，在王浚的一旁添油加醋，說得王浚心裡喜滋滋的，信以為真。

欲擒故縱的技巧

終該王浚滅亡，就是這個時候，王浚的部下游統，對王浚早有不滿，伺機謀叛王浚，游統就找石勒，想讓石勒做自己的靠山。

石勒很欣賞游統的為人，但是，在這種關鍵的時候，他不得不做走出一步狠棋，把游統殺了，將首級送給王浚。從此，王浚以為可以高枕無憂了。

西元 314 年，石勒探聽到幽州遭受水災，老百姓沒有糧食，王浚不顧百姓生死，苛捐雜稅，有增無減，民怨沸騰，軍心浮動。石勒親自率領部隊攻打幽州。

這年 4 月，石勒的部隊到了幽州城，王浚還矇在鼓裡，以為石勒來擁戴他稱帝，根本沒有準備應戰。等到他突然被石勒將士捉拿時，才如夢初醒。王浚中了石勒「欲擒故縱」之計，身首異處，美夢成了泡影。

在現代社會的商場角逐中如果採用「欲擒故縱」之計，有時也會收到意想不到的好效果。約翰遜正是採用此計一舉成功的。

1954 年，只有 470 美元註冊資金的「約翰遜製造公司」正式開業了，這個公司只有兩人，一個是員工，一個是總經理喬治‧約翰遜本人。

該公司只有一間工棚和一部攪拌機，他研製出了一種可以改善黑人皮膚質感的優質水粉護膚霜。當時美國黑人化妝品市場幾乎被實力雄厚的富勒公司獨占。

約翰遜冥思苦想，如何才能使自己的新產品被顧客接受呢？約翰遜認為，自己的資金太少，若像那些大公司那樣採取「只試不買」或者「先試後買」的辦法推銷新產品，是顯然不行的，若是極力吹噓自己的新產品也是不合適的，因為這樣一來很可能會引起富勒公司的警覺，而約翰遜也根本經不起財大氣粗的老牌富勒公司的，哪怕是輕輕地一擊；另一方面他覺得自己的公司太小了，又沒有什麼名氣，人們不會輕易相信他的吹噓的。

第六章　方圓之道，通向成功之路

最後，約翰遜終於想出了一個妙招，於是他開始四處推銷他的新產品，他對經銷商說：「富勒公司是化妝品行業的金字招牌，您真有眼力，買它的產品是對的。不過，您在用過它的化妝品後，再塗上一層約翰遜製造公司生產的水粉護膚霜，會得到您想像不出的奇妙效果。」

約翰遜的朋友們很不贊成用這樣的方式推銷，一致認為富勒公司本來就是約翰遜的頭號對手，替他宣傳，自己就永遠沒有出頭之日了，富勒公司也認為約翰遜的做法很愚蠢。

但是事實上，約翰遜的這一招立即產生了奇效，因為凡是買得起富勒公司昂貴的產品的人，一般都不會在乎花幾個小錢再買一盒約翰遜製造的新產品，試試他所說的那種「想像不出的奇妙效果」。

而結果是，顧客在使用他的新產品的過程中，發現他的產品不僅效果好，而且價格低廉，於是大多數黑人婦女的梳妝檯上都換上了「約翰遜」，於是約翰遜公司立即壯大了起來，5年後，富勒公司宣告破產，約翰遜終於實現了取代富勒公司的夙願……

喬治‧約翰遜用事實為我們演示了欲擒故縱的正確使用方法，並且利用此法一舉擊敗了強而有力的競爭對手，成為了這個行業內數一數二的大廠。

別總說那些「悄悄話」

清朝雍正皇帝在位時，按察使王士俊被派到河東做官，正要離開京城時，大學士張廷玉推薦一個很強壯的傭人給他。到任後，此人辦事很老練，又謹慎，時間一長，王士俊很看重他，把他當作心腹。

王士俊期滿了準備回到京城去。這個傭人忽然要求告辭離開，王士

俊非常奇怪，問他為什麼要這樣做。那人回答：「我是皇上的侍衛某某。皇上叫我跟著你，你幾年來做官，沒有什麼大差錯。我先行一步回京城去稟報皇上，替你先說幾句好話。」

王士俊聽後嚇壞了，好多天一想到這件事兩腿就直發抖。幸虧自己沒有虧待過這人，多嚇人哪！要是對他不好，命就沒了。為人處世，要像王士俊一樣懂得矜持；交朋友也要有城府，否則會授人以柄，後患無窮。

袒露之心如一封攤開在眾人面前的信，會使你受人擺布。對人交心是危險的，因為你有了讓人控制的把柄，會成為任人驅使的奴隸而不能自主。

在現實生活中，不是所有的悄悄話都能長久悄悄下去。捕風捉影的話千萬不要說。捉賊要贓，拿姦要雙，這就要求我們說話辦事要有真憑實據，如果我們向對方說的悄悄話，如風如影，純屬無稽之談，那是很危險的，尤其是對一個人的隱私更是不可在私下信口開河，胡編亂造。所以，請少說點你的悄悄話，這樣對己、對人，都是一種負責。

如你說，某男與某女均有家室，在街道的樹蔭下擁抱親吻，那情景真比演電影還賣力。若被聽者傳出，當事人可能恨你罵你，伺機報復你，甚至當面計較，對抗，要你說出個所以然來，你怎麼說呢？把悄悄話再說一遍，請拿出證據來！

你當時又沒有拍照，又沒有錄音，怎麼能夠證明某男與某女曾有這種熱烈的表演呢？只有掌嘴一下！不賠禮道歉還行嗎？人家本有如此這般的舉動，而你並無證據，這樣的悄悄話，屬捕風捉影一類，是萬萬說不得的。人心難測，不一定對，但不無道理，我們說悄悄話也不能只圖一時痛快，而不計後果。

第六章　方圓之道，通向成功之路

　　違紀洩密的話千萬不要說。小至公司，大至一個國家在一定時期，一定範圍內都有祕密，我們只能守口如瓶，不可洩漏。有的人輕薄，無紀律性，就私下把機密「悄悄」說出去了，弄得一傳十，十傳百，家喻戶曉，有些心術不正的人如獲至寶，拿去作為謀利的敲門磚，為公司乃至國家造成嚴重損失。

　　即使諸如涉及人事變動的內部新聞，你也不要去向有關的人說悄悄話，萬一中途有變，你如何去安撫別人呢？如果為此而鬧出了矛盾誰負責呢？向親友洩密，不是害人便是害己。

　　你一片熱心向他說了悄悄話，他可能認為這是洩漏機密，於是，他當面批評、指責你，甚至狀告你，你的體面何在？有些人並不喜歡聽那些悄悄話，他不領你的情，這就沒有意思了。「多情應笑我，早生白髮」，還是封鎖感情，守口如瓶吧。

　　披露悄悄話的話也不要隨便說。須知這世上有些人很怪，情投意合時無話不說，無情不表；一旦關係疏淡，稍有薄待，便反目成仇，無情無義，甚至添油加醋，不惜藉此陷害，從而達到他不可告人的目的。

　　殊不知，這些抖出悄悄話的人，也要吃虧的。我們知道，悄悄話大多是在兩人之間傳播，試問，你一個人能夠證明我有此一說嗎？甚至對方出於憤怒會狠狠還擊，跟編小說一樣編出你的悄悄話，以十倍於你的兵力將你置於有口難辯的境地。結果如何呢？

　　你本是討好賣乖，求名逐利，或發洩私憤，算計別人，不巧卻被悄悄話所害。所以，假使你聽了悄悄話，也沒有必要往外抖，任何人在這個世上都有一片自由的天地，還是講究信義，以善良為本，何必讓人反咬一口呢？

　　最後應該特別強調的是：講祕密會陷你於不利，而聽祕密同樣也不

安全。許多人因為分享了別人的祕密而不得善終。許多人打碎鏡子，是因為鏡子讓他們看到了自己的醜陋。

他們不能忍受那些見過他們醜相的人。假如你知道了別人不光彩的底細，別人看你的目光絕不會友善，尤其是有權有勢的人，會找機會打擊你。聽祕密也是落人把柄，尤其注意不要與比你強大的人分享祕密。祕密，聽不得，講不得。

想要，就要全力去爭取

這世界上的一個奇特現實是：成功的人永遠是少數，但失敗和庸碌無為的人卻很多，而且，成功者越活越充實、瀟灑，而失敗者卻過著空虛、艱難的生活。你想到過沒有？能否喚起心中的激情，擁有正向的心態，相當程度上決定了你是失敗還是成功。

要成功必先懂得做人，做人應處在方圓之間。仔細地觀察一下，比較一下失敗者與成功者的心態，我們就會發現，做事之所以會產生失敗和成功的巨大差別，很大一部分是心態的原因。

有一個很有名的關於推銷的故事：

兩個歐洲人去非洲推銷皮鞋。第一個業務員到了那裡，發現所有的人都不穿鞋，立刻感到很失望，對自己能完成任務充滿了懷疑：「所有人都赤腳，我的鞋肯定推銷不出去。」於是他放棄了努力，沮喪地回去了。

而第二個業務員看到了這個情況，立刻驚喜地叫起來：「都沒穿鞋，這是個多麼大的市場啊！」於是他想方設法地推銷，終於成功地回到了歐洲。

就這一念之差，最終導致了兩種完全不同的結果。同樣面對著非洲

第六章　方圓之道，通向成功之路

的市場，只因為觀念上的差別，心態上的不同，一個人處之以方，失之於圓，失望地回去，不戰而敗；另一個卻以圓對應新情況，充滿信心，圓滿而歸。

生活中失敗、平庸的人是因為心態和觀念有問題，當遇到困難時，他們就會想去找捷徑。「我不行，我還是退吧。」結果就會退到失敗的深淵裡。

而成功者遇到困難時，仍保持樂觀的心情，說「我能」、「我一定行」來鼓勵自己做下去，不斷想辦法克服困難，最終走向勝利。愛迪生發明電燈時，失敗了上千次，但是他從不退縮，直到最後發明了電燈。

成功學創始人拿破崙·希爾（Napoleon Hill）說，人是否能成功，關鍵在於他的心態。成功的人士總是抱著樂觀的心態；而失敗的人則用負面的心態去面對人生。

正向的心態支配著成功人士的人生，使他們在做人的時候，不拘泥於成規，而是充滿了正向的思考，樂觀的情緒；而失敗者則被過去的失敗和憂慮支配，他們做人保守而呆滯，失之於方圓之間，充滿空虛、失敗、悲觀。

總是有些人喜歡說，是環境決定了他們的人生和地位，他們這種根深蒂固的觀念是無法改變的。可是，實際上我們的現狀不是由環境造成的。我們自己才是決定和主宰自己人生的主人。

拿破崙·希爾告訴我們，我們的心態決定了我們做事的成敗：你怎樣對待生活，生活就怎樣對待你；你怎樣對待別人，別人就怎樣對待你；在剛開始一項任務時的你的心態，決定了你最後能取得多大的成功；在重要的組織中，地位越高的人心態越好。

當然，正向的心態不能保證你的人生一帆風順，事事成功，但是，

它一定會改善你做事的方式，進而改善你的人生。反過來說，奉行負面心態的人則一定不會成功的。

拿破崙・希爾說，從來沒見過持負面心態的人，能得到最後成功的人生。就算碰運氣偶爾成功，那也不過是曇花一現，轉瞬即逝。

拿破崙・希爾說，每個人都帶著一個隱形的護身符，這一面刻著正向心態，另外一面刻著負面心態，要想圓滿做事，就一定要透過正向的心態，學會做人的方圓之術。

這個護身符本身具有驚人的力量，它既能帶給你財富、成功和快樂，也能把這些東西從你身邊帶走。帶給你的是正向心態，而帶走這些的則是負面心態。

那麼，究竟心態是怎樣影響人的做事的呢？從行為心理學上來講，當你堅定了某種信念之後，你付諸實際的行動，就更能助長某個信念。

比如，你心裡懷著一個信念，堅信自己能很圓滿地完成工作，這樣在工作中，你就會很自信，而你經常這樣想，並有意識地去做到最好的話，你的信心就會加強。

再比如，你對一個人很有好感，你就會主動地去接近他，而進一步接近後，他的優點就讓你更喜歡他。這是一種行為和情緒相互影響的例子。

對你自己也是一樣，你做事的方式會不斷加深你心理上堅持的信念，有的時候，女人會越哭越傷心，就是這個原因。所以當一個人越懂得如何做人的時候，他就會越覺得，只要自己努力，就一定能在這個世界上獲得成功人生，除了你自己，沒有人能打敗你。

無論你自身條件是如何的惡劣，只要你運用正向心態，就可改善你自己，美國總統富蘭克林・羅斯福就是運用正向心態，學會圓滿做事的典範。

第六章　方圓之道，通向成功之路

羅斯福只有 8 歲的時候，是一個很脆弱又膽小的小男孩，經常眼露驚恐，呼吸急促。當老師叫他起來背誦的時候，他就會兩腿發抖，語不成聲，而且回答也不能讓老師滿意，最後只能又沮喪地坐下來。如果他長得漂亮，那可能還好一點，可是，他卻是一個暴牙。

像他這樣的小孩，一定敏感而脆弱，不參加活動，也不交朋友，只知道一個人自憐。

可是，情況卻剛好相反，雖然他有很多的缺陷，但他卻有樂觀的心態，這種正向、樂觀、向上的精神，鼓勵他勇敢地面對一切。

有缺陷讓他更努力地奮鬥，同伴們的嘲笑不會讓他退縮。隨著年齡的增長，他喘氣的聲音變成了一種堅定的嗓音。他咬住自己的下唇以克服恐懼，而就是這種精神，帶他走上了美國總統的位置，最終成為最成功的政治家之一。

對自己的缺陷，他既不自卑，也不迴避。他利用缺點，甚至把它變成資本，以自己的方圓做人的藝術，變成通往成功的階梯，在他晚年的時候，幾乎沒有人知道他小時候曾經有過這樣嚴重的缺陷，美國人民都很愛戴他，他是美國歷史上極受歡迎的總統之一。

如果羅斯福對自己身體上的缺陷極為在意，他可能會花時間去洗溫泉，吃維生素，或者去航海，期望著躺在甲板上能恢復健康。他從來不認為自己和別人有什麼不同，他內方外圓，想獲得真正圓滿的事業，於是他去游泳，騎馬，參加各種難度很高的體育活動。

羅斯福還強迫自己去參加像打獵一類的激烈活動，使自己成為刻苦耐勞的典範，看到別的孩子用剛毅的決心去面對困難，他也鼓起勇氣，去應付所有可怕的情形。所以，他逐漸地變得勇敢堅強。

當羅斯福和其他孩子在一起時，他真心地喜歡他們，並不懼怕和迴

避他們。因為他對別人感興趣，他就忘記了自卑，當他用樂觀的態度去對待別人時，他的懼怕感也就消失了。

這樣，經過不斷地努力和有規律的運動，在進入大學之前，羅斯福已經恢復了健康。假期的時候，他去亞利桑那追趕牛群，去落基山獵熊，去非洲打獅子，讓自己的身體變得更加強壯。

後來誰會懷疑這位西班牙戰爭中，馬隊的領袖羅斯福的精力呢？誰曾經去懷疑過他的勇敢呢？但是千真萬確，羅斯福就是原來那個身體脆弱的孩子。

羅斯福走向成功的方式是多麼簡單和直接，而成績又多麼卓越，人生又是何等成功啊！

羅斯福成功的主要原因就在於他的心態，正是因為他一直抱著一種正向的心態去奮鬥，所以，他才走出了逆境。他翻過了自己的隱形護身符，讓正向的那一面朝上，終於走向了成功。

「我能主宰我自己的命運，引導我自己的靈魂。」從這句詩裡，我們知道，主宰了自己的態度，就能主宰自己的命運。態度也決定我們面對機遇時是否能抓住。

這句詩也強調，不論你的態度是正向的還是負面的，這個規律都適用。運用正向心態的定律，我們就能學會方圓做人，圓滿做事，從而實現心中的念頭和想法。

翻過護身符的這一面，不看負面的那一面，而利用正向的這一面，是很多成功人士的選擇。很多人都沒意識到，成功是透過自己的優點走向自己的，他們對自己的優點視而不見。其實，人們往往會忽略自己身上最明顯的特點，優點就是你的正向心態，沒有什麼神祕的地方。

拿破崙‧希爾在對成功人士做過多年的研究之後，得出一個結論：

第六章　方圓之道，通向成功之路

正向的心態是他們共有的最簡單的祕密。

拿破崙·希爾講過這樣一個故事：

一個早上，牧師正在為自己的講道詞傷腦筋。外面下著雨，他的太太出去了，而他的小兒子因為無事可做而煩躁不安。於是，他隨手從雜誌上撕下了一張世界地圖，撕成碎片，扔給了兒子：

「強尼，把它拼好，我就給你兩毛五分錢。」

牧師想，他肯定會忙一會兒了，可是，只過了十分鐘，他的兒子就把拼好的東西送到了他的書房。牧師感到很驚訝，強尼居然用了這麼短的時間，就把所有的小紙片都拼到了一起，整張地圖又恢復了原狀。

「兒子，你怎麼做得這麼快·」

「很簡單啊，」強尼說，「地圖的背面就是一個人的畫面，我先把一張紙墊在下面，然後拼好這個人的圖畫，再放一張紙蓋上，翻過來就好了。我想，如果拼對了，地圖就應該是對的。」

牧師大笑起來，扔給了兒子一個硬幣。「好了，現在我知道明天講什麼了。」他說，「如果一個人是對的，那麼他的世界也是對的。」

這個故事說，如果你對自己的處境不滿意，想做些改變，那麼你首先應該改變的就是你自己。如果你做事的方式是對的，那麼你的世界也是對的。如果你擁有正向的心態，那麼，纏繞你的問題就會迎刃而解。

文·班·庫柏是美國最受歡迎的法官之一，但是他小時候卻很懦弱。庫柏的童年是在密蘇里州聖約瑟夫城的一個貧民窟裡度過的。他的父親是一個裁縫，是移民過來的，收入很少。

為了取暖，庫柏不得不經常去附近的鐵路上拾煤。這孩子為自己必須這樣做而感到羞愧，他常常從後街走，避免被其他的孩子看見。但是

那些孩子還是能看到,尤其是有一群孩子經常埋伏在庫柏返回的路上,欺負他,並以此為樂。他們把他撿回來的煤渣扔得滿街都是,庫柏經常哭著回家,所以,他總是那麼恐懼和自卑。

但是這時發生了一件事,在我們要打破失敗的時候,這種事情總是會發生的。庫柏讀了一本書,深受鼓舞。於是,他在生活中採取了正向的態度,從中學會了做人要有方有圓,這書就是荷拉修・阿爾傑(Horatio Alger)寫的《羅伯特的奮鬥》。

從這本書中,他讀到一個少年奮鬥的故事,這少年比他的遭遇還不幸,但是,他憑著自己道德和良心的力量戰勝了那些不幸,庫柏也想這樣做。

於是,這個孩子把所有他能找到的荷拉修的書都讀遍了。每次他拿起書來,他就覺得自己成了書裡的主角。整個冬天他都在廚房裡讀這些勇敢的故事,在不知不覺中,他吸收了正向的人生態度。

庫柏讀到這本書後幾個月,他又出去揀煤。他注意有三個人影從一間房子後面飛快地跑過來。他的第一反應是轉身就跑,但是,書中那個勇敢主角的形象在這個時候進入了他的腦海,於是,他握緊煤桶,大踏步地向前走去,就像荷拉修書中的英雄所做的那樣。

那可真是一場惡戰,庫柏和那三個男孩扭成一團,把這三個欺軟怕硬的孩子都嚇壞了。庫柏右手一拳就打到了一個孩子的鼻子上,左手猛擊他的胃部。這個孩子嚇得停住手,回頭就逃。

庫柏也因為他的逃走而很吃驚,但同時,另外兩個孩子也拚命地打他。庫柏用力推開一個,然後把剩下的那個按倒在地上,用膝蓋壓他,還用力地踢他的腹部和下巴。

現在就剩下最後一個,他是這幾個孩子的頭,已經跳到了庫柏的

第六章　方圓之道，通向成功之路

身上，庫柏用力推開他，站了起來，他們就這樣狠狠地相互對視了一分鐘。

但是，這個小頭目逐漸地後退，最後終於逃走了。庫柏也許是因為一時氣憤，又朝他扔了一塊煤炭。

庫柏這時才發現自己的鼻子上也受了傷，身上也青一塊紫一塊。這一架打得真好，而這一天也是他一生中最重要的一天，在這天，他克服了自己的恐懼。

庫柏沒有比過去更強壯，而那些壞孩子也沒有收斂自己的壞行為。但是，他的心態已經改變了，他知道怎樣克服恐懼。他再也不怕危險，也不再受到壞孩子的欺負。從現在開始，他要改變自己的處境，而且，他也做到了。

正向的心態幫助庫柏戰勝了懦弱和恐懼，學會了方圓做人，圓滿做事的法則，而且最後成為了美國最受歡迎的法官之一。而它的更大意義在於，庫柏在它的幫助下，找到了成功的祕訣。

我們每個人都想學會方圓做人，圓滿做事，從而得到成功的人生。那麼，一定要有一個正向的心態，這一切才有可能。

在每次危難中看到機會

盒子裡有一塊麵包，這是事實；盒子裡就剩下最後一塊麵包了，你可能在一邊撅著嘴一邊嘆氣；盒子裡還有一塊麵包啊，我看到你微笑了！

由此可見，不易改變的是這個世界，可以改變的是你的心態。面對同一扇門，有人悲觀於門內的黑暗，有人卻樂觀於門內的寧靜；有人悲觀於門外的風雨，有人卻樂觀於門外的自由。悲觀與樂觀，不同的心

態。我們要說：告別悲觀，學會堅強。

朋友們，我們來看一個雙胞胎兄弟的故事：

有這樣一對性格迥異的雙胞胎，哥哥是個徹頭徹尾的悲觀主義者，弟弟是天生的樂天派。

一次他們的父母希望改變他們極端的性格，在聖誕節前夕為他們準備了兩份不同的禮物：給哥哥的是一輛嶄新的腳踏車，給弟弟的卻是一盒馬糞。

到了聖誕節，哥哥先拆開了禮物，接著哭了起來：「你們知道我不會騎車，外面還下著這麼大的雪。」

就在父母想辦法哄哥哥高興的時候，弟弟好奇地開啟了禮物盒子，屋子裡頓時充滿了馬糞的味道。出人意料的是弟弟竟然高興得跳了起來：「快告訴我，你們把馬藏哪了？」

美好的事物在悲觀的哥哥眼裡不再美好，討厭的事物在樂觀的弟弟眼裡也不再討厭。其實很多時候，事情的結果取決於我們的心態，心裡充滿陽光，整個世界都是明亮的；心裡滿是烏雲，整個世界都是陰暗的。

悲觀者說：「希望是地平線，即使看得到，也永遠走不到。」

樂觀者說：「希望是啟明星，即使摘不到也能讓人們看到曙光。」

悲觀者說：「如果給我一片荒山，我會修一座墳墓。」

樂觀者說：「如果給我一片荒山，我會種滿山綠樹。」

悲觀者說：「風是浪的幫凶，會把你陷入無底的深淵。」

樂觀者說：「風是帆的夥伴，會將你載到成功的彼岸。」

對於一些事物的看法，悲觀者和樂觀者有著截然不同的兩種態度，一種是正向的，一種是負面的。面對人生，我們又該如何選擇呢？

第六章　方圓之道，通向成功之路

　　面對人生的挫折坎坷，你選擇退縮，甘願做一個懦夫，遭世人所鄙視？還是選擇勇敢地站起來，找出不足和缺陷，重張旗鼓，以一個嶄新的你屹立於世界東方？

　　面對他人對你的誤解，你是選擇耿耿於懷，處處對他人找碴，以解心頭之恨？還是選擇以一顆平靜、沉穩、寬容的心去找他人解釋清楚，從而成為一對友誼更加深厚，彼此更加愛護的朋友？

　　面對世俗的眼光，你選擇逃避，永遠蜷縮在屬於自己的狹窄的小天地裡？還是選擇以自己的努力，向世界顯示你的觀點，以你的成果，打破這世界所有陳腐的觀念？

　　如果讓我選擇，我會選擇每個問題的第二種答案。因為我想：一個人只要具有了這些精神，友誼之花會為他而開放，成功之花會為他而綻放。在這樣的一個世界裡，他會活得很快樂。

　　在漫長的人生旅途中，誰都有陷入困境的時候。有的人從困境中走了出來，找到了光明的未來；有的人陷入困境，自暴自棄，無法自拔。這就是悲歡和樂觀的巨大區別！

　　人的一生會面對許多的挫折，需要不斷地戰勝自己，不斷地克服困難，才能度過艱難的時期。然而，面對困難，面對迷茫，有的人成功了，有的人缺失敗了。其實，他們之所以成功，是他們用自強不息的意志戰勝了一道又一道的崎嶇之路，才得以衝出困境的天空。

　　實驗失敗了，有人說：1,000 次的慘敗，你該收手了吧！愛迪生卻告別悲觀：1,000 次的失敗，起碼告訴我 1,000 種材料不能製作燈絲。終於在他的堅持下，燈泡發明成功了！他若沒有告別悲觀，那人類不知還要在黑暗中摸索多少年。

　　細胞衰竭老死了，有些人悲觀地躺在床上自怨自艾，等待別人的

照料。霍金（Hawking）卻告別悲觀，獨自坐上輪椅，用僵硬的手敲打滑鼠，探索著那未知的世界。他若沒有告別悲觀，又何來一位用意志創造奇蹟的偉人呢？

周周從小失去雙親，14歲那年爺爺去世了，隨之好心的姑姑也失去了幫助她的能力。似乎全世界都拋棄了她。那一夜，不眠，她把一切的淚水都留給了過去。告別了悲觀，她要好好地活下去，14年前，她自卑、孤僻；甚至想過輕生。而今天，她陽光、自信，她曾這樣說道：勇敢是悲傷的恩賜。

小草被狂風壓彎了腰，但它告別悲觀，風雨後重新振作，面向朝陽；魚兒被江流衝離了港灣，但它告別悲觀，逆流而上，最終在故鄉快樂的生活；雲朵被風兒吹散，但它告別悲觀，重新聚攏，為大地降下甘霖……

曾一度喜歡俄國作家契訶夫（Chekhov）的文章〈生活是美好的〉，因為它教我們不要悲觀看世間萬事，善於滿足現狀；還應很高興地感到：「事情原來可能更糟呢！」例如你該高興你不是拉長途馬車的馬，不是豬，不是熊，不是臭蟲……如果你這樣想，生活豈不是很美好？

在告別悲觀的路途中，勇氣是必不可少的。悲觀與樂觀是有區別的，那就是：樂觀者在每次危難中都看到了機會，而悲觀的人在每個機會中都看到了危難。

面對同一扇門，你會再懦弱地無從選擇、猶豫不前嗎？你會再悲觀得恐懼、不安嗎？告別悲觀吧！也許你無法改變世界，但你可以摒棄悲觀的心態，面對挑戰與磨練。

盒子裡還有一塊麵包，讓我們微笑吧……

第六章　方圓之道，通向成功之路

輕鬆過好每一天

　　緊張是人體在精神及肉體兩方面，對外界事物反應的加強。好的變化，如升學、就業；壞的如離婚、待業，日久都會使人緊張。緊張的程度常與生活變化的大小成比例。緊張使人睡眠不安，思考力及注意力不能集中，頭痛，心悸，腹背疼痛，疲累。普通的緊張都是暫時性的；突發性的緊張是一種恐懼感。

　　焦慮是指一種缺乏明顯客觀原因的內心不安，或無根據的恐懼，是人們遇到某些事情如挑戰、困難或危險時出現的一種正常情緒反應。焦慮通常情況下與精神打擊以及即將來臨的、可能造成的威脅或危險相連繫，主觀表現出緊張、不愉快，甚至痛苦以至於難以自制，嚴重時會伴有植物性神經系統功能的變化或失調。

　　青少年由於日常生活學習的壓力，也會經常遇到緊張和焦慮的困擾。我們來看一個真實案例吧：

　　小玲是高一的學生，平時比較內向。隨著期末考試的臨近，她感覺壓力重重，變得過度敏感，神經極度緊張。把自己墜入了痛苦的深淵，不能自拔。

　　有一次，小玲一夜睡不著，當時也沒當一回事，第二夜，又睡的挺好，但是第三夜又睡不著了，她就開始害怕開始緊張，突然想到自己的媽媽曾經失眠的痛苦。

　　後來小玲對聲音特別的敏感，睡覺時聽到呼嚕聲、或是空調聲都會覺得害怕，覺得耳朵老是吱吱響，心跳就會加速。雖然白天她還是能維持較好的心情，但是有時候還是會突然想到自己的睡眠。

　　這樣子已經持續4個多月了，先是心理上的不適，後來導致了身體

疾病。每天大腦都昏昏沉沉的，而且夜裡睡不好覺，精神萎靡，她意識到自己心中的焦慮一天天地加重，並且已經開始影響到了她的生活。

為了早一天走出困惑，她走進了學校的心理諮商室，在老師的幫助下，開始調整自己的心態，她要好好地生活，不做緊張焦慮的奴隸。在心理諮商師的細心指導下，她已經回覆了往日的朝氣與自信。在學期期末的考試中，她還取得了好成績。

她說：「沒有了緊張焦慮的困擾，我變得輕鬆了，做事效率也高了，也有了足夠的自信」。另外她還說：「緊張焦慮不是不可能消除的，只要你有信心，緊張焦慮一定會遠離自己」。

小玲的遭遇讓我們看到了考前緊張對她的影響，不過由於她及時發現並進行了處理，最終戰勝了緊張焦慮，並取得了理想的考試成績，真是值得高興的一件事啊！

其實，緊張焦慮是我們日常生活中非常常見。有位演員曾演過一齣小品，主角頭一次在鏡頭面前徵婚，緊張得不得了，雖然不停地想放鬆，然而一開口自我介紹就露餡了：「我叫不緊張。」

可見人在緊張時會有許多讓旁人笑死、自己窘死的表現，而拚命自我暗示「別緊張」並沒有多大效果。但偏偏心理緊張就跟肌肉緊張一樣，是人應對刺激的必需。

雖然人們少不了緊張，但緊張帶來的眾多副產品實在討厭。不說那些多餘的小動作，最要命的是，關鍵時刻壞事的那些緊張反應：每逢大考必定發揮失常；遇到心儀對象時語不成句，平日的風趣一掃而光；重要發言時口吃、忘詞、張冠李戴等，不僅讓人覺得你能力低下，還可能錯失稍縱即逝的機會。

還有些人的緊張並不那麼外顯，但更可能影響身心健康。有人一有

第六章　方圓之道，通向成功之路

壓力就用菸酒、食物甚至藥物麻痺自己，以至於產生依賴症，比如不少好萊塢明星就有壓力性的暴食、用藥過量問題；有人則採取過度迴避方式，以至於患上社交恐懼症；還有人用儀式化的行為緩解緊張，以至於形成頑固的強迫行為。

面對緊張最好的辦法，並不是告訴自己「別緊張」，因為「情緒如潮，越堵越高」，抵抗排斥緊張只會讓它越來越猖獗。正確調整緊張焦慮情緒，可以從以下幾個方面入手：

一是要意識到緊張焦慮是難免的。

著名男高音歌唱家帕華洛帝（Pavarotti）一生演出過的場次不計其數，僅僅在紐約大都會歌劇院的演出就有 379 場。但是，他每次上臺的時候，依然無法完全克服自己緊張的情緒

帕華洛帝的父親就是一位具有男高音天賦的人，但是由於太過害羞而與舞臺無緣，帕華洛帝可謂繼承了父親的弱點。於是，帕華洛帝就有了暴飲暴食的習慣，每次上臺前，他都要大吃一頓，方能緩解緊張的情緒，這也是他體型巨胖的原因。

直到後來醫生對他下最後通牒，提醒他再這樣吃下去將會有生命危險，他才放棄了這種方法，轉而依賴一枚釘子。

帕華洛帝不管在全世界哪一座歌劇院演出，在開演前，人們總是能在後臺昏暗的燈光下，看到他彎曲著肥碩的身軀，在那裡認真地尋找著一顆彎頭的釘子。

如果演出前帕華洛帝沒能在後臺找到一枚彎釘子，那麼即便這場演出的報酬再高，他也會毫不猶豫地取消。他也曾因為罷唱無奈地得罪了不少朋友，其中芝加哥歌劇院就永久地拒絕了他的演出。因此，承接帕華洛帝演出的單位往往都會特意為他留一枚釘子。

在政治界，美國前總統林肯被稱為偉大的政治家。林肯出身於一個農民家庭，他曾是一個內心自卑卻又渴望成功的人。他當上美國總統後，複雜的政事令他患上了較嚴重的憂鬱症。他常常失眠，精神緊張，甚至對生活感到絕望。

但是後來，他卻在沒有心理醫生幫助的情況下調整了過來，因為他喜歡上做一件事情，那就是剪報。他每天都會剪下報紙上人們對他的讚譽之詞，然後揣在口袋裡。

在每一個重大會議召開之前，在每一次情緒緊張的時候，他就會掏出一張紙片，然後為自己打氣。將別人的鼓勵隨身攜帶，以舒緩緊張的神經，這個完成美國南北統一大任的總統，一直到死都保持著這種習慣，因為人們在他遇刺後，從他的上衣口袋裡，發現了那些讚美他的報導紙片。

在賽車界，舒馬克（Schumacher）的名字為世人所熟知，他是不折不扣的賽車王。然而，在那瞬息萬變的賽道上，每一次判斷和決定都是在毫秒之間做出的，緊張情緒成了賽車手們最大的通病。

熟悉賽車手的人都會知道一個心照不宣的祕密：很多賽車手都會因為比賽過度緊張而在車上尿褲子。即便是擁有無法超越的成就的舒馬克，也會在每次比賽前感覺緊張。為了舒緩情緒，每次比賽之前，他都要玩一玩電子遊戲。不玩電子遊戲，他的精神就無法得到放鬆。

在圍棋界，趙治勳被日本人稱為「棋聖」。這個棋聖也有自己的怪癖，那就是在激烈的對弈中撕廢紙和折火柴桿，他透過這種方式來舒緩自己的情緒。

因此，每當他出場比賽時，總要求工作人員為他準備一大堆火柴和廢紙，一邊折火柴桿、撕廢紙，一邊運籌帷幄。比賽結束後，細心的人

第六章　方圓之道，通向成功之路

們總會發現，他的座位旁邊滿是折斷的火柴和撕成長條的廢紙。

看到了嗎，無論多有成就、多傑出的人，都未必能完全擺脫緊張的情緒。特別是在當今這個競爭激烈競爭的社會，緊張焦慮更是每個人都需要面對的問題。不過，看那些名人們，對付緊張焦慮各有自己的一套妙法，這些對我們是不是也有一定的啟發呢？

其次，與其倉皇逃避，不如直面人生。

要知道，緊張焦慮並不一定是壞事情。緊張焦慮可能是動物所共同演化出來的特質，在早期弱肉強食的生物圈裡，逃避被吃掉的能力，是延續物種繁衍很重要的因素。一隻緊張的老鼠先祖，可能比一隻不太緊張的長毛象，更能逃避獵食者的吞噬。

緊張焦慮是來自被毀滅的恐懼感，這種恐懼感造成各種生理上的反應，例如發抖、流汗、肌肉緊張等，而荷爾蒙在這個過程中，扮演重要角色。這種特質延續至今，似乎沒有減弱的趨向。

緊張與恐懼的本意是有利於生物，但也會帶給生物很多困擾，例如有些生物在面對恐懼時，反而會緊張得跑不動。更糟的是，多數生物對恐懼的反應就是逃避，不敢面對問題並解決問題。

當我們抓一隻小白鼠時，大多拉著牠的長尾巴，小白鼠害怕往前衝，我們就越好抓；若有一天，這隻小白鼠突然開竅，不再逃避，反過來看看誰在抓我，並且回頭來咬手指，抓的人一定鬆手。

其實古人早有許多對策，例如英國有一句諺語：遇到強敵，若不能逃跑，就面對戰鬥。因此，最好的態度，就是面對恐懼，冷靜分析問題，找出生路。

第三，要能容納小緊張。

對緊張帶來的小動作，如果不是特別令人討厭，就像看待感冒時打噴嚏一樣接受它們吧。撞球大師奧沙利文（O'Sullivan）的小動作紛繁多樣，擠眉弄眼、咬指甲等都是他的招牌動作，他對此坦言是自己緊張所致，人們因「大家都會緊張」，而更覺得他更加平易近人。所以，這些小動作只要自己坦然、觀者理解也沒有大礙。

第四，「貶低」結果。

關鍵時候容易捅婁子的人，大多有類似「一考定終生」或「一面定終生」的想法。這時需要找各種證據來沖淡目標的重要性，比如「誰誰誰沒考上也不是一事無成，誰誰誰考上了也不是一勞永逸」。最後，對結果持「謀事在人，成事在天」的態度，如告訴自己「談判成功與否，不僅與自己的口才相關，更取決於雙方的利益是否最大化」。

而對那些由緊張衍生出的成癮或迴避問題，除了求助於專業人士，平時緊張時可以放鬆一下肌肉，喝點水，做做深呼吸，去趟洗手間等等，以身體上的放鬆來促進心理上的平穩。另外，閒暇時多體驗「慢生活」，讓心理恢復彈性，也能提供給緊張時一些可供想像的「畫面」。

總之，當緊張的情緒反應已經出現時，我們就應該坦然面對和接受自己的緊張，應該想到自己的緊張是正常的，很多人在某種情境下可能比你更緊張。

不要與這種不安的情緒對抗，而是體驗它、接受它。千萬不要讓自己陷入到裡面去，不要讓這種情緒完全控制住你，正視並接受這種緊張的情緒，坦然從容地應對，有條不紊地做自己的該做的事情。

放下緊張，不要讓它成為我們前進道路上的絆腳石。不管事情來的多麼突然，我們都應該冷靜地對待。記住，只有冷靜者才能做出最準確的判斷。

底線之上！做人有角，處事有道的圓融活法：
既能堅守原則，又能八面玲瓏！從剛柔並濟到進退自如的社交方圓術

編　　　著：	吳勵名，王金峰
發 行 人：	黃振庭
出 版 者：	財經錢線文化事業有限公司
發 行 者：	財經錢線文化事業有限公司
E - m a i l：	sonbookservice@gmail.com
粉 絲 頁：	https://www.facebook.com/sonbookss/
網　　　址：	https://sonbook.net/
地　　　址：	台北市中正區重慶南路一段61號8樓 8F., No.61, Sec. 1, Chongqing S. Rd., Zhongzheng Dist., Taipei City 100, Taiwan
電　　　話：	(02)2370-3310
傳　　　真：	(02)2388-1990
印　　　刷：	京峯數位服務有限公司
律 師 顧 問：	廣華律師事務所 張珮琦律師

-版權聲明-

本書版權為淞博數字科技所有授權崧博出版事業有限公司獨家發行電子書及繁體書繁體字版。若有其他相關權利及授權需求請與本公司聯繫。

未經書面許可，不得複製、發行。

定　　　價：375 元
發行日期：2024 年 10 月第一版
◎本書以 POD 印製
Design Assets from Freepik.com

國家圖書館出版品預行編目資料

底線之上！做人有角，處事有道的圓融活法：既能堅守原則，又能八面玲瓏！從剛柔並濟到進退自如的社交方圓術 / 吳勵名，王金峰 編著. -- 第一版. -- 臺北市：財經錢線文化事業有限公司, 2024.10
面；　公分
POD 版
ISBN 978-626-408-021-7(平裝)
1.CST: 人際關係 2.CST: 社交技巧 3.CST: 生活指導
177.3　　　　113014066

電子書購買

爽讀 APP　　　臉書